O CASO HERMES:

a dimensão política de uma intervenção psicológica em creche

— um estudo em psicologia institucional —

David Calderoni

O CASO HERMES:
a dimensão política de uma intervenção psicológica em creche
— um estudo em psicologia institucional —

Casa do Psicólogo®

FAPESP

© 2004 Casa do Psicólogo Livraria e Editora Ltda.
É proibida a reprodução total ou parcial desta publicação, para qualquer finalidade, sem autorização por escrito dos editores.

1ª edição
2004

Editores
Ingo Bernd Güntert e Myriam Chinalli

Assistente Editorial
Sheila Cardoso da Silva

Produção Gráfica
Renata Vieira Nunes

Edição de texto
Denise Pegorim

Capa
Sérgio Kon

Fotos da contracapa e da orelha
Joene Knaus

Editoração Eletrônica
Valquíria Kloss

Revisão
Adriane Schirmer

Dados Internacionais de Catalogação na Publicação (CIP)
(Câmara Brasileira do Livro, SP, Brasil)

Calderoni, David
O caso Hermes: a dimensão política de uma intervenção psicológica em creche: um estudo em psicologia institucional / David Calderoni — São Paulo : Casa do Psicólogo®, 2004.

Bibliografia.
ISBN 85-7396-397-2

1. Crianças-problema 2. Cuidados institucionais – Aspectos psicológicos 3. Psicodiagnóstico 4. Psicologia infantil 5. Psicologia infantil – Estudo de casos I. Título. II. Título: A dimensão política de uma intervenção psicológica em creche: um estudo em psicologia institucional

04-7993   CDD-155.40722

Índices para catálogo sistemático:
1. Casos: Estudos: Psicologia infantil 155.40722
2. Estudo de casos: Psicologia infantil 155.40722

Impresso no Brasil
Printed in Brazil

Reservados todos os direitos de publicação em língua portuguesa à

Casa do Psicólogo® Livraria e Editora Ltda.
Rua Mourato Coelho, 1.059 – Vila Madalena – 05417-011 – São Paulo/SP – Brasil
Tel./Fax: (11) 3034.3600 – E-mail: casadopsicologo@casadopsicologo.com.br
http://www.casadopsicologo.com.br

Como eu dançasse com a sombra uma ciranda, volta e meia transpuseste muralhas para trocarmos as palavras pelos olhos.

A carne do mundo entretém tua figura erguida.

E digo teu nome por inteiro
para inscrever este trabalho em tua memória

Rachel Léa Rosenberg

SUMÁRIO

Agradecimentos 11

Apresentação 13

Notícia sobre o título 15

INTRODUÇÃO 17

    Uma utopia em busca de lugar 17

    Reencontro com o pensamento de Bleger 19

    Um convite, uma janela 21

    Encontro com o pensamento de M. Guirado e Guilhon Albuquerque 22

    Do impasse ao projeto 25

Capítulo 1

O PROGRAMA DE TRABALHO NA ÁREA PSICOLÓGICA

PANORAMA DO CONTEXTO, DA PROBLEMÁTICA E DOS PROCEDIMENTOS
QUE DERAM LUGAR AO CASO HERMES 29

    Dados do contexto institucional 29

    Lances iniciais 30

    Três tempos de atuação no Programa 30

    Problemática 31

Sentido convocatório do projeto 34

Sentido prático-reflexivo do projeto 35

Sentido interpretante do projeto 37

Interpretar: limites 39

Guilhon e Guirado metabolizados no Programa 44

Passagem para o caso Hermes, com Espinosa 45

Capítulo 2
DA CÓPIA AO DESENHO LIVRE: O ENCONTRO COM HERMES

CONTRADIAGNÓSTICO DAS RELAÇÕES AFETIVAS INSTITUCIONAIS ATUALIZADAS
NA "ATIVIDADE PSICOPEDAGÓGICA" DE CÓPIA 53

Cronologia do encontro 54

Levantando material para o contradiagnóstico: a agressividade
em questão 58

levantando material para o contradiagnóstico: da agressividade
ao diagnóstico empírico 60

Análise das relações de poder instituídas, à luz de Guilhon 61

O encontro com hermes: seqüência da cronologia 70

O caminho do sentido interpretante 76

Relações afetivas, relações de poder 79

Identificação enriquecedora, desenho livre 92

Rastreando as matrizes de sentido do diagnóstico empírico
na situação do exercício de cópia 94

Do contradiagnóstico ao diagnóstico: primeiros passos 102

Intuição, uma questão de método 105

FIGURAS ANALISADAS A PARTIR DO CAPÍTULO 3 117

Capítulo 3

AS LINHAS DA VIDA

Análise e interpretação do Desenho da Figura Humana de Hermes 125
  Linhas, figuras, posições 125
  Objetos de civilização e objetos figurativos 131
  A função-tio 133
  Proto-escrituras 134
  A proto-escritura e a empunhadura de mão 140
  A multiplicidade de olhos 142
  Jogo e trauma na expressão estética de Hermes 151
  Série traumática: de uma a outra direção 164

Capítulo 4

ENTREVISTANDO DONA VIOLETA

Anamnese das raízes de Hermes 173
  1ª Entrevista 173
  2ª Entrevista 180
  3ª Entrevista 183
  4ª Entrevista 187
  5ª Entrevista 189
  6ª Entrevista 193
  7ª Entrevista 195
  8ª Entrevista 199

Capítulo 5

A LINHAGEM INFAMILIAR

ANÁLISE E INTERPRETAÇÃO DAS RESPOSTAS DE HERMES AO TESTE DE
    APERCEPÇÃO INFANTIL COM FIGURAS DE ANIMAIS — CAT-A 203
    Breve notícia 203
    Hermes diante das imagens 204
    Percursos de leitura 215
    Visão diacrônica dos elementos diagnósticos 218

Capítulo 6

PSICOLOGIA INSTITUCIONAL, PSICOLOGIA POLÍTICA

BALANÇO DO ITINERÁRIO DESTE TRABALHO E DE SUAS ABERTURAS 243
    O campo da psicologia institucional e o seu objeto 243
    O objeto e o objetivo 245
    Flagrantes de método 247
    As duas identificações 258
    A questão da ciência experimental intuitiva 263
    A questão do engenho instituinte 265

Posfácio

AGÜIÇÃO ORAL DA DISSERTAÇÃO DE MESTRADO APRESENTADA AO IPUSP
    EM 24/06/1994 277

AGRADECIMENTOS

A Marlene Guirado, minha orientadora, fonte primeira de intuição e de incentivo, exemplo de coragem e de amor pela verdade, que, com paciência, confiança, carinho e sabedoria, inspirou e partejou este trabalho.

A Renato Mezan, analista e pensador, que me abriu portas para a vida e janelas para a cultura.

A Silvia Alonso, mestra e supervisora, presença fundamental em meu trajeto teórico e clínico.

Ao Prof. Dr. José Augusto Guilhon Albuquerque e ao Prof. Dr. João Augusto Frayze-Pereira, membros da banca de qualificação, que contribuíram decisivamente para a organização e a expressão de minhas idéias.

A Denise Pegorim, pelo prestimoso e ensinante trabalho de transformar a dissertação em livro.

Aos alunos da Escola de Sociologia e Política e aos colegas do Departamento de Psicanálise do Instituto Sedes Sapientiae, pelo muito que me ouviram e ensinaram.

Ao CNPq/Conselho Nacional de Desenvolvimento Científico e Tecnológico, pelo patrocínio da pesquisa ao longo de trinta meses.

A Dudu, companheira de amor e batalhas, e a meus queridos filhos – Adriana, Daniel, Júlia e Leonardo –, que me fazem crescer tanto.

Ao meu pai (*in memoriam*), que me mostra a arte de contar histórias de muitas línguas; à minha mãe, que me inspira pelo constante elogio das letras; aos meus irmãos, que me ensinaram o prazer de fazer poesia em conjunto.

A Carlos Alberto de Godoy – farol, porto e âncora do humano.

Aos personagens cujos nomes reais nem sempre puderam ser revelados, verdadeiros construtores e habitantes deste escrito.

E, sobretudo, a Hermes.

Este trabalho também se nutriu da inteligência e da generosidade de inúmeros mestres, colegas e amigos: Sérgio Cardoso, Marilena Chaui, André Singer, Eliana de Melo Barison, Norberto Rodrigues (*in memoriam*), Joene Knaus, Silvanio Fernandes, José Luis Pistelli, Glória Cintra, Cláudia Justi Monti Schönberger, Waldemar José Borges, Nelson Coelho Jr., Lino de Macedo, Leda Barone, José Roberto e Heloisa Fernandez, Rodolpho e Leonor Ruffino, Miriam Chnaiderman, Júlio Roberto de Aquino, Peter Nadas, Elsa Oliveira Dias, Eliane Berger, Daniel Delouya, Betty Svartman, Ruth Guinsburg, Eduardo e Monica Seincman, Maria de Lourdes Caleiro Costa, Bernardo Tanis, Adriana Fátima De Bona, Cristina Ocariz, Márcia Arantes, Ana Maria Schindler, Mario Fuks, Regina Célia Cavalcanti A. de Carvalho (Chu), Sérgio e Léa Storsh, Flo Menezes, Regina Joas, Sérgio Magalhães, Marcos Cardoso Gomes, Fani Zlotnik, Roberto Reguensteiner, Eliana Bocatto... (relação necessariamente incompleta).

APRESENTAÇÃO

Este livro corresponde à minha dissertação de mestrado, apresentada numa tarde ensolarada de junho de 1994 ao Instituto de Psicologia da Universidade de São Paulo. Anuncio sua matéria.

Em 1986, no curso de um Programa de Trabalho na Área Psicológica junto a creches municipais de São Paulo – que incluía a intervenção nas relações institucionais e, articulado a isso, o psicodiagnóstico de crianças –, realizei o atendimento de Hermes, 5 anos, diagnosticado empiricamente por agentes de sua creche como praticamente incapaz de pensamento e de linguagem (*"débil mental e surdo"*).

Tendo as providências diagnósticas sido acompanhadas de um contradiagnóstico institucional (destinado a desconstruir o diagnóstico empírico de debilidade mental e auditiva), procuro refletir sobre o processo conjunto que permitiu reverter a exclusão da criança, transformar o modo pelo qual era percebida e encaminhar um saber positivo sobre o seu psiquismo.

O leitor tem em mãos a história desse processo, ao qual veio se juntar um acontecimento digno de nota.

Ao retomar o material para publicação, evidenciou-se fortemente, mais uma vez, o fato de que a apresentação pública da dissertação foi ocasião de trabalho constitutivo do sentido do próprio caso.

Sensíveis a isso, Marlene Guirado (orientadora), Maria Luisa Sandoval Schmidt e Sérgio Cardoso, membros da banca examinadora, bem como Myriam Chinalli, editora, encamparam a idéia de um posfácio contendo a transcrição da defesa.

A proposta foi a de manter o tom oral e a experiência calorosa daquela memorável e dialógica tardada, cuja força crítica confere ao texto uma contudente atualidade.

Aos membros da banca e à editora ofereço, pois, renovados agradecimentos. E, ao leitor, parceria na conversa.

São Paulo, outubro de 2004.
David Calderoni

Notícia sobre o título

Este estudo, como o título indica, versa sobre um *caso*: o atendimento de Hermes, nome emprestado a uma criança de 5 anos.

O título alude à circunstância em que esse atendimento foi realizado: Hermes foi-me apresentado como uma criança que, freqüentando uma creche municipal, não só evidenciava problemas como também causava problemas em meio aos colegas e entre os funcionários da instituição encarregada de seus cuidados. Assim sendo, a intervenção psicológica tomou por objeto uma determinada situação problemática, da qual participavam a criança e a creche.

Seria a relação entre a creche e a criança equiparável à relação parte-todo? Se é certo que Hermes é parte da instituição, não seria também a instituição parte de Hermes? Se, na cena social, ele aparece como elemento de um organismo mais amplo, do ponto de vista psíquico isso se mantém?

Não basta dizer que o indivíduo interioriza e reproduz a sociedade, pois dessa forma aquilo que se entenda por sociedade determina o paradigma do que seja o indivíduo-reprodutor. Ao contrário, somente porque esse pequeno indivíduo – pequeno porque é um, pequeno porque é criança – mobiliza a creche, é que essa instituição social pode iniciar um percurso rumo a uma redefinição.

Tais considerações já nos situam nos marcos de uma preocupação teórica própria da psicologia institucional. Nesse sentido, ficariam de certa forma esclarecidos os termos do título: Hermes e a creche conformariam o *objeto* do estudo, enquanto a psicologia institucional responderia pelos *instrumentos* do estudo.

Mas assim como a noção de um indivíduo-reprodutor escora a concepção de uma sociedade idêntica a si mesma, também a separação permanente entre os instrumentos e os objetos do conhecimento não dá espaço à questão do modo pelo qual os instrumentos teóricos podem-se transformar no encontro com o seu objeto. O que significa dizer que os instrumentos, testados pela resistência e pela singularidade de seu objeto, tornam-se eles mesmos objeto.

Em relação ao título, portanto, isso talvez fale algo de como a *dimensão política* é concebida: o político designando antes a transformação do que a dominação.

Quanto ao mais, é tempo de deixar que a seqüência do trabalho elucide.

Introdução

Já se falou brevemente sobre as circunstâncias, o objeto e os instrumentos deste estudo. Antecipou-se algo das concepções a serem desenvolvidas no andamento do trabalho. Contudo, nem o modo de pensar nem a sua matéria ganharão concretude sem que o ponto de partida deste escrito leve em conta o narrador e a sua história.

Uma utopia em busca de lugar

No decorrer de atividades profissionais iniciadas em 1982 nas instâncias do governo municipal de São Paulo voltadas ao bem-estar social – FABES/Secretaria Municipal da Família e do Bem-Estar Social e SMEBES/Secretaria Municipal da Educação e do Bem-Estar Social, foi-se impondo crescentemente a questão do lugar e da função que um trabalho na área psicológica poderia e deveria encontrar no seio dos objetivos e práticas dessas instituições públicas. Nesse sentido, a pergunta pela especificidade do psicológico fez-se acompanhar do esforço para concretizar uma atuação profissional que operasse no âmbito dessa especificidade.

Cerca de dois anos depois, em 1984, foi possível experimentar o modo pelo qual vetores determinantes da política de uma instituição podem contrapor-se, no nível prático, à deflagração de planos de trabalho congruentes com seus objetivos institucionais formalmente propostos: coordenando o Projeto Fábrica de Tijolos, destinado a garantir à população favelada da Freguesia do Ó o acesso a tecnologias alternativas para a construção de suas moradias, presenciei a proibição das reuniões do grupo de trabalho formado por técnico e favelados e a conseqüente desmobilização do projeto, não por ser este inviável tecnicamente, mas por contrariar interesses que se impuseram por via de silêncio, censura, impessoalidade, desinformação, segredo, fazendo do desconhecimento uma arma, da burocratização um ardil e da inércia um estratagema. Desse poder que não usa mostrar a face votei-me a descobrir os mecanismos.

Transferindo-me da Equipe Habitação da FABES/Freguesia do Ó para a Equipe Menor – voltada ao atendimento da criança e do adolescente, da FABES/Campo Limpo – onde, supervisionando as creches municipais da região, esperava ter-me atribuída função correspondente à minha formação profissional –, encontrei os psicólogos amalgamados com assistentes sociais, professores de educação física, pedagogos e enfermeiras, comungando funções burocrático-administrativas tais como: vistoriar áreas para informar processos de pedidos de creche por parte da população, fiscalizar a prestação de contas das entidades convenentes, fiscalizar e providenciar a manutenção das instalações físicas dos equipamentos, participar dos processos de seleção de pessoal das creches e acompanhar nelas sua chamada programação psicopedagógica.

Diante desse contexto, mobilizei-me em prol da articulação dos psicólogos da Equipe Menor, com vistas a pensar e propor uma redefinição do seu papel institucional.

A iniciativa desencadeou violenta oposição de grupos hegemônicos, os quais alegavam que cumpria manter o *status quo* da "cooperação multiprofissional" para, supostamente, não tornar estanque a visão global do trabalho.

Reencontro com o pensamento de Bleger

A polêmica que se instaurou pareceu-me dever ser interpretada bem além dos seus argumentos expressos. O que se queria preservar não era apenas a inteireza do panorama do trabalho, mas, sobretudo, um certo modo de relação entre os membros da equipe. Porém, mesmo em foro íntimo, hesitava muito em aplicar uma interpretação psicológica à situação, pois parecia abusivo reduzir a determinações inconscientes uma disputa política.

Procurando pensar politicamente, observei então que os defensores da "cooperação multiprofissional" se apresentavam como campeões do trabalho não-alienado e da participação de todos em tudo, não obstante encabeçarem uma prática em que as decisões eram tomadas por uma pequena minoria.

O que se contrapunha à voz da maioria? Não se tratava, segundo pude perceber, de um corpo político dividido simplesmente entre duas posições. Na verdade, aquela lógica de forças e a sua resultante não poderiam ser compreendidas sem levar em conta a existência de um *corpus* intermediário formado pelos técnicos, os quais, ao modo de uma massa internamente indiferenciada, caracterizavam-se em sua notável solidariedade por uma inércia peculiar: não era que se inclinassem conforme a direção do vento, aderindo aos poderosos de cada ocasião; também possuíam um interesse próprio que, embora convergisse com os da política então hegemônica, resistia a uma apreensão em termos políticos.

Ocorreram-me então, vagamente, certas considerações de Bleger de que tivera conhecimento alguns anos antes, num texto intitulado "O grupo como instituição e o grupo nas instituições".[1] Vale retomá-las, pois elas pavimentaram o caminho de compreensão do qual este trabalho é tributário.

---

[1] J. Bleger, *Temas de psicologia*, São Paulo: Martins Fontes, 1980, pp. 83-99.

Segundo o introdutor da psicologia institucional, "um grupo é um conjunto de pessoas que entram em interação entre si, porém, além disso, o grupo é, fundamentalmente, uma sociabilidade estabelecida sobre um fundo de indiferenciação ou de sincretismo, no qual os indivíduos não têm existência como tais e entre eles atua um transitivismo permanente".[2] Esse transitivismo consiste num tipo de comunicação pré-verbal envolvendo "extratos da personalidade que permanecem em estado de não discriminação".[3] Prossegue Bleger:

> Minhas postulações neste sentido me levam a considerar, em todo grupo, um tipo de relação que é, paradoxalmente, uma não-relação no sentido de uma não-individualização que se impõe como matriz ou como estrutura básica de todo grupo e que persiste, de maneira variável, durante toda a vida deste. Chamarei esta relação de sociabilidade sincrética para diferenciá-la da sociabilidade por interação [...].[4]

Uma das idéias que me pareceram mais férteis nesse texto, e que retomei na ocasião, é a de que enquanto o grupo funciona aparentemente bem, sem que fracassos ou conflitos venham a perturbar o fluxo da interação, tal estado de coisas mantém uma clivagem entre a sociabilidade interativa e a sociabilidade sincrética. Isso significa que a eficiência de um grupo tende a servir de defesa contra as ansiedades que seriam suscitadas pelo contato com aqueles aspectos indiferenciados da personalidade subentendidos na sociabilidade sincrética. Na esteira desse raciocínio, Bleger distingue a *eficiência burocrática* daquilo que denomina *processo grupal*. Neste haveria um modo de funcionamento em que as duas formas de sociabilidade não precisariam permanecer clivadas, mas poderiam experimentar um certo nível de integração. E é essa integração, por sua vez, que permitiria conferir ao funcionamento grupal um sentido individuante.

---

[2] *Id.*, *ibid.*, p. 87.
[3] *Id.*, *ibid.*, p. 85.
[4] *Id.*, *ibid.*, p. 85

Essas idéias deram – e dão – margem a muitos questionamentos, seja quando se trata de situá-las no devido contexto teórico, seja no que concerne propriamente ao seu conteúdo. Por ora, todavia, restrinjo-me a acompanhar os passos reflexivos de uma experiência. Da reflexão propiciada pelo reencontro com Bleger retirei, naquela ocasião, a noção de que certos mecanismos institucionais apóiam-se sobre determinadas funções psíquicas, não cabendo, em nome da preservação da especificidade do campo político, deixar de atentar para o interjogo profundo das diversas sociabilidades, cujo sentido e estrutura deitam raízes no campo do inconsciente.

Um convite, uma janela

Em agosto do ano seguinte, 1985, ocorreu um evento de importância fundamental para encaminhar a definição da problemática aqui em estudo. Promovido pelo Conselho Regional de Psicologia/SP, teve lugar o Seminário Psicologia e Instituição, destinado aos psicólogos em atividade nas chamadas "instituições de promoção social": FEBEM (Fundação Estadual para o Bem-Estar do Menor), FABES (Secretaria Municipal da Família e do Bem-Estar Social) e juizado de menores. O seminário propôs uma pauta de conferências e discussões de alcance teórico e prático, a saber: a compreensão das instituições segundo a sociologia e a psicanálise; o embate entre o cotidiano e as diretrizes institucionais; a especificidade do trabalho institucional do psicólogo; a caracterização da clientela; a luta pela supervisão institucional.

De um lado, a notícia do seminário – que descobri por acaso – aguçou meu interesse em buscar a especificidade, no âmbito das creches municipais, de uma atuação psicológica distinta do papel atribuído ao *supervisor de curso*, título conferido àqueles que, independentemente da formação, exerciam as funções já elencadas. Em contrapartida, a divulgação do convite do CRP produziu no ambiente de

22

trabalho questionamentos tais como: "Será que com tantas tarefas urgentes pode-se liberar os psicólogos para ir ao seminário?". Essas "dúvidas", a meu ver, revelaram-se, sobretudo, pretextos para manter a indiferenciação de funções, já que o convite se dirigia a um grupo profissional em particular. Atendê-lo era reconhecer a existência desse grupo "constituído" pelo convite e pela instituição que o formulara.

O temor e a resistência causados pelo convite do CRP não foram despropositados: o seminário promoveu o debate sobre o papel dos psicólogos nas instituições de atendimento ao menor e ao adolescente (FABES, FEBEM, juizado de menores), culminando numa proposta de articulação entre os psicólogos presentes para desencadear movimentos inter e intra-institucionais, com o objetivo de formar grupos de trabalho que, ampliando o debate, abrissem campo para uma redefinição do lugar e do papel institucional dos psicólogos.

Encontro com o pensamento de M. Guirado e Guilhon Albuquerque

Assisti no seminário a duas conferências que alimentaram decisivamente a reflexão que vinha desenvolvendo sobre o lugar do psicológico e do psicólogo diante da creche. Numa delas, Marlene Guirado expôs seu trabalho sobre os internos da FEBEM.

Sua proposta tomava o modelo da sociologia para pensar as relações instituídas, articulando esse modelo com o que considerava ser a perspectiva própria da psicologia e da psicanálise: conhecer o universo da criança desde dentro; a criança, mais que objeto de investigação, seria o ângulo pelo qual se daria a conhecer "um sujeito afetivo que organiza as abstratas determinações sociologizantes".[5]

---

[5] As citações das falas do seminário têm como fonte anotações confirmadas pelos palestrantes ou transcrições realizadas pelo CRP-SP/Conselho Regional de Psicologia-06 (São Paulo, 1985). Estas foram incluídas como anexo 1 na dissertação de mestrado que originou este livro: D. Calderoni, *O caso Hermes: a dimensão política de uma intervenção psicológica em creche – um estudo em psicologia institucional*, Instituto de Psicologia da Universidade de São Paulo, 1994. Disponível na biblioteca do IP-USP.

Dentre as noções postas em jogo por Guirado, uma me cativou particularmente, sem que me fosse possível compreender de pronto o alcance da problemática nela condensada. Essa locução enigmática, na qual acenava uma via para minha busca das formas intrínsecas de articulação entre o psicológico e o institucional, e que perpassa muitas das interrogações deste estudo, consiste na expressão *relações afetivas*.

Considerando a criança como sujeito afetivo e pensando o âmbito psicológico interno à instituição em termos de relações afetivas, como terá procedido Marlene Guirado para orientar-se a partir do seu ângulo de investigação, crivado por algo tão escorregadio como o afeto?

Inspirada nas idéias do cientista político José Augusto Guilhon Albuquerque, que propõe considerar as instituições pelo prisma das suas práticas – "condutas que têm significação social", no seu dizer, a autora procura apreender as relações afetivas que envolvem as crianças e os funcionários da FEBEM através de suas práticas discursivas (ou práticas de representação), donde o instrumento fundamental que elege para a investigação ser a análise do discurso.

Entrevistando e analisando os discursos de agentes e internos (crianças ou adolescentes abandonados e infratores), e a partir daí divisando no entrecruzamento dos discursos singulares a presença de um discurso da Unidade – nome conferido oficialmente a cada foro regional daquela instituição –, Marlene Guirado vai construindo um quadro terrível e revelador, mostrando que as relações instituídas se dão de tal forma que o vínculo afetivo dos infratores com a FEBEM implica a indiferenciação entre lei e transgressão (sendo, aliás, a própria representação de todo vínculo associada sempre à violência), enquanto o vínculo dos abandonados com a FEBEM entrega-os à impossibilidade de pensar no futuro, já que este passaria pela ruptura do sentimento de pertencer à instituição, pertencer vivido e representado como condição da própria existência.

Interpretando esse quadro à luz da psicanálise, Guirado infere que, ao enlaçar as crianças com a instituição num vínculo simbiótico próprio de uma função materna indiferenciadora, a FEBEM deixaria de propiciar o estabelecimento da função paterna limitadora daquele vínculo simbiótico e condição de acesso à Lei. Donde conclui: "Na FEBEM, o atendimento ao abandono e à infração dá lugar à promoção do abandono e da infração".

Tal conclusão, feita ao arrepio da imagem oficial com que a instituição se apresenta, ecoa as postulações de Guilhon sobre a lógica de toda e qualquer instituição; não por acaso sua fala no seminário atraiu tanta atenção e alcançou resultado tão marcante. Vale, pois, repassar alguns aspectos cruciais de suas colocações.

Para Guilhon, não se compreenderia sociologicamente uma instituição, a não ser de modo muito parcial, nem pela personalidade dos sujeitos que a compõem nem pelas idéias que eles teriam sobre o seu funcionamento ou finalidade. Tampouco seria suficiente considerá-la quanto à circulação dos recursos materiais e das informações, ou mesmo do ponto de vista de sua organização hierárquica.

De sua perspectiva, uma instituição se define como um conjunto de práticas – "condutas socialmente significativas que tendem a se reproduzir" – que envolvem um bem abstrato característico, por ele denominado *objeto institucional*. No caso da instituição escolar, por exemplo, este seria a educação. As práticas institucionais são exercidas por atores, isto é, por pessoas que desempenham determinado papel na cena social. Referindo-se à própria situação da conferência, Guilhon explicou:

> As pessoas enquanto atores sociais estão presentes na instituição não enquanto indivíduos, mas, sim, enquanto ocupando alguma posição dentro de um conjunto de práticas. Por exemplo, o que é importante do ponto de vista da prática que nos une neste momento é que existe a prática dos que falam para ser ouvidos e a prática daqueles que ouvem [...]. Então, deste ponto de vista, nós estamos representando funções complementares e distintas [...].[6]

---

[6] Anexo 1 da dissertação *O caso Hermes*, *op. cit.*, p. 6.

APRESENTAÇÃO

Este livro corresponde à minha dissertação de mestrado, apresentada numa tarde ensolarada de junho de 1994 ao Instituto de Psicologia da Universidade de São Paulo. Anuncio sua matéria.

Em 1986, no curso de um Programa de Trabalho na Área Psicológica junto a creches municipais de São Paulo – que incluía a intervenção nas relações institucionais e, articulado a isso, o psicodiagnóstico de crianças –, realizei o atendimento de Hermes, 5 anos, diagnosticado empiricamente por agentes de sua creche como praticamente incapaz de pensamento e de linguagem (*"débil mental e surdo"*).

Tendo as providências diagnósticas sido acompanhadas de um contradiagnóstico institucional (destinado a desconstruir o diagnóstico empírico de debilidade mental e auditiva), procuro refletir sobre o processo conjunto que permitiu reverter a exclusão da criança, transformar o modo pelo qual era percebida e encaminhar um saber positivo sobre o seu psiquismo.

O leitor tem em mãos a história desse processo, ao qual veio se juntar um acontecimento digno de nota.

Ao retomar o material para publicação, evidenciou-se fortemente, mais uma vez, o fato de que a apresentação pública da dissertação foi ocasião de trabalho constitutivo do sentido do próprio caso.

Sensíveis a isso, Marlene Guirado (orientadora), Maria Luisa Sandoval Schmidt e Sérgio Cardoso, membros da banca examinadora, bem como Myriam Chinalli, editora, encamparam a idéia de um posfácio contendo a transcrição da defesa.

A proposta foi a de manter o tom oral e a experiência calorosa daquela memorável e dialógica tardada, cuja força crítica confere ao texto uma contudente atualidade.

Aos membros da banca e à editora ofereço, pois, renovados agradecimentos. E, ao leitor, parceria na conversa.

São Paulo, outubro de 2004.
David Calderoni

Notícia sobre o título

Este estudo, como o título indica, versa sobre um *caso*: o atendimento de Hermes, nome emprestado a uma criança de 5 anos.

O título alude à circunstância em que esse atendimento foi realizado: Hermes foi-me apresentado como uma criança que, freqüentando uma creche municipal, não só evidenciava problemas como também causava problemas em meio aos colegas e entre os funcionários da instituição encarregada de seus cuidados. Assim sendo, a intervenção psicológica tomou por objeto uma determinada situação problemática, da qual participavam a criança e a creche.

Seria a relação entre a creche e a criança equiparável à relação parte-todo? Se é certo que Hermes é parte da instituição, não seria também a instituição parte de Hermes? Se, na cena social, ele aparece como elemento de um organismo mais amplo, do ponto de vista psíquico isso se mantém?

Não basta dizer que o indivíduo interioriza e reproduz a sociedade, pois dessa forma aquilo que se entenda por sociedade determina o paradigma do que seja o indivíduo-reprodutor. Ao contrário, somente porque esse pequeno indivíduo – pequeno porque é um, pequeno porque é criança – mobiliza a creche, é que essa instituição social pode iniciar um percurso rumo a uma redefinição.

Tais considerações já nos situam nos marcos de uma preocupação teórica própria da psicologia institucional. Nesse sentido, ficariam de certa forma esclarecidos os termos do título: Hermes e a creche conformariam o *objeto* do estudo, enquanto a psicologia institucional responderia pelos *instrumentos* do estudo.

Mas assim como a noção de um indivíduo-reprodutor escora a concepção de uma sociedade idêntica a si mesma, também a separação permanente entre os instrumentos e os objetos do conhecimento não dá espaço à questão do modo pelo qual os instrumentos teóricos podem-se transformar no encontro com o seu objeto. O que significa dizer que os instrumentos, testados pela resistência e pela singularidade de seu objeto, tornam-se eles mesmos objeto.

Em relação ao título, portanto, isso talvez fale algo de como a *dimensão política* é concebida: o político designando antes a transformação do que a dominação.

Quanto ao mais, é tempo de deixar que a seqüência do trabalho elucide.

Há duas posições básicas ocupadas pelos atores, conforme a relação que mantenham com o objeto institucional: posição de agente (professores ou palestrantes, por exemplo) e posição de clientela (alunos ou ouvintes, por exemplo). Os agentes são os portadores do objeto institucional (o saber ou a educação, por exemplo), do qual a clientela é carente e demandatária.

Nesse esquema, qual a relação entre agentes e clientela?

Sendo uma instituição um conjunto de práticas sociais e dado que, por definição, estas tendem a se reproduzir, em toda instituição a ação de seus agentes tende a reproduzir a posição de clientela. Como esta última pressupõe a carência do objeto institucional, conclui-se que toda instituição apresenta-se para preencher uma carência e, paradoxalmente, realiza-se reproduzindo essa carência. É com tal corolário da teoria de Guilhon que o resultado da pesquisa de Marlene Guirado parecia encaixar-se perfeitamente.

Mas, em mim, nada encaixava. Mais que perplexidade, inquietação. Ou inconformismo. É duro encaixar as palavras.

Do impasse ao projeto

Meu pensamento ressentia-se, ao primeiro impacto, de uma certa paralisia: a valer a idéia de que em toda instituição o seu bem é o seu mal, de que adiantaria batalhar por um novo lugar institucional para os psicólogos? Que destino conheceria a criança que entreviu as promessas do afeto na fala de Guirado? Infração? Abandono?

Diante do impasse, procurei retomar meus próprios passos. Em que medida a instituição retratada pela teoria de Guilhon e pelo estudo de Marlene Guirado corresponderia à minha experiência da instituição?

Comparecera ao seminário em busca de apoio a uma jornada cuja motivação enraizava-se num conflito entre o funcionário que eu era e o psicólogo que queria ser. O conflito entre o psicólogo e o funcionário não vinha sendo prerrogativa exclusiva minha. De fato, partilhava com diversos colegas não só de tal conflito, como, sobretudo, do destino que lhe pretendíamos dar. Fosse de outra forma, o próprio seminário não teria sentido, pois inexistiria o movimento coletivo que lhe fornecera temas e motivos.

Ora, tendo em vista que esse movimento instituíra-se a partir de uma (contra)posição comum diante das rotinas do trabalho instituído, de duas, uma:

- ou nos conformávamos com a impossibilidade de transformar a realidade do trabalho em nossas instituições de origem, aderindo à idéia de que, no fim das contas, a prática da procura de uma nova prática acabaria se revelando inevitavelmente reprodutiva;

- ou teríamos de supor a existência de práticas distintas não só quanto ao número ou quanto ao objeto (um maior ou menor número de práticas educativas, assistenciais, etc.), mas também quanto ao sentido histórico (práticas reprodutivas *versus* práticas inovadoras).

A idéia de práticas diferenciadas quanto ao sentido histórico, evocando a distinção entre sociabilidade sincrética e sociabilidade interativa, levou a metabolizar as noções de ator e de objeto institucional, de modo a resgatar o sentido histórico do meu percurso:

- sendo o ator um *funcionário público* municipal que por meio de práticas alternativas à burocracia busca fazer frente aos objetos visados pelas rotinas do trabalho instituído, a procura de outro trabalho encontra *a questão da mobilidade dos atores em face do objeto institucional*;

- sendo o ator um *psicólogo* que se mobiliza para espraiar e especificar o seu âmbito de atuação, elaborando e se engajando em diferentes modalidades de trabalho psicológico suscitadas pelas creches municipais, o movimento que é seu trabalho levanta *a questão dos modos possíveis de intervenção psicológica* em dado contexto institucional.

Foi na trilha dessas questões, e em um ambiente institucional especialmente receptivo (havia sido transferido do Campo Limpo para a Penha), que formulei em agosto de 1986 o Programa de Trabalho na Área Psicológica.

Antes, porém, de adentrar as modalidades de intervenção propostas e praticadas na execução desse programa – no qual teve lugar o caso Hermes –, cabe salientar o espírito que presidiu seu desenvolvimento, retomando as proposições de Marlene Guirado: no trabalho psicológico nas creches, a ação institucional passa por conhecer desde dentro o universo da criança; não se concebe esse universo infantil como um mundo interno apartado da vida institucional; cumpre visar a criança não como objeto, mas como ângulo pelo qual se dá a conhecer "um sujeito afetivo que organiza as abstratas determinações sociologizantes".

Capítulo 1

O PROGRAMA DE TRABALHO NA ÁREA PSICOLÓGICA
PANORAMA DO CONTEXTO, DA PROBLEMÁTICA E DOS PROCEDIMENTOS QUE DERAM LUGAR AO CASO HERMES

Dados do contexto institucional

1. Com a saída de Mario Covas e a entrada de Jânio Quadros à frente do governo municipal de São Paulo, foi extinta em 1986 a FABES/Secretaria Municipal da Família e do Bem-Estar Social e criada em seu lugar a SUBES/Superintendência do Bem-Estar Social, subordinada à SMEBES/Secretaria Municipal da Educação e do Bem-Estar Social. Cada uma das dezessete regionais da FABES tornou-se uma Delegacia Regional de Serviço Social (DRESSO) da Superintendência.

2. O Programa de Trabalho na Área Psicológica foi posto em prática por um grupo de psicólogos da Equipe Menor da Delegacia Regional de Serviço Social da Penha (DRESSO/Penha): Eliana Rebeche, David Calderoni e Leliane Melro Valença Hernandez.

30   O caso Hermes

3. Além de contar com psicólogos, a Equipe Menor da DRESSO/ Penha incluía pedagogos, assistentes sociais, enfermeiras, nutricionistas e professores de educação física. Esses profissionais supervisionavam as creches municipais, destinadas a crianças de até 7 anos incompletos, e os centros da juventude, que atendiam jovens de 7 a 14 anos. As creches municipais eram de dois tipos: creches diretas (construídas, providas e administradas financeira e tecnicamente pela Prefeitura) e creches conveniadas (subvencionadas e supervisionadas pela Prefeitura, mediante contrato com entidades particulares, encarregadas da administração financeira e técnica).

Lances iniciais

Começo de agosto de 1986: uma professora da Creche Municipal da Penha (creche direta) vem à Delegacia Regional de Serviço Social e lança um apelo aos psicólogos-supervisores da Equipe Menor para que intervenham no caso de uma criança que apresentaria sinais de surdez e de debilidade mental. Em resposta, enquanto se prepara uma visita à creche, ganha forma a idéia de realizar ali uma intervenção diagnóstica como ponta-de-lança de um amplo Programa de Trabalho na Área Psicológica.

No final do mesmo mês, os psicólogos apresentam sua proposta à chefe da Equipe Menor, que decide autorizar o início da experiência-piloto, avalizando no mesmo ato a organização de reuniões periódicas da equipe de psicólogos, cuja existência fica sendo então formalmente reconhecida. Além disso, a chefe da Equipe Menor encarrega-se de dar ciência do Programa à assistente social delegada, instância hierárquica máxima da DRESSO/Penha.

Três tempos de atuação no Programa

- Agosto de 1986: lanço a idéia do Programa e formulo suas modalidades de intervenção.

David Calderoni 31

- Novembro de 1986: redijo o documento[7], contendo objetivos, metodologia, relato e avaliação dos trabalhos até então realizados.
- De agosto de 1986 a fevereiro de 1987: participo das atividades programadas.

Problemática

Como exposto na Introdução, os passos reflexivos ao longo dos quais foi-se abrindo um lugar para a psicologia no seio da burocracia levaram à proposta de intervenção nas creches; a diretriz fundamental consistia na busca de uma sociabilidade individuante, tanto no plano dos "objetos" como no plano dos sujeitos das práticas. Tais práticas teriam como traço distintivo o intento de inovar, derivando daí o seu sentido histórico próprio. As modalidades de intervenção do Programa nas quais as práticas inovadoras se dariam foram originalmente assim formuladas:

1. Detecção, diagnóstico e encaminhamento dos casos de problemas no desenvolvimento motor, cognitivo e emocional.

2. Intervenção nas relações afetivas conturbadas entre os agentes da creche: pais, funcionários e crianças.

3. Geração de um catálogo dos recursos psicoterápicos e conexos do entorno, atinentes às áreas psicológica, fonoaudiológica, pedagógica e neuropsiquiátrica.

4. Articulação entre psicólogos e pedagogos da Equipe Menor para estudo de teorias e técnicas de alcance psicopedagógico e de propostas de trabalho conjunto.

---

[7] Incluído como Anexo 2 da dissertação *O caso Hermes, op. cit.*

32

5. Disponibilização de informações sobre psicologia aos agentes da creche – sexualidade, agressividade, psicomotricidade, desenvolvimento etc.

6. Estabelecimento de canais de comunicação e de cooperação entre os centros psicoterápicos do entorno e os agentes da creche, através dos psicólogos da equipe.[8]

Essas modalidades de intervenção envolvem duas formas de abertura ao novo: uma, referente aos trabalhos voltados para a renovação de práticas já existentes; outra, relativa às atividades destinadas a introduzir práticas inéditas.

Encontra-se no relato do Programa uma ocorrência que exemplifica o primeiro tipo de intervenção. Apresentado sob a rubrica de "Caso A",[9] o episódio parte de uma situação em que um membro da equipe de psicólogos é chamado a solucionar um impasse surgido durante uma atividade psicopedagógica padrão: uma criança não consegue reproduzir, em conformidade a um modelo, uma seqüência de traços horizontais e verticais (como se fossem os lados desdobrados de um quadrado). Não é que reproduza de modo inadequado: na verdade, não alcança fazer um traço sequer. Isso aflige sobremaneira a professora, que, na tentativa exasperada de ensinar, conduz com a sua mão a do menino. Em vão.

A intervenção psicológica que a partir daí se articula principiou por tomar em conta o tipo de relação ensejada pela atividade de cópia: um espelhamento entre as imagens da professora e do menino resultava daquela situação frustrante, de tal maneira que, como a criança não demonstrasse aprender e a professora, por conseguinte, não demonstrasse ensinar, ambos se identificavam num mau desempenho.

Outro aspecto da situação ao qual desde logo se atentou referia-se à relação com o tempo. A professora não permitia quase nenhum

---

[8] Anexo 2 da dissertação *O caso Hermes*, *op. cit.*, p. 2.
[9] *Id.*, pp. 7 e 14-16.

David Calderoni

intervalo entre a instrução dada e a resposta esperada, o que levava a supor a virtual inexistência de expectativas quanto a um eventual sucesso da criança, interpondo-se ao esforço pedagógico manifesto a certeza antecipada de uma incapacidade.

O episódio originou importantes questões, assim *ESB*oçadas numa passagem do Programa:

> Por que a identificação? Por que a impossibilidade de distância? Por que a não-consideração da criança como outro? (O exercício de transcrição, de cópia é uma freqüente alternativa de "atividade psicopedagógica" oferecida às crianças de creche; a prevenção à diferença, ao simbólico, ao imprevisto é tendência marcante).[10]

Se recordarmos que o esforço de diferenciação que veio a dar no projeto do Programa erigiu-se em contraponto àquilo que Bleger denominou sociabilidade sincrética – um modo de relação que previne toda individuação, sendo assim, paradoxalmente, não-relação –, pode-se entender que as reflexões sobre as intercorrências do exercício de cópia concerniam a uma problemática de âmbito muito mais abrangente que o da creche: dentro das próprias práticas de supervisão confrontavam-se sociabilidades heterogêneas, e da nossa posição em face desse conflito dependeria a realização de um trabalho alternativo ao sincretismo e à burocracia.

De que modo as práticas alternativas à burocracia conceberiam o trabalho psicológico?

Situando-se no curso de uma ação institucional que, além de uma postura compreensiva, pretendia-se, sobretudo, interventiva, a tarefa de definir positivamente em que consistiria a natureza desse outro trabalho motivou o centro da problemática do Programa. É o que acompanhamos neste excerto:

---

[10] *Id.*, p. 15.

34 O caso Hermes

[...] pensamos que enfrentar o desafio de organizar o tempo-espaço da Instituição de modo a possibilitar os projetos de seus agentes é condição para que não se esvazie o trabalho como atividade produtora de sentido. Se encararmos cada agente como um lugar do espaço e uma função do tempo da Instituição, podemos dizer que um trabalho pleno se dá quando os lugares-funções (agentes) realizam-se como fonte de projetos, isto é, como desejantes.[11]

A idéia a ressaltar nessa passagem é a de que as matrizes de indiferenciação que suportam a coesão dos grupos institucionais, escorados num sincretismo pré-verbal, opõem-se ao trabalho como atividade produtora de sentido.

Sentido: palavra cujo sentido pede circunscrição. O método para tal, mais uma vez, é o da reflexão acerca da experiência.

Nos trabalhos do Programa, é possível divisar pelo menos três sentidos axiais: convocatório, prático-reflexivo e interpretante.

Sentido convocatório do projeto

Três breves excertos do relato do Programa testemunham o seu sentido convocatório:

> Na Creche E, Eliana interveio no caso por meio de conversas com a diretora, a partir das quais esta providenciou a mobilização de familiares da criança implicada, encaminhando a questão de modo promissor e até então impensado, na medida em que certas funções parentais, antes assumidas pela creche, encontraram perspectivas de serem exercidas por aqueles que se acham em condições sociojurídicas de fazê-lo, despaternalizando a relação creche(-pais)-criança.[12]
> [...]

---

[11] *Id.*, pp. 14-15.
[12] *Id.*, p. 11.

Em duas ocasiões [dentro do objetivo de montar um catálogo de recursos psicoterápicos], obtivemos indicação de recursos nos próprios centros já contatados, cujo levantamento inicial baseou-se nos conhecimentos pessoais dos membros da equipe de psicólogos. Todos os contatos mantidos foram telefônicos, exceto com relação ao Centro Psiquiátrico da Penha e ao Instituto de Psicologia da usp, quando as informações sobre as características do atendimento prestado incluíram aquilo que só o contato pessoal revela.[13]

[...]

A assunção à chefia da Equipe Menor da dresso/Vila Prudente de Cida Alves Giannotti abre a perspectiva de que, levando consigo o germe de nosso trabalho conjunto, constitua mais um pólo de interlocução e de difusão. Neste sentido, faremos com que este documento chegue às suas mãos, da mesma forma que às de Laia, de Cecília e da profª Schmidt, buscando tecer uma rede entre os psicólogos de Vila Prudente, da Penha, de Itaquera, de São Miguel e da usp.[14]

Sentido prático-reflexivo do projeto

Trata-se, aqui, do engajamento interfuncional desencadeado em certas frentes de trabalho, assim como da sociabilidade propiciada por tal cooperação, como se exemplifica a seguir:

No caso B, todas as informações que pudemos ter da criança e toda intervenção junto à mesma foram mediadas pelas professoras, pajens, atendente e auxiliar de enfermagem, visto que todas as tentativas de observação encontraram a criança dormindo. Apurou-se que a estimulação oferecida à criança baseava-se na técnica de massagem para bebê denominada "toque da borboleta", con-

---

[13] *Id.*, p. 13.
[14] *Id.*, p. 25.

cebida por Eva Reich e divulgada junto às creches por Cida Alves Giannotti, pedagoga da Equipe Menor/Centros da Juventude e autora de manual a respeito. Informada de que a massagem era ministrada três vezes por semana, Cida prescreveu-a duas vezes por dia (no mínimo), além de recomendar que a criança fosse deixada o máximo possível fora do quadrado, em convívio com outras crianças de grau de desenvolvimento semelhante. Professora e atendente de enfermagem reportaram: avaliação médica sobre o caso que dizia não haver comprometimento neurológico; existência de irmãos cuja maturação psicomotora e fala advieram tardia, porém plenamente; adaptatividade da criança, evidenciada pela utilização dos esquemas motores disponíveis em prol de movimentação comunicativa e sociabilizante. Um mês após a implementação das recomendações de Cida, a professora informou que a criança evoluía muito positivamente. Para elevação da freqüência das estimulações, a diretora organizou um esquema de revezamento entre vários agentes da creche, propiciando uma cooperação interfuncional que contribuiu para que, no final de outubro, a criança já conseguisse sozinha firmar-se sobre as pernas, que antes arrastava ao engatinhar. Na busca de elementos teórico-técnicos por cujo apoio melhor responderíamos aos casos de problemas psicomotores, levantamos os livros de Herren,[15] Guillarme[16] e Lapierre;[17] a propósito deste último, propusemos leitura e discussão conjunta a Roberto e Cristina, professores de educação física/Centros da Juventude, e a Vera, enfermeira/Creches Diretas, a fim de conjugarmos nosso trabalho nessa área comum de nossos interesses e atribuições.[18]

---

[15] H. Herren e M. P. Herren, *Estimulação psicomotora precoce*, Porto Alegre: Artes Médicas, 1986.

[16] J. J. Guillarme, *Educação e reeducação psicomotoras*, Porto Alegre: Artes Médicas, 1983.

[17] A. Lapierre e B. Aucouturier, *Fantasmas corporais e prática psicomotora*, São Paulo: Manole, 1984.

[18] Anexo 2 da dissertação *O caso Hermes*, *op. cit.*, pp. 8-9.

Observa-se que a abertura comunicativa da criança caminha *pari passu* com a abertura comunicativa entre os supervisores convocados a partir de suas áreas específicas de formação, dando-se entre sujeitos e objetos da prática institucional uma relação reflexionante.

Outro acontecimento em que se verifica o sentido prático-reflexivo do Programa diz respeito à articulação entre psicólogos e pedagogos da Equipe Menor para estudo de teorias e técnicas de alcance psicopedagógico e de propostas de trabalho conjunto:

> Estamos falando de instituição e relações afetivas. Não é interessante que o livro assim intitulado[19] tenha enfim caído no gosto das pedagogas, que haviam de início levantado ressalvas à constituição de uma equipe de psicólogos independente da equipe psicopedagógica, tanto mais por vir dos psicólogos a sugestão do livro? E é assim que o texto de Guirado foi aceito para reflexão conjunta, selando uma aliança não-sincrética entre psicólogos e pedagogos.[20]

Sentido interpretante do projeto

Uma passagem exemplar do sentido interpretante do Programa refere-se ao debate sobre a implantação iminente de procedimentos estatísticos para controle do índice de faltas, a assim chamada "ociosidade" das creches:

> [...] entabularam-se discussões sobre causas e providências cabíveis – estas pautando-se, inclusive, pela adoção de medidas punitivas aos faltantes (suspensão e desligamento), justificadas quer pelo prejuízo à continuidade do trabalho educativo que o descomparecimento

---

[19] M. Guirado, *Instituição e relações afetivas: O vínculo com o abandono*, São Paulo: Summus, 1986.
[20] Anexo 2 da dissertação *O caso Hermes*, pp. 16-17.

acarretaria, quer pela injustiça aos demandatários de vagas (injustiça representada pela existência de vagas detidas e não utilizadas pelos faltantes).

A reflexão sobre este debate partiu da fala de uma colega de equipe: "As crianças não vêm porque a creche trabalha pra isso", ou seja, a creche produz as ausências, gerando, por seu modo de funcionar, vários motivos de falta.

É significativo que a referida colega tivesse dito a frase citada numa conversa informal ocorrida após a reunião SUIT (Subunidade de Informações Técnicas) + Equipe Menor + diretoras, tanto mais porque, embora conosco estivesse nesta reunião, explicou que nada dissera por sentir "que não tinha pra quem falar".

Talvez a forma da reunião tendesse a excluir certas escutas, tornando impertinentes certos discursos que respeitam à gênese e ao sentido do objeto em causa (a ociosidade de vagas), e também à prática dos sujeitos que o saber técnico pretende administrar, deixando por pensar certas questões, tarefa de interpretação daqueles dados objetivos para a qual todas as áreas profissionais representadas na Equipe Menor têm a contribuir. Por exemplo: quando se fala em impor medidas restritivas para coibir o prejuízo à continuidade do trabalho educativo acarretado pelo descomparecimento, toma-se o trabalho educativo como um dado inquestionável; cumpre pensar acerca do sentido que este trabalho assume do ponto de vista de quem deveria usufruí-lo e que, em nome da sua continuidade, arrisca-se a ficar dele privado. Do mesmo modo, cabe interrogar quais serviços a creche presta aos que ocupam as vagas disponíveis, e em que medida tais serviços não produzem a desocupação das vagas; as vagas vazias ameaçam injustificar a existência da creche enquanto prestadora de serviços, o que leva a perguntar: como, para que e a que preço preenchê-las?[21]

---

[21] *Id.*, pp. 17-18.

Ao designar o sentido da atividade em causa como *interpretante* e não como *interpretativo*, procurei, com o particípio presente, assinalar que essa atividade não se define pelo propósito de desvelar aspectos ignorados em benefício de espectadores passivos – este poderia ser o sentido interpretativo –, mas, sim, sobretudo, por visar ao cultivo da atividade de interpretação nos próprios agentes – este é o sentido interpretante.

Cabe perguntar em que medida tal cultivo se cumpriu.

Interpretar: limites

Interpretar implica *dar a conhecer*. É, assim, uma atividade que traduz um propósito comum a diversas modalidades de intervenção, como no caso da difusão de critérios para detecção de problemas motores, cognitivos e emocionais, ou da transmissão de conhecimentos sobre sexualidade, agressividade, desenvolvimento etc. No empenho em concretizar esse propósito, a prática nos deu a conhecer problemas de difícil interpretação:

As reuniões de professoras de creches diretas e conveniadas, cujo preparo e condução cabem aos psicólogos e pedagogos que supervisionam aqueles equipamentos, têm sido objeto de nossa preocupação. Realizadas com o objetivo de aprimorar o atendimento prestado às crianças através da informação, troca de idéias e reflexão a respeito do desenvolvimento psicossexual, motor e cognitivo infantil na faixa etária abrangida pelas creches (até 7 anos), tais reuniões têm-nos trazido sérias questões:
– como interpretar a refratariedade ao diálogo apresentada tanto por bem-falantes quanto por caladas?
– como avaliar os efeitos dessas reuniões na prática cotidiana nas creches?

– que sentidos têm a prestação de informação técnica psicopedagógica nessas reuniões?

– diante dessas questões, como agir?[22]

Duas considerações nortearam a reflexão nesse momento: a) assim como, na reunião sobre a "ociosidade" das creches, uma supervisora havia se calado por sentir que "não tinha pra quem falar", a forma das reuniões com as professoras talvez não lhes desse a esperança de que suas falas viessem a ser acolhidas; b) por outro lado, a prestação de informações talvez não respondesse a nenhuma demanda das professoras.

Levando em conta essas hipóteses, teve seqüência a reflexão:

> [...] a refratariedade ao diálogo pode significar uma recusa a engajar-se numa atividade não desejada. Dissemos antes que o trabalho como atividade produtora de sentido realiza-se conforme os trabalhadores ponham em jogo seus desejos. Entendamos o termo *sentido* como o processo pelo qual um querer implica reciprocamente um fazer, um dizer e um conhecer. Tendo em vista certos "diálogos de surdos" verificados numa dessas reuniões, podemos formular a hipótese de que o sentido desta atitude seja o de afirmar um não-querer que implica reciprocamente um não-fazer, um não-dizer e um não-conhecer. O sem-sentido da "surdez" aparente expressaria a rejeição à sensatez da nossa fala e o desejo de não desejar o não-desejado para preservarem-se como desejantes.[23]

O exame dessa passagem traz uma conseqüência importante: porque a prática nos deu a conhecer problemas para cuja interpretação questionamos o nosso desejo impositivo e a nossa surda sensatez, é possível agora aperfeiçoar a idéia que abriu esta seção, acrescentando que interpretar implica *dar-se a conhecer*.

---

[22] *Id.*, p. 17.
[23] *Id.*, p. 20.

Foi sendo possível compreender, portanto, que os atos de comunicação do Programa, articulando os procedimentos da ação interventiva e a sua finalidade intrínseca, somente atingiriam o ideal de uma prática individuante e inovadora na medida em que o trabalho com os agentes fomentasse uma capacidade de interpretação reflexiva e própria, sem a qual aquelas informações conformariam elos de uma cadeia autoritária ou sinais para uma prática cega.

Em outras palavras, não bastava que os psicólogos se constituíssem em promotores de meios e em emissores de mensagens para que a simples recepção e mobilização dos agentes os realizassem como tais. Era preciso que os próprios agentes conseqüenciassem a geração de meios individuantes e de mensagens inovadoras para que se cumprisse o ânimo do projeto.

Assim, se uma das pretendidas práticas inovadoras do Programa previa a realização de diagnósticos de crianças no próprio contexto institucional das creches, seria um desastre total se esses diagnósticos fossem tomados pelos agentes como veredictos para estigmatizar, condenar e excluir as crianças.

De outra parte, se o objetivo da intervenção dependia de prestigiar os fazeres e os saberes dos agentes, não se poderia desconhecer entre eles a existência de condutas e de modos próprios de apreensão dos fenômenos sobre os quais o diagnóstico iria se dar.

Sobre os quais, foi dito – mas não seria também o caso de dizer *a partir dos quais*? A questão remonta ao fato de que o diagnóstico dos psicólogos, constituindo uma intervenção nas relações afetivas dos agentes, incide num contexto de "diagnósticos empíricos" implícita ou explicitamente presentes.

Nesse ponto, nós nos perguntamos: excluir pura e simplesmente as interpretações materializadas nos "diagnósticos empíricos" não seria reproduzir uma certa lógica alienadora neles presente, espelhando-nos no exemplo da professora que desconsiderou o sentido do exercício de cópia para a criança? Descartar os "diagnósticos empíricos" não equivaleria, portanto, a encará-los apenas pelo vértice de suas matrizes de indiferenciação, desprezando as matrizes de sentido de que seriam portadores?

Se o diagnóstico visa ao mundo interno infantil, e se este não é considerado à parte da vida institucional, pensamos que os "diagnósticos empíricos" sobre a criança comparecem como matéria-prima do sentido interpretante da intervenção, pois neles se joga o investimento espontâneo da atividade de interpretação dos agentes.

Dando notícia do modo pelo qual se procurou levar em conta os "diagnósticos empíricos", um caso trabalhado no Programa indica até que ponto são inter-relacionadas a conduta de uma criança e a prática dos agentes que a apontam como problema, além de alertar para o efeito que, no contexto da creche, o diagnóstico de um psicólogo pode ter:

> Chamada a atender um caso de autismo, e tendo se inteirado de literatura psicológica sobre o tema, Eliana encontrou na creche uma criança de 6 anos que era a referência de variados discursos sobre autismo, incoincidentes quanto aos sentidos que imprimiam a esta categoria e divergentes quanto à caracterização das condutas sintomáticas: uns diziam que a criança não tolerava água, outros falavam que a criança resistia a entrar e a sair do banho ao mesmo tempo que adorava o contato com a água; uns descreviam os "surtos de oscilação" como desligamento total espontâneo, outros apontavam-nos como conseqüentes a frustrações e comportando abertura à comunicação; uns equiparavam autismo com resistência ativa à disciplina, outros assimilavam autismo a agressividade etc.
>
> Os "surtos de oscilação", movimentos pendulares a que a criança se entrega (cada vez menos), não foram presenciados por Eliana, que, interagindo com a criança e observando-a, assim a percebeu: atenta aos destinos do vínculo que se estabelecia; solícita e desejosa de demonstrar suas aptidões; impaciente ao ensinar, com eficiência, como fazer pipa a outra criança de sua idade; muito afetuosa e interessada nos cuidados aos menores.

Sem deixar de requisitar o relatório elaborado pelo psicólogo com quem a criança se trata, Eliana pôde perceber como o rótulo de autista, captado do discurso de um outro psicólogo que um dia viu a criança no "surto", vem servindo como guarida das múltiplas representações que os agentes da creche constroem desta criança, representações que plasmam e expressam as relações afetivas postas em jogo a partir dos lugares e funções dos que as formularam. A desconstrução (isto é, a análise) preliminar das determinações constitutivas deste "diagnóstico" evidencia a necessidade de compreender e intervir no interjogo de representações (ou, dito de outro modo, trabalhar as relações afetivas) instituídas na creche, a fim de que uma reflexão ativa ganhe terreno à alienação prática. Para tanto, cumpre pensar o que Guirado expõe sobre "instituição e relações afetivas".[24]

Havia afirmado que a noção de relações afetivas encerra (ou melhor, abre para) um enigma. É possível agora acompanhar alguns passos dados na tentativa de elaborar o sentido dessa expressão, sem com isso encerrar o enigma. Na passagem recém-citada, as *relações afetivas* aparecem numa posição de equivalência com o *interjogo das representações*. (Como conceber essa equivalência sem reduzir o afeto à representação? Em todo caso, foi dito que uma plasmaria e expressaria o outro.) Penso que a novidade do passo dado consiste em buscar cruzar a problemática das relações entre afeto e representação com a questão das relações entre pensamento, prática, alienação e atividade.

Não é casual que a questão do sentido interpretante, pondo em causa a intenção inovadora do trabalho psicodiagnóstico institucional, tenha levado à retomada do enigma das relações afetivas; isso aponta, a meu ver, para a importância central da segunda modalidade de intervenção proposta no Programa.

---

[24] *Id.*, pp. 10-11.

Guilhon e Guirado metabolizados no Programa

"Intervenção nas relações afetivas conturbadas entre os agentes da creche: pais, funcionários e crianças." Tal modalidade de intervenção, nos próprios termos em que é formulada, evidencia as marcas dos autores em apreço: *agentes* remete a Guilhon; *relações afetivas*, a Guirado.

Ao mesmo tempo, os termos da formulação deixam observar uma utilização particular dessas noções. A teoria de Guilhon autorizaria considerar os funcionários como agentes, mas não franquearia de pronto tal qualificação aos pais e às crianças, aos quais reservaria em princípio a designação de clientes; Guirado, por seu turno, em nenhum momento conota a noção de relações afetivas com a idéia de conturbação. Essa idéia prende-se a uma intenção interventiva, ou seja, desconturbar aquelas relações. Algo análogo se dá quando o trabalho psicológico visa propiciar a passagem da passividade à atividade: se com Guilhon apenas os efetuadores da ação institucional merecem ser chamados de agentes, quando se pretende incluir os clientes entre os sujeitos dessa ação, impõe-se que eles sejam reputados agentes ao mesmo tempo e na mesma relação em que aparecem como clientes.

Creio que isso nos aproxima de um importante princípio ético e metodológico dos procedimentos que deram lugar ao caso Hermes: trata-se da necessidade de pressupor, no ponto de partida, a presença potencial do que se espera realizar no ponto de chegada da intervenção. Por outras palavras, trata-se de conceber agentes e clientes como posições co-presentes e internas aos sujeitos encarnados que dão suporte a essas categorias.

Essa atitude teórica envolve uma aposta: a de que o pressuposto da potência interpretante inovadora venha a se demonstrar, isto é, que o trabalho psicológico constitua ocasião para que os atores que Guilhon qualificaria como clientes se realizem como agentes.

O roteiro dos procedimentos montados para concretizar essas concepções teóricas, éticas e metodológicas encontra-se delineado no que se relatou da intervenção junto à criança considerada autista:

- num primeiro momento, trata-se de desconstruir as representações do "diagnóstico empírico", acolhendo-as sem a elas aderir e procurando referi-las às suas condições institucionais de produção, ou seja, aos lugares e funções dos interlocutores que fazem circular o nome *autista*, procurando compreender o termo em toda a variabilidade das significações que ele reveste. Esse primeiro procedimento, nós o denominamos contradiagnóstico;

- num segundo momento, trata-se de construir, a partir dos dados colhidos ao longo da intervenção, um diagnóstico tanto da instituição como da criança.

Na medida em que o mundo interno da criança não é apartado da vida institucional, o diagnóstico da criança implica o diagnóstico da instituição. O "diagnóstico empírico" tende a separar a criança da instituição. O contradiagnóstico e, depois, o diagnóstico tendem a reintegrá-la.

Passagem para o caso Hermes, com Espinosa

O que significa *desconturbar* os afetos e o que tal proposta tem a ver com a passagem da passividade à atividade?

Rastreando as significações de *conturbação* no *Aurélio*, divisamos uma trilha: conturbação = perturbação (de ânimo) = confusão = "incapacidade de reconhecer diferenças e distinções".[25] Nesse sentido, desconturbar as relações afetivas correlaciona-se a desentravar a

---

[25] A. Buarque de Holanda Ferreira, *Novo dicionário Aurélio da língua portuguesa* (Aurélio), Rio de Janeiro: Nova Fronteira, 1975.

potência interpretante dos atores institucionais, de modo que, efetuando o reconhecimento de diferenças e distinções, transitem da passividade à atividade.

Mas o que os afetos teriam a ver com a capacidade de intelecção e de reflexão? Seria tal capacidade tributária de um trabalho *sobre* os afetos, *com* os afetos ou *dos* afetos?

Numa seção precedente, "Interpretar: limites", ao tratar do modo pelo qual o objetivo de fomentar nos agentes uma capacidade de interpretação reflexiva e própria deveria se fazer presente na abordagem dos diagnósticos empíricos, indagamos se nosso trabalho se desenvolveria *sobre* eles ou *a partir* deles. Tendo em vista que esses diagnósticos empíricos exprimem relações afetivas que envolvem modos específicos de apreensão dos fenômenos em causa – a problemática da criança e de suas relações na e com a creche –, preconizamos que, longe de manifestar concordância ou discordância quanto ao diagnóstico empírico, cabia-nos encontrar uma alternativa entre uma adesão que suprimiria o nosso ponto de vista próprio e uma rejeição que tenderia a desapropriar os agentes do seu ponto de vista.

Dessa orientação de nosso procedimento, acreditávamos, dependeria a geração de meios individuantes e de mensagens inovadoras nas quais e pelas quais os agentes poderiam se realizar como interpretantes. Nessa perspectiva, o processo pelo qual reverteríamos a lógica de exclusão presente nos diagnósticos empíricos implicaria reagir à sua formulação não com um afeto de recusa, mas, sim, com um afeto de acolhimento a partir do qual a atividade crítica poderia verdadeiramente se desenvolver.

A atividade crítica requer a possibilidade de nos distanciarmos do sentido comum e imediato com que algo se apresenta diante de nós. Dizse, nesse sentido, que a crítica implica modificação do regime de julgamento. O diagnóstico empírico é uma forma de julgamento. Envolvê-lo numa atividade crítica significa poder tomar distância de tal julgamento, de modo que sentidos alternativos se apresentem – sentidos relativos aos indícios ou "sintomas" que escoram ou motivam determinado diagnóstico empírico. Tendo acesso aos sentidos alternativos obtidos pela atividade crítica, os agentes poderiam ou não exercer, digamos, uma escolha. Um processo crítico dessa natureza, portanto, é correlato à conquista ou ao alargamento de uma liberdade psíquica.

Todavia, esse processo crítico que acabamos de descrever num registro intelectual encontraria nesse registro todo o seu fundamento? Pensamos que a possibilidade de escolher passa pela aptidão para acolher (a qual passa pela experiência de ser acolhido); não há crítica sem compreensão, a qual requer o acolhimento – estofo afetivo da liberdade psíquica: "Durante o tempo em que nós não somos dominados por afetos que são contrários à nossa natureza, durante esse mesmo tempo nós temos o poder de ordenar e encadear as afecções do nosso corpo segundo a ordem relativa à inteligência".[26]

Se introduzimos aqui essas palavras de Espinosa, é porque seus pensamentos inspiraram muitas das perspectivas de compreensão e de intervenção do Programa, a começar pelo lugar fundamental conferido à afetividade e pelo modo de conceber passividade e atividade que balizou nossos procedimentos.

Que as operações afetivas precedam, preparem e condicionem as intelectuais, compreende-se em Espinosa, ao que sabemos, mediante as seguintes proposições:

> *Proposição XI*: A primeira coisa que constitui o ser atual da mente humana não é senão a idéia de uma coisa singular existente em ato.
>
> *Proposição XIII*: O objeto da idéia que constitui a mente humana é o corpo, ou seja, um modo determinado da extensão, existente em ato, e não outra coisa.
>
> *Proposição XIV*: A mente humana é apta a perceber um grande número de coisas, e é tanto mais apta quanto o seu corpo pode ser disposto de um grande número de maneiras.[27]

---

[26] B. Espinosa, *Ética, Os Pensadores*, São Paulo: Abril Cultural, 1983, "Da potência, da inteligência ou da liberdade humana", Parte V, p. 283.

[27] *Id.*, *ibid.*, "Da natureza e da origem da mente", Parte II, pp. 142-144.

48 O caso Hermes

Veja-se também a seguinte definição:

Definição II: Por afetos entendo as afecções do corpo, pelas quais a potência de agir desse corpo é aumentada ou diminuída, favorecida ou entravada, assim como as idéias dessas afecções.[28]

Ética, em Espinosa, concerne às causas e aos modos da ação humana e, portanto, tem como questões decisivas a atividade e a passividade. *Passividade* é definida como predomínio das causas externas; *atividade*, como predomínio das causas internas.

Segundo Espinosa, a mente é ativa – isto é, tem um conhecimento adequado de si mesma, do seu corpo e dos corpos exteriores – quando é determinada interiormente, o que se dá sempre que, considerando várias coisas ao mesmo tempo, vem a conhecer as semelhanças, diferenças e oposições entre elas.[29]

Naquela situação do exercício de cópia, os afetos decerto estavam bastante conturbados; porém, longe de paralisar, a aflição da professora era acompanhada de uma intensiva ação sobre a criança, pois que, de próprio punho e energicamente, tomava e conduzia-lhe a mão. Pareceria aqui, portanto, questionável vincular espinosanamente a turbulência dos afetos à passividade.

Ocorre que, em Espinosa, a atividade não coincide com a ação motora; até o contrário, se esta se realiza sob a égide das causas externas, a intensidade e a quantidade de movimentos musculares são índices de passividade – pois a potência de agir, como virtude racional, envolve o ato no qual o indivíduo se autodetermina pelo conhecimento da causa interna dos seus afetos.

Os afetos, segundo Espinosa, nascem como afecções ou modificações da disposição do corpo devidas à ação de outro corpo. Como "todos os modos pelos quais um corpo qualquer é afetado por

---

[28] *Id.*, *ibid.*, "Da origem e da natureza dos afetos", Parte III , p. 176.
[29] *Id.*, *ibid.*, "Da natureza e da origem da mente", Parte II , p. 156 (escólio da proposição XXIX).

David Calderoni

outro corpo seguem-se da natureza do corpo afetado e, ao mesmo tempo, da natureza do corpo que afeta",[30] os afetos são determinados por uma causa externa (a natureza do corpo que afeta) e por uma causa interna (a natureza do corpo afetado). Tendo em vista que os afetos consistem também em idéias das afecções, Espinosa considera que "as idéias que nós temos dos corpos exteriores indicam mais a constituição do nosso corpo do que a natureza dos corpos exteriores",[31] pois tenderíamos a inferir os desejos e a compleição desses últimos tomando-nos por base, de tal modo que nortearíamos de uma forma irrefletida o nosso agir. Ora, esse predomínio das causas externas na determinação dos afetos, atos e idéias recebe em Espinosa não só o nome de passividade, mas também o de servidão.

Assim, se ao afirmar que os afetos inauguram as relações do homem com as coisas exteriores – e particularmente as relações do homem com o homem –, Espinosa indica o alcance antropológico do afeto, explicita-o como matéria fundamental da vida política e ética ao conceber a liberdade individual – sem a qual não há liberdade coletiva –, "como o ato de interpretar os afetos, desligando-os da causa externa e ligando-os à causa adequada imanente singular",[32] princípio que permite vincular as especificidades do afeto às do sujeito que o experimenta.

É possível compreender esta ação determinada essencialmente por causas externas, da qual o agente será considerado na teoria política de Espinosa *alterius juris* – prisioneiro, escravo ou alguém que por medo e esperança transfere a um outro sua potência[33] –, aproximando-a da noção freudiana de *atuação* (*Agieren*, *acting-out*).[34]

---

[30] *Id., ibid.*, p. 145 (axioma I , seguido ao corolário do lema III).

[31] *Id., ibid.*, p. 149 (corolário II da proposição XVI).

[32] Anotações de aula confirmadas pela profª. Marilena Chaui, relativas ao programa da Parte v da Ética – "Da potência, da inteligência ou da liberdade humana" –, *op. cit.*, pp. 276-299.

[33] Cf. M. Chaui, "A democracia como realização do desejo de governar: Espinosa", in L. R. Salinas Fortes e M. Meira do Nascimento (orgs.), *A Constituinte em debate*, São Paulo: Sofia/Seaf Editora, 1987, p. 365.

[34] Cf. J. Laplanche & J.-B. Pontalis, *Vocabulário da psicanálise*, São Paulo: Martins Fontes, 1988, p. 36 (verbete "Agir").

50 O caso Hermes

Designando a realização de um ato compulsivo que presentifica o passado de forma oposta à recordação, a atuação é para Freud uma forma de repetição pela qual algo se exterioriza de modo não-simbólico. Para entender esse caráter não-simbólico da atuação, convém recordar com Laplanche & Pontalis que símbolo "era para os gregos um sinal de reconhecimento (entre os membros de uma mesma seita, por exemplo) formado pelas duas metades de um objeto partido que se aproximavam. Pode ver-se nisto, na origem, a idéia de que é a ligação que faz o sentido".[35]

Compreende-se, então, que a especificidade da recordação com relação à atuação consiste em que a primeira implica interiorização e reconhecimento de uma ligação histórica, enquanto a segunda é alienação em ato que reitera cegamente a sua origem.

Assim, considerar que no exercício de cópia a professora *atuava* diante da criança implica pensar que:

1. a professora realizava compulsivamente um ato cujo sentido, cuja origem e cujo efeito na criança a forma desse mesmo ato a impedia de reconhecer;

2. as causas de sua aflição, sendo imaginariamente atribuídas à criança, inclinariam a professora a um "diagnóstico empírico" que projetasse vingativamente no menino tanto a ignorância diante das causas internas dessa aflição como a impotência decorrente da ignorância;

3. a professora transferia por medo e esperança uma parte de sua potência ao psicólogo, para que este, convocado a arbitrar sobre o menino, a livrasse do mal ou lhe trouxesse algum bem, dirimindo ou minorando a aflição.

---

[35] *Id.*, *ibid.*, p. 630 (verbete "Simbolismo").

Esse menino que não reproduzia os traçados, provocando a professora a espelhar nele o fantasma da incompetência, foi por ela considerado suspeito de ser "débil mental" e surdo. As matrizes de indiferenciação e sincretismo conheciam nessa nomeação um paroxismo crítico, no qual o processo de exclusão da criança incluía o recurso ao psicológico.

A ida à creche e o encontro com a criança, inaugurando a experiência-piloto do Programa, deflagram um lance decisivo: a aposta na sociabilidade individuante, no trabalho do sentido, na potência interpretante dos agentes, põe-se à prova no episódio crucial em que a prática inédita de um (contra)diagnóstico passa pelo desafio de renovar uma pedagogia cristalizada no exercício da cópia.

Capítulo 2

DA CÓPIA AO DESENHO LIVRE:
O ENCONTRO COM HERMES
CONTRADIAGNÓSTICO DAS RELAÇÕES AFETIVAS INSTITUCIONAIS ATUALIZADAS NA "ATIVIDADE PSICOPEDAGÓGICA" DE CÓPIA

Na medida em que o diagnóstico empírico condensa relações afetivas institucionais, estas configuram o objeto do contradiagnóstico, procedimento destinado a reverter o movimento de exclusão da criança.

Ao enunciar as relações afetivas institucionais como *atualizadas* na "atividade psicopedagógica" de cópia, tem-se em vista que em tal ocasião o diagnóstico empírico não somente se manifesta, mas principalmente se põe à prova; não apenas se entremostra, mas sobretudo pretende se demonstrar.

Nesse extraordinário engajamento dos agentes, as relações afetivas cristalizadas no diagnóstico de debilidade mental e auditiva adquirem mobilidade, um dado saber se abre ao fazer de uma experiência. O tempo volta a correr no horizonte de Hermes.

A situação do exercício de cópia apresenta-se assim como o momento crítico em que as forças e posições determinantes do diagnóstico empírico se dão a conhecer e se dão a transformar: momento-chave de nossa intervenção investigativa, cujas circunstâncias começaremos por historiar.

Cronologia do encontro

Início de agosto de 1986

Nesse tempo, conforme já exposto, uma professora da Creche Municipal da Penha (zona leste da capital paulista) vem à Delegacia Regional de Serviço Social e solicita aos psicólogos-supervisores da Equipe Menor intervenção para Hermes, criança de 5 anos que apresentaria sinais de surdez e de debilidade mental. Cabe agora acrescentar que, na ocasião, a professora referiu-se a d. Violeta, mãe de Hermes, como sendo uma pessoa "muito agressiva", declarando que teria derramado óleo quente nos ouvidos do filho quando ele contava com poucos meses de vida.

27 de agosto de 1986

Sou inteirado de informações prestadas a uma colega pela diretora e por duas professoras da creche da Penha:

A creche está enfrentando um problema com duas crianças – Hermes, de 5 anos e 5 meses, e [seu irmão] Firmino, de 4 anos e 2 meses.

- A mãe das crianças declara que Hermes apresenta problemas de surdez. Ele tem 75% de audição. Antes de freqüentar a creche, fez tratamento com fono e psicóloga, segundo declaração da mãe.

- As crianças estão freqüentando a creche há seis meses, respectivamente Jardim e Maternal II.[36]

---

[36] Na ocasião, a Creche Municipal da Penha recebia um total de 69 crianças, assim distribuídas: berçário maior (de 8 a 18 meses): 8 crianças; minigrupo (de 19 meses a 2 anos e 5 meses): 12 crianças; maternal I (de 2 anos e 6 meses a 3 anos e 5 meses): 12 crianças; maternal II (de 3 anos e 6 meses a 4 anos e 5 meses): 14 crianças; jardim (de 4 anos e 6 meses a 5 anos e 5 meses): 14 crianças; pré (de 5 anos e 6 meses a 6 anos e 11 meses): 9 crianças. As professoras distribuíam-se da seguinte maneira: manhã – Neire, com jardim e pré; Valéria, com berçário e maternal I; tarde – Ana, com minigrupo e maternal II.

- No início, Hermes chorava muito. Agora está bem adaptado na creche. Não é agressivo ou rebelde, mas não participa voluntariamente das brincadeiras e atividades.

- As professoras observam que a criança é bastante insegura e demonstra medo em algumas atitudes.

- O relacionamento da criança com a pajem é muito bom; com as crianças também.

- Comportamento da mãe com a criança: a diretora presenciou a mãe dizendo para a criança que ele é um tonto, miserável e retardado. É muito agressiva com a criança e diz que ele tem "problemas". Afirma também que vai interná-lo porque não quer mais ficar com ele.

- A mãe trata o irmão Firmino de maneira diferente, é atenciosa e carinhosa com ele. Firmino é um menino dócil, seguro, preocupado e cuidadoso com as outras crianças.

- As professoras observaram que, na presença da mãe, Firmino trata Hermes de maneira agressiva como a mãe. Quando a mãe não está, o comportamento de Firmino é diferente para com Hermes (proteção).

- A mãe é uma pessoa impaciente. Participa de reuniões de pais, mas sempre está com pressa e não fica até o fim. É manicure. As crianças estão registradas somente no nome da mãe.

- Quanto ao atendimento prestado pela creche às crianças, a mãe não faz nenhuma reclamação, mas espera que a creche dê uma solução para o caso, até mesmo cobra uma conversa com um psicólogo que lhe forneça solução.

- A diretora e professoras já conversaram várias vezes com a mãe, mas esta não aceita o fato de que seu filho não tem problemas.

- A supervisão comprometeu-se em retornar à creche para observar as crianças e sugerimos duas datas para entrevista com a mãe – 12 e 17 de setembro – para fazermos uma avaliação e encaminhamento do caso.

[O relatório da colega prossegue falando de outras crianças problemáticas.]

28 de agosto de 1986
Inteirado das informações precedentes, realizo nessa data minha primeira visita à Creche Municipal da Penha. Dentre as anotações feitas por mim sobre a visita, destaco as que se referem direta ou indiretamente a Hermes e, mantendo a informalidade telegráfica do rascunho original, acrescento entre colchetes apenas as informações indispensáveis:

- Professoras não sabem como trabalhar com crianças problemáticas.

- Hermes: medo e desatenção.

- Firmino: desatento.

- Se outra criança tira seu brinquedo, [Hermes] pede socorro à tia; dependente.

- Não consegue reproduzir modelos para cópia (círculo, cruztraço, quadrado intercalado a círculo).

- Professora tem que dar uma instrução para cada movimento na reprodução do quadrado [segue-se diagrama indicando a correspondência entre cada instrução e cada lado do quadrado].

- No círculo: "Faz a bolinha" [incentivo verbal da professora].

- Não demonstra noção de intercalamento.

- Esperou todas as crianças saírem para entrar no tanque de areia.

- Tendência ao isolamento.

- Hermes: "super-antena", atento aos meus movimentos; perguntado sobre sua idade, repetiu: Hermes... Hermes. Colega tropeçou em sua perna e disse: "Toma mais cuidado onde põe a perna", ao que H. reagiu com meneios de cabeça expressando "não". Deu tchau logo de cara, simpatizamo-nos.

- Firmino: antena, capturou-me com o olhar, falou algo sorrindo, tive de insistir para compreender, pedindo que repetisse. Ana (prof².) disse que, semelhante ao irmão, responde diversamente do perguntado.

[...]

- Mãe diz que Hermes tem ora 50%, ora 75% da audição; ela derramou óleo quente no ouvido dele. Ver se mãe possui relatórios da fono e da psi.

[...]

Observação do desenho:

I – dirigido[37] – Ana sentou-se ao lado, instruindo cada movimento.

Não há distância entre estímulo e resposta, não há espaço para elaboração da instrução. Impressão de algo opressivo.

[Seguem-se observações sobre desenhos (não dirigidos) da figura humana que Hermes e seus colegas fizeram a meu pedido].

[...]

- Mãe de Hermes e de Firmino disse, quando foram suspensos por atraso da mãe na hora da saída, que iria deixá-los amarrados em casa no dia seguinte para trabalhar.

---

[37] Referia-me primeiramente ao "desenho" do quadrado realizado sob os comandos da professora por ocasião da "atividade psicopedagógica" de cópia.

- Solicitei a Ana que pedisse à mãe de Hermes que trouxesse relatórios de fono e psi.

- Papo com Eliana [diretora da creche] sobre [seta indicando parágrafo precedente].

- Verificar se professoras + pajens levam em conta prontidão.

- O certo e o errado, a cópia: a perda do simbólico.

Levantando material para o contradiagnóstico: a agressividade em questão

Dentre as representações que acompanham o diagnóstico empírico, destaca-se a caracterização de d. Violeta como "muito agressiva", o que é apontado desde a ocasião em que a professora vai à delegacia solicitar nossa intervenção e reiterado nas visitas à creche que uma colega e eu empreendemos em momentos distintos, conforme registrado nos respectivos relatórios.

Tudo indica, pois, que a representação da mãe de Hermes como "muito agressiva" constitua uma peça essencial na lógica do diagnóstico empírico do menino, havendo na recorrência desse juízo a tentativa de estabelecer uma função explicativa; apontar reiteradamente a agressividade de d. Violeta corresponderia ao esforço para fixar uma causa para a debilidade mental e auditiva de Hermes.

Em vista disso, o próximo passo a ser dado aqui é começar a desconstruir as representações desse diagnóstico empírico, procurando compreender a variação das significações da "agressividade" atribuída a d. Violeta e referindo esse juízo tanto às condições institucionais como às posições interlocutórias envolvidas em sua enunciação e circulação.

Já observamos que, quando a professora pediu que os psicólogos fossem à creche ver Hermes, vinculou a origem da surdez dele à agressividade de d. Violeta. Essa mesma agressividade dirigida contra o filho reaparece no testemunho da diretora, que teria visto d. Violeta chamá-lo de "tonto, miserável e retardado", como relatou Eliana. Na minha visita, ouço da professora que Hermes e Firmino, suspensos pelo atraso de d. Violeta, seriam amarrados em casa por ela para que pudesse trabalhar.

Se nas duas primeiras ocasiões o objeto da agressividade de d. Violeta parece concentrar-se em Hermes, nessa última oportunidade a agressão não se consuma propriamente num ato dirigido contra ele, tampouco num ato cujo alvo abrangesse também o outro filho. Sendo tal ato apenas anunciado, não se sabendo se foi ou não concretizado, a agressividade residiria, antes, no próprio anúncio, que se configura assim como ameaça, chantagem ou retaliação. Nesse sentido, os filhos de d. Violeta aparecem como figurantes da cena de uma agressão efetivamente dirigida contra o pessoal da creche.

Ora, todo esse cenário foi montado a partir do discurso dessas mesmas pessoas: a diretora, as professoras (além de mim e de Eliana). Logo, pode-se levantar a hipótese de que d. Violeta, Hermes e Firmino, assim como nós outros, os psicólogos-supervisores, constituam lugares identificatórios pelos quais os agentes da creche transitam, cabendo então acompanhar o intercâmbio de posições que assim se entremostra.

Sublinhe-se, a propósito, que a observação do exercício de cópia e da interação social de Hermes permite localizar os agentes agressivos em outros personagens que não a mãe: "Se outra criança tira seu brinquedo, [Hermes] pede socorro à tia; [...] Observação do desenho [...] – Ana sentou-se ao lado, instruindo cada movimento... Não há distância entre estímulo e resposta, não há espaço para a elaboração da instrução. Impressão de algo opressivo. [...] Colega tropeçou em sua perna e disse: 'Toma mais cuidado onde põe a perna', ao que Hermes reagiu com meneios de cabeça expressando 'não'".

Levantando material para o contradiagnóstico: da agressividade ao diagnóstico empírico

Se a produção histórica das deficiências de Hermes encontra nas atitudes da mãe as suas raízes, conforme a firme crença que se depreende dos discursos dos agentes, a caracterização dessas deficiências parece variar conforme os contextos interlocutórios: quem diz a quem que Hermes tem ou não problemas e em que medida os tem? Na visita à delegacia, a professora não apenas se mostra convencida da surdez de Hermes, como ainda acena com uma explicação etiológica – a "queima" dos órgãos auditivos pela mãe. Não obstante, Eliana anota em seu relatório conversas em que as professoras e a diretora tentam em vão levar d. Violeta a admitir "o *fato* de que seu filho não tem problemas" (grifo meu). Finalmente, as anotações que faço logo após a visita à creche dão notícia de que a mãe não teria certeza do grau de comprometimento auditivo de Hermes (75%? 50%?).

Ora, tais variações nunca deixam de ter como referência o diagnóstico empírico constituído pela crença de que a criança porte prejuízos constitucionais, pois mesmo quando a professora tenta convencer a mãe da sanidade de Hermes, ela o faz por contraponto ao diagnóstico. Que motivos teriam induzido a professora a advogar a sanidade de Hermes perante d. Violeta? Possivelmente o desejo de prevenir as agressões da mãe contra o filho, a título de ele ser "tonto" e "retardado" – e, nessa hipótese, o vínculo entre atribuir anormalidade à criança e agredi-la deve estar presente quando a professora formula a suspeita das deficiências de Hermes, o que indica o conflito e a ambivalência provavelmente envolvidos na enunciação do diagnóstico empírico.

Esse jogo de posições e contraposições acerca da origem, da natureza e do perfil das dificuldades de Hermes materializa-se nas anotações da visita à creche sob a forma de uma oscilação do meu próprio ponto de vista: antes de poder questionar a conveniência do procedimento pedagógico ("Verificar se professoras + pajens levam em conta prontidão"; "O certo e o errado, a cópia: a perda do simbólico"), comunguei com a crença de que a inaptidão de Hermes encontrasse nele mesmo a sua essência ("Não consegue reproduzir modelos para cópia", "Professora tem de dar uma instrução para cada movimento na reprodução do quadrado").

Se o diagnóstico empírico não pode ser univocamente vinculado ao ponto de vista exclusivo deste ou daquele agente singular, mas, ao contrário, se circula de tal maneira que um mesmo agente tem a respeito dele mais de um ponto de vista, essa dinâmica sugere, não obstante, um certo nexo pelo qual os agentes se posicionam de uma ou de outra maneira quanto a Hermes ser ou não débil mental e/ou surdo. Supondo, assim, que tais pontos de vista não se distribuam ao acaso entre os agentes, vamos proceder à análise da lógica de forças determinante da adesão ao diagnóstico empírico, rastreando sua motivação nas relações institucionais de poder presentes na situação do exercício de cópia.

Análise das relações de poder instituídas, à luz de Guilhon

A partir do fim da década de 1970, a psicologia institucional brasileira nutriu-se da teoria do cientista político José Augusto Guilhon Albuquerque de modo largo, constante e freqüentemente decisivo, sendo o trabalho de Marlene Guirado um eloqüente testemunho disso. Em particular, desde o Seminário Psicologia e Instituição (1985), o percurso de compreensão e de intervenção psicológica institucional que desemboca neste estudo teve como referência e contraponto o pensamento guilhoniano. Assim, valer-me dos "Elementos para uma análise da prática institucional",[38] ensaio extremamente fértil de Guilhon, significa posicionar-me perante a tradição da disciplina em que esta investigação se enuncia e, ao mesmo tempo, reconhecer os dados e lances de minha construção como sujeito teórico.[39]

---

[38] J. A. Guilhon Albuquerque, "Elementos para uma análise da prática institucional", no seu *Metáforas da desordem*, Rio de Janeiro: Paz e Terra, 1978, pp. 69-80.

[39] Serão também utilizados, conforme designaremos, alguns textos de apoio nos quais Guilhon precisa e explicita certas conseqüências das proposições introduzidas nos "Elementos para uma análise da prática institucional", *op. cit.*

62   O caso Hermes

Para analisar as relações institucionais de poder configuradas na atividade psicopedagógica de cópia, retomemos então o que Guilhon denomina *posição de agente* e *posição de clientela*: "De um lado, nós temos sempre um agente que é portador de um objeto valioso da instituição; de outro lado, temos uma clientela que por definição é carente de um determinado objeto que ela deveria ter".[40]

As funcionárias-instrutoras, encarregadas de ensinar Hermes, cumpririam uma função institucional essencial à creche – prover o desenvolvimento psicopedagógico das crianças mantidas –, sendo responsáveis, por "portar um objeto valioso da instituição", no que tange aos seus objetivos educacionais. Se é claro que elas se encontram em posição de agente, é ainda mais fácil perceber que Hermes, tão carente de ensinamentos, ocuparia exemplarmente a posição de clientela.

Todavia, é possível pensar que certo impasse institucional tenha advindo de uma excessiva carência do cliente: Hermes aparece às agentes-instrutoras não apenas como criança desejavelmente vazia e sequiosa de saber, mas, indo além da conta, como tábula ineluta-velmente rasa, isto é, como um clientezinho no qual faltariam de modo permanente as condições de aderência dos conhecimentos a ministrar. "Dado que Hermes não atende às instruções, nem diante delas ao menos reluta, ou ele não as entende, ou ele não nos escuta" – pensando algo assim, as funcionárias formulam a suspeita de que Hermes seja portador de debilidade mental ou auditiva, apelando então ao psicólogo-supervisor.

Para aprofundar a compreensão das determinações políticas desse diagnóstico, convém examinar o modo pelo qual Guilhon concebe o objeto institucional – o bem por cuja posse ou por cuja carência se definiriam respectivamente as posições de agente e de clientela.

"Objeto Institucional é aquilo sobre cuja propriedade a instituição reivindica o monopólio da legitimidade",[41] conceitua Guilhon. Desdobremos, ponto a ponto, a formulação:

---

[40] "A instituição na compreensão sociológica", in Seminário Psicologia e Instituição, conferência transcrita pelo Conselho Regional de Psicologia/06, São Paulo, 1985, integrante do Anexo 1 da dissertação *O caso Hermes*, *op. cit.*, p. 88.

[41] J. A. Guilhon Albuquerque, "Elementos para uma análise da prática institucional", *op. cit.*, p. 70.

David Calderoni

- a instituição reivindica – donde se segue que ela demanda algo;
- reivindica uma propriedade – donde se segue que a demanda da instituição recai sobre o título de um direito de domínio;
- reivindica o monopólio – donde se segue que a instituição demanda exclusividade;
- reivindica [o monopólio da] legitimidade – donde se segue que a instituição reivindica ser reconhecida (com exclusividade) na ordem da lei.

Em síntese, a instituição demanda ser reconhecida na ordem da lei como titular de um direito exclusivo de domínio sobre algo – algo que é o objeto institucional.

A quem se dirige a demanda?

A quem seja considerado capaz de reconhecê-la e atendê-la.

Mas qual entidade seria capaz de, através de seu reconhecimento, atribuir à instituição um monopólio, uma legitimidade e, em suma, uma propriedade? Em que redes de relação apanhar esse Grande Recognitor – cunhemos a expressão – que é ao mesmo tempo um Grande Proprietário?

A perspectiva geralmente mantida pelas instituições é de que seu objeto (por exemplo, a educação, a saúde, a salvação, o saber científico) pertence à comunidade, ou à sociedade, etc., e que aquela instituição particular é sua guardiã. Assim, a saúde pode ser encarada como algo pertencente à humanidade ou ao Estado, mas as instituições médicas são suas verdadeiras guardiãs.[42]

Nesse raciocínio, Guilhon situa os objetos institucionais (a educação, a saúde, a salvação, o saber científico) em correlação com uma série de instâncias universais (a comunidade, a sociedade, a

---

[42] Id., ibid., pp. 78-79.

64 O caso Hermes

humanidade, o Estado etc.), nas quais podemos identificar os avatares do Grande Recognitor. Qual a relação entre os agentes, o objeto institucional e o Grande Recognitor?

Em ensaio publicado numa revista de psicanálise, tomando como exemplo instituições escolares – o que calha bem com o nosso foco na situação do exercício de cópia –, Guilhon estabelece que "o agente institucional tenderá a falar da instituição como porta-voz de uma propriedade abstrata, no caso, o ensino ou a educação".[43] Nos termos desse exemplo, o objeto institucional *educação* seria o bem do qual a sociedade, modalidade do Grande Recognitor, seria o proprietário, sendo em nome deste que a instituição, através dos agentes, exerceria sua ação como porta-voz e guardiã, isto é, como representante do Grande Recognitor. Assim, nessa relação de representação que de cima a baixo comunica o Grande Recognitor, as instituições e os seus agentes, vai se delineando a tendência a uma identificação em cadeia, os agentes espelhando em sua relação com a instituição a relação que esta mantém com o Grande Recognitor.

Retomamos um termo que Guilhon utiliza de modo bastante preciso – *tendência* –, o que caracteriza uma resistência contraposta à identificação total de agente e instituição, pois, diz Guilhon, "na medida em que a prática institucional são relações sociais de que a clientela é sempre um dos termos, a ação desta última é um dos determinantes da prática institucional, sendo freqüentemente conflitante com a dos agentes institucionais";[44] a prática institucional "é, portanto, a resultante das práticas conflitantes dos diversos atores".[45]

Abre-se assim uma via pela qual a teoria de Guilhon permite divisar os processos de reconhecimento que têm lugar no interior das práticas institucionais conflitantes. Dado que a instituição "não poderá existir senão na prática dos atores concretos que a constituem,

---

[43] J. A. Guilhon Albuquerque, "Objeto institucional: Um equívoco bem-sucedido", in *Ide* — Revista da Sociedade Brasileira de Psicanálise de São Paulo, 1980, pp. 61-62.
[44] J. A. Guilhon Albuquerque, "Elementos para uma análise da prática institucional", *op. cit.*, p. 75.
[45] *Id., ibid.*, p. 74.

praticando-a",[46] é lícito pensar que esses atores constituam tanto o sujeito como o objeto da demanda institucional por reconhecimento, seja de competência, de autoridade ou de legitimidade.

Se entendermos o sujeito da demanda institucional por reconhecimento como o ator-agente, isto é, aquele que é portador de objeto institucional, e se entendermos o objeto da demanda institucional por reconhecimento como o ator-cliente, isto é, aquele que é carente de objeto institucional, veremos, curiosamente, que o portador do objeto institucional é carente de reconhecimento, e que o carente de objeto institucional é, por assim dizer, portador de reconhecimento.

Isso fica mais claro se nos referirmos ao caso Hermes: a instrutora tem, por definição, poder de instruir, isto é, autoridade, legitimidade e competência técnica para bem ensinar, mas esse domínio do objeto institucional só pode ser reconhecido se o aprendiz aprender. Donde se segue que o aprendiz não tem conhecimentos e, no mesmo passo, tem poder de reconhecimento. Ocorre que Hermes, além de não possuir conhecimentos, ameaça constituir um poder de não-reconhecimento, na medida em que não aprende. Uma forma de a instrutora enfrentar a ameaça é destituir Hermes do poder de não-reconhecimento, atribuindo a ele falta de poder de possuir conhecimentos, ou seja, debilidade mental e auditiva.

Todavia, estamos analisando essa dinâmica do desejo de reconhecimento sem questionar a qualidade dos que nela comparecem. Refiro-me ao fato de os sujeitos que tomam parte do processo pedagógico institucional estarem subsumidos, conforme a teoria de Guilhon, à categoria de atores. Podemos desvelar o sentido dessa categoria no uso que dela faz Thomas Hobbes: Ator é aquele cujas palavras e ações pertencem ao Autor – "E tal como o direito de posse se chama domínio, assim também o direito de fazer qualquer ação se chama *autoridade*".[47] O Ator age por autoridade quando representa o Autor. Nesse sentido, a instituição está posta em lugar de Autor: é ela

---

[46] *Id.*, *ibid.*, p. 72.
[47] T. Hobbes, *Leviatã*, *Os Pensadores*, São Paulo, Nova Cultural, 1988, p. 96.

quem reivindica o monopólio da legitimidade de domínio e é por sua autoridade soberana que agem os atores – sejam agentes, sejam clientes. Nesse contexto, os sujeitos, se é que os há, são sujeitos súditos ou assujeitados.

Se é certo que a teoria de Guilhon reconhece o conflito como constitutivo das relações institucionais, admitiria uma estruturação verdadeiramente dialética desses conflitos, no sentido de poderem engendrar uma transformação do campo em que emergem?

Ao examinar "o caráter abstrato da definição do objeto – geralmente formulado, na retórica institucional, em termos de 'objetivos' ou 'finalidades'", Guilhon encaminha uma resposta: "a instituição é sempre idêntica a si mesma, pois sua identidade se realiza na perenidade de seus fins".[48] O que vai ao encontro de sua concepção de objeto institucional: "não se trata de um recurso, no sentido de fazer parte de um processo de transformação, nem é ele mesmo transformado pela ação institucional".[49]

Mas que ação institucional é essa que se realiza sem alterar a instituição e o seu objeto? Vejamos se a seqüência nos esclarece: "Definir-se como instituição é, portanto, apropriar-se de um objeto. Nestes termos [...], o processo de apropriação desse objeto é permanente, como processo de *desapropriação* dos indivíduos ou de outras instituições, no que concerne ao objeto em questão".[50]

Parece, portanto, que, no enfoque de Guilhon, a ação institucional não altera, mas subtrai, não transforma, mas confisca as propriedades dos atores individuais ou coletivos sobre os quais se abate. Assim, o bem da instituição é o mal dos atores: "a ambição totalizante (ou totalitária) de toda instituição [...] só é limitada pela extensão do âmbito de qualquer outra instituição. Qualquer que seja o resultado da luta será sempre em detrimento dos atores concretos".[51]

---

[48] J. A. Guilhon Albuquerque, "Objeto institucional: Um equívoco bem-sucedido", *op. cit.*, p. 62.
[49] J. A. Guilhon Albuquerque, "Elementos para uma análise da prática institucional", *op. cit.*, p. 70.
[50] *Id.*, *ibid.*, p. 70.
[51] *Id.*, *ibid.*, p. 72.

Nessa linha, definindo as instituições concretas como "lugar de decisão soberana sobre um Objeto Institucional e de intervenção legítima sobre um âmbito de relações sociais",[52] Guilhon busca explicar a vocação monopolista da instituição examinando a forma e a função desse objeto:

> Sua definição abstrata [do objeto institucional] – que constitui a obra verdadeiramente perene da retórica institucional e o feitio heróico de seus agentes – permite, entre outras coisas, que a instituição reivindique a legitimidade de seu monopólio sobre o objeto. Monopólio que não pode ser contestado porque seu objeto é justamente imaginário. O ensino de uma escola, por exemplo, pode ser uma boa porcaria, mas trata-se apenas de uma escola ruim, ou de uma circunstância infeliz. A Verdadeira Educação não é isso. Também não se pode condenar a Medicina por causa dos maus médicos, nem a Igreja por causa dos pecadores.
>
> Sendo o objeto indeterminado, só a instituição pode interpretá-lo de maneira verdadeira, fundando, nisso, sua autoridade e, eventualmente, sua propriedade sobre ele (o que, por sua vez, fundamenta sua propriedade sobre o suporte material do objeto, mas isso é outra conversa). Uma igreja que se preze reivindica o monopólio da salvação, como uma escola, o da educação. Uma instituição só se reproduz e se legitima se reivindicar o monopólio da *verdade*, do *poder* e da *propriedade* de seu objeto.[53]

Se, consultando o *Aurélio*, considerarmos *soberano* "aquele que detém poder ou autoridade suprema sem restrição ou neutralização",[54] podemos indagar: essa soberania institucional seria concretizável? Se o objeto institucional – produto imaterial e impalpável de uma relação social, como quer Guilhon – assume a forma, como ele tam-

---

[52] *Id.*, *ibid.*, p. 72.
[53] J. A. Guilhon Albuquerque, "Objeto institucional: Um equívoco bem-sucedido", *op. cit.*, p. 62.
[54] *Dicionário Aurélio*, *op. cit.*

68   O caso Hermes

bém diz, de uma representação imaginária, uma soberania decisória
sobre esse objeto implicaria uma total determinação do seu conteúdo
e de sua forma – do seu sentido –, o que requereria que os autores de
tal decisão detivessem um saber e um poder absolutos para formular
e aplicar sobre os corpos e as mentes dos atores institucionais uma
Lei absolutamente eficaz no controle dos seus movimentos, de modo
a determinar absolutamente as relações sociais produtoras do dito
objeto.

Vimos que o poder das agentes, na medida em que desejam ser
reconhecidas, encontra seu limite em Hermes. Logo, as agentes não
detêm soberania, embora seja possível pensar que quisessem exercê-
la sobre a criança. Não só as instrutoras falham na tentativa de impor,
até pelo poderio de seus corpos, o comportamento de Hermes, como
são incapazes de evitar a angústia que essa falha abre.

Não poderíamos escutar, nas palavras com que recordo a professora
abordar Hermes, a obra do objeto institucional monopolista levada
ao seu limite? "Ana sentou-se ao lado, instruindo cada movimento
na reprodução do quadrado", "Pra baixo, pra cima, pr'esse lado, pro
outro", "Não há distância entre estímulo e resposta, não há espaço
para elaboração da instrução. Impressão de algo opressivo" – aí, revés
da soberania, a impotência da instrutora, mão sobre a mão de Hermes,
espelha-se na violência da linguagem desnaturada em relação de força
e no sentido rebaixado ao nível de sinal: "...a perda do simbólico". A
impotência e a violência dão-se as mãos com o extravio do sentido.

Para nos acercarmos da medida do impasse acarretado por essa
situação, precisemos, com Guilhon, a essência da ação das instituições
monopolistas:[55]

> [...] o objeto de uma instituição é *institucionalizar (re/produzir e re/*
> *conhecer) uma relação de clientela*, isto é, produzir clientes para
> seus agentes e produzir agentes para seus clientes;

---

[55] O adjetivo monopolistas foi justaposto a instituições, pois, embora Guilhon não o indique,
penso que sua teoria trata apenas de uma modalidade do institucional.

o objeto institucional [...] não é nem coisa nem valor, são relações sociais, tais como a relação pedagógica, a relação terapêutica, a relação de paternidade, etc., sempre produzidas e legitimadas no âmbito de uma instituição. Relações que podem ser resumidas na relação de clientela: eu sou a necessidade da tua carência; tu tens o que eu preciso.[56]

Agora, feito esse percurso pela teoria de Guilhon e à luz de seus "Elementos para uma análise de prática institucional", as relações de poder atualizadas no exercício de cópia podem ser assim configuradas com mais nitidez.

A agente quer que o cliente aprenda a copiar. O cliente não copia. O cliente não aprende, a agente não ensina. Não se realiza a relação pedagógica. O objeto institucional não se realiza. Não se realiza a instituição como "lugar de decisão soberana sobre um objeto institucional". Nem a professora pode dizer a Hermes "eu sou a necessidade da tua carência", nem pode esperar que ele diga "tu tens o que eu preciso".

À luz de Guilhon, podemos então caracterizar na situação do exercício de cópia a forma concretamente assumida pela relação de clientelização em seu impasse: a tentativa frustrada de que Hermes reproduza um modelo, norma exterior à qual não se adéqua e resiste.

À luz da situação do exercício de cópia, podemos também caracterizar a forma concretamente assumida pela teoria de Guilhon em seu impasse: ou a instituição deixou de existir, ou é preciso repensar o conceito de instituição além do modelo da soberania monopolista, norma exterior à qual a prática não se adéqua e resiste.

Diante do impasse, novamente retomar os próprios passos.

---

[56] J. A. Guilhon Albuquerque, "Objeto institucional: Um equívoco bem-sucedido", *op. cit.*, p. 64. Grifos do original.

O encontro com Hermes: seqüência da cronologia

10 de setembro de 1986
Segunda visita à Creche Municipal da Penha.

Anotações:

[conversa com] Neire e Valéria [professoras]

- Neire: Hermes entrou em março/86.
- Era arredio ao contato físico.
- Primeiro dia: gritava, dizia que iam bater nele, superisolado das outras crianças, chorava.
- (Verificar de que creche veio.)
- Conseguiu progresso (afeto).
- Se batem palma ou gritam perto de Hermes: *balança a cabeça.*
- Falando com carinho ele faz.
- Ele fala baixo na presença das tias, mesmo quando solicitado a falar mais alto.
- Quando destacado do grupo se retrai.
- No começo não havia diálogo: Hermes repetia o que lhe falavam. Não brincava.
- Neire acha que talvez a audição vá e volte.

- Valéria acha que ele não *quer* escutar a mãe: muito agressiva, se despeja nas reuniões, não espera para ouvir.
- No grupo, [Hermes] se solta mais; quando observado individualmente, se retrai.
- Riu espontaneamente.

[a seguir, dados colhidos de ambas as professoras]

- Em reunião com professoras, [mãe] pediu ajuda do psicólogo – "não sei o que este menino tem". Não sorri porque "senão ele chora mais".
- "Não agüento mais o *choro* na cabeça." "Gosto de falar com psicólogo."
- Pai ausente. "Teu pai foi embora, é ruim, largou de vocês."
- "Pra quê [ajudar com estimulação em casa]? É e será retardado."
- Evolução: não comia sozinho, não pegava num lápis.

Saúde:

- Operou-se duas vezes: hérnia no umbigo e ouvido.
- Marinalva [enfermeira?] adianta que ela não tem nenhum relatório médico, embora ele tenha ido a fonoaudiólogo, neurologista, psiquiatra e psicólogo.
- Médico diz que ele teria perdido 50% da audição.
- Em 30/5/86 teve hepatite: 45 dias afastado.
- Sentou com 7 meses.
- Andou com 1 ano e 7 meses.
- Falou com 2 anos.

- Mãe coloca Firmino como mais esperto, mais rápido.
- Hermes bate palmas para o irmão – idolatria.
- Firmino visivelmente mais estimulado pela mãe.
- Geralmente, na presença da mãe, Firmino imita sua atitude para com Hermes.

- Aplicar teste à parte em Hermes pode causar inibição [quando isolado com médicos provavelmente sentiu-se agredido].

- Anexo: desenho de Hermes feito sem instruções a cada passo, "desenhe sem borracha".

Observações sobre as anotações da visita à creche no dia 10 de setembro de 1986:

1. O isolamento de Hermes se dá no contexto de uma crença de que iriam bater nele.

2. "Conseguiu progresso (afeto)." "Riu espontaneamente." "No grupo [Hermes] se solta mais."

3. Sons intensos – gritos, palmas – fazem com que balance a cabeça. Mesma reação que observei em minha primeira visita, quando um colega tropeçou nele e lhe disse "olha onde põe a perna".

4. Progresso relacionado a afeto é assinalado na seqüência: "Falando com carinho ele faz"; "No começo não havia diálogo: H. repetia o que lhe falavam. Não brincava". Ou seja: o carinho o incentiva e desinibe; ele demonstra conquistas na sociabilidade lúdica e verbal, sendo a evolução nesta última marcada pela superação da repetição.

5. Embora grite e chore, mostra-se avesso a falar alto – como se a distinção entre a comunicação verbal e o choro fosse marcada pelo volume de som que ele emite e, provavelmente, também pelo volume do som que ouve (a fala carinhosa à qual reage produtivamente decerto é emitida num tom brando).

6. O evitamento inicial do contato físico e social deu lugar à retração quando destacado do grupo – como se, tendo conquistado uma possibilidade de pertinência e integração com seus coetâneos, quando posto à parte desse coletivo afim ape-

lasse a modos de conduta próprios da situação inicial de isolamento, modos enfeixados pelo termo "retração".

7. Uma das professoras levanta a hipótese de que a acuidade auditiva de Hermes varie; a outra propõe um motivo para isso, no qual o desejo da criança desempenharia um papel determinante: escutar dependeria de querer escutar. Além disso, localiza num objeto específico a suposta causa da recusa de ouvir: a mãe. A caracterização desse objeto-causa do desejo de não ouvir é sumamente informativa: alto grau de agressividade; agressividade materializada numa situação coletiva na qual não é a criança que está presente junto à mãe, mas, sim, a própria professora; a atitude em que se traduz a agressividade desse objeto-causa do desejo de não ouvir coincide, em sua forma final, com a forma final desse desejo – não ouvir –, acrescentando-se caracterizações da forma processual dessa atitude agressiva – o despejamento e a não-espera. Valéria, identificando-se com Hermes, alinhou-se ao ponto de vista do desejo dele e perfilou-se como alvo de uma mesma agressividade oriunda de uma mesma fonte: "a mãe".

8. Encontram-se nas manifestações dessa agressividade: do lado de Hermes, o grito, o choro, a crença (certeza antecipada) de que vão bater nele, o isolamento, a aversão a se ver visto à parte do seu grupo, a retração ("quando observado individualmente, se retrai"); do lado de d. Violeta, o despejamento, a não-espera; do lado das professoras e dos colegas de Hermes, falar alto, bater palma, gritar – e, à luz da situação do exercício de cópia, pode-se acrescentar o não-esperar, havendo aí uma coincidência de atitudes agressivas entre mãe e professora. Outra coincidência talvez se verifique em certas formas de expressão de Hermes e de sua mãe: o despejamento dela e o grito e o choro dele convergiriam como manobras evacuativas a assinalar e a compor os atos agressivos.

9. Segundo as professoras, a mãe pede ajuda de psicólogo porque: quer saber o que o menino tem; não agüenta mais o choro na cabeça; gosta de falar com psicólogo. Vincula o sorriso dela ao choro dele. Impressiona o esmero com que as professoras reproduzem as falas e os jeitos de d. Violeta.

10. O choro de Hermes, insuportável para a mãe, tem como endereço uma parte precisa do corpo dela, cuja significação cumpre investigar: a cabeça.

11. A ausência do pai é caracterizada pela mãe como abandono maldoso, em diálogo desta com os filhos.

12. A mãe assevera às professoras a irreversibilidade de um retardo de Hermes, como resposta a uma tentativa destas de implicá-la numa ajuda ao filho.

13. Muda em seguida o foco da interlocução: as professoras comunicam ao psicólogo a evolução da criança com a comida e com o lápis, como que para contrabalançar a desesperança de d. Violeta, mostrando que Hermes tem jeito e que elas estão do lado dele, ajudando-o efetivamente. Manter a vida e ensinar são os atos dessa solidariedade. Talvez a conquista da autonomia do comer ande com a do pegar o lápis – e, nesse caso, parece que nos encontramos aqui longe da situação em que conduzir a mão de Hermes estava na ordem do dia; tão ou mais longe do dia em que a professora nos convocou declarando que suspeitava que Hermes fosse débil mental e surdo.

14. Afora as duas cirurgias, nas quais por certo esteve à mercê de médicos e enfermeiros, aos 5 anos Hermes já passara pelas mãos de vários outros profissionais de saúde de especialidades diversas, porém convergentes com os problemas de comunicação e de entendimento supostos no diagnóstico empírico: fonoaudiólogo, neurologista, psiquiatra e psicólogo.

15. A mãe compararia os filhos conforme certas noções marcadamente temporais: Hermes é retardado; Firmino é rápido.

16. Os filhos regulariam a apreciação recíproca tomando como modelo a apreciação da mãe. Contudo, é dito que Firmino assim procede "geralmente" – portanto, nem sempre – "na presença da mãe" –, o que indicaria que a pregnância do modo de relação ditado pelo modelo materno não se teria interiorizado e fixado de forma inamovível.

17. As professoras traduzem a atenção preferencial de d. Violeta por Firmino em termos de freqüência de estimulação. Se bem me recordo, vem delas, em seguida, a advertência de que destacar Hermes do grupo para aplicar teste poderia causar-lhe inibição; nesse caso, estaria aí suposto o desenvolvimento de toda uma estratégia de aproximação – diria até, uma engenharia do contato –, de modo a reconhecer e respeitar as formas de sociabilidade propiciatórias de um bom encontro entre as estimulações delas, as minhas prospecções e a sensibilidade de Hermes. Isso contrasta muito com o procedimento adotado no exercício de cópia.

18. Finalmente, uma produção gráfica de Hermes testemunharia o engenho instituinte das professoras. O fragmento de instrução – "desenhe sem borracha" –, a diferença face ao procedimento do exercício de cópia – "feito sem instruções a cada passo" – indicam o dispositivo em que se apresenta um meio individuante e uma mensagem inovadora. Adiantamos aqui o que depois iremos circunstanciar: a professora montou e acionou um modo de relação que preveniu a inibição de Hermes e promoveu a realização da sua espontaneidade, e essa realização fez a prova com a qual a professora declarou revista a anormalidade constitucional suposta no diagnóstico empírico.

O caminho do sentido interpretante

A marcha do procedimento de análise até aqui adotado, pautado pela desmontagem e pelo comentário lance a lance, dado a dado, tende a fragmentar e dispersar o encadeamento histórico das ocorrências e o movimento orgânico da intervenção. Para sanar isso, e também para dar a conhecer intercorrências significativas que não podem ser apreendidas por uma cronologia precisa, convém apresentar, de uma braçada, o percurso compreendido entre a primeira visita e esta última, conforme documentado no relato do Programa de Trabalho na Área Psicológica:[57]

A propósito do caso A, psicólogos e pedagogos inteiraram-se da seguinte situação exemplar:

- a criança em questão tinha desempenho insatisfatório na realização de traçados em que deveria seguir um modelo, o que o psicólogo foi convocado a observar;

- o procedimento adotado pela pajem e pela professora consistia em dar uma instrução para cada direção de movimento da mão da criança – "pra baixo, pra cima, pr'esse lado, pro outro..."; intermitentemente, a instrutora conduzia com a sua mão a da criança;

- tal procedimento era conotado de sôfrega pressão;

- diante das bruscas emulações, a criança reagia com um breve estremecimento incontido, que não chegava a desaprumar sua rígida postura.

Assim interpretamos esta situação:

- a ansiedade das instrutoras vinculava-se à angústia frente ao mau desempenho da criança;

---

[57] Anexo 2 da dissertação *O caso Hermes*, *op. cit.*, pp. 14-16.

- essa angústia seria explicável pela identificação das instrutoras com a criança;

- essa identificação faria equivaler a qualidade de seus desempenhos ao desempenho da criança;

- o mau desempenho seria ocasião de desprestígio ou não-reconhecimento, riscos mortais;

- a mão que conduzia a da criança agiria assim em legítima defesa.

Por que a identificação? Por que a impossibilidade de distância? Por que a não-consideração da criança como outro? (O exercício de transcrição, de cópia, é alternativa freqüente de "atividade psicopedagógica" oferecida às crianças de creche; a prevenção à diferença, ao simbólico, ao imprevisto é tendência marcante.)

[...]

A criança (caso A), na situação descrita, não encontrava, no tempo-espaço da instituição-creche, condição de ser outro além daquele visto como ameaçador dos lugares-funções que tinham pajens e professora como agentes. Entre a emissão das instruções e as respostas da criança não havia tempo para o seu ser elaborar aquelas e performar estas. Como se as palavras não possuíssem sentido para a criança. Tomar a mão da criança entre as mãos: como se a mão da criança precisasse obedecer a um impulso provindo de um corpo que não o seu. A criança não encontrava condição de ser. Não encontrava condição de ser outro. Não havia tempo-espaço para o seu ser: expatriado do mundo do sentido, expropriado do próprio corpo.

Talvez a angústia subjacente ao procedimento das instrutoras tenha sido acirrada pela presença do psicólogo. Este, após a observação, propondo-se a "pensar junto", perguntou à professora se não estaria havendo muita proximidade entre a instrução e a exigência de resposta, tirando toda chance de a criança manifestar-se, ainda que para errar. Tempos depois, pajem e professora exibiram uma folha de exercício do mesmo tipo da utilizada na situação descrita, contendo traçado perfeitamente compatível com o esperado de qualquer criança daquela idade. Esclareceram ao psicólogo que haviam modificado a situação do exercício, dizendo simplesmente à criança: "Hoje é desenho livre, a tia vai sair, você faz sozinho, sem usar borracha".

Neste apanhado conjunto do processo contradiagnóstico, a situação do exercício de cópia aparece contextuada por novos e decisivos lances: de um lado, o modo como reagi à angustiada interpelação da professora após a cena do exercício – tanto no que concerne ao que interpretei em silêncio, como em relação ao que dessas reações se filtrou no que disse às agentes; de outro lado, a mensagem inovadora com a qual, tempos depois, a professora introduziu junto a Hermes um meio individuante: "Hoje é desenho livre, a tia vai sair, você faz sozinho, sem usar borracha".

Primeiramente, pode-se observar que a noção-chave com a qual naquela ocasião interpretei interiormente a cena do exercício de cópia consistiu na *identificação*: segundo pensei, essa operação estaria na base da angústia das instrutoras e da tensão entre elas e Hermes, na medida em que a ordem instituída as estivesse confrontando com a ameaça de não-reconhecimento. É importante assinalar que a noção de identificação, embora não sendo incompatível com a idéia de uma interação conflituosa dos atores, remeteria fundamentalmente tais relações de oposição a relações de composição, isto é, relações nas quais somos partes que se dispõem numa certa ordem ou arranjo, segundo modalidades que incluem e não se esgotam na contrariedade e conforme dinâmicas que precedem e excedem a dos antagonismos.

Para sermos coerentes com a necessidade teórica que nos levou a lançar mão dos conceitos de Guilhon – compreender as relações institucionais de poder determinantes do diagnóstico empírico –, é preciso então averiguar em que medida e por qual via a identificação implicaria e explicaria a dimensão política de nossa intervenção.

Relações afetivas, relações de poder

Tentaremos nossa sorte, então, com a suposição de que as relações amorosas (ou, para empregar expressão mais neutra, os laços emocionais) constituem também a essência da mente grupal. [...] Em primeira instância, nossa hipótese encontra apoio em duas reflexões de rotina. Primeiro, a de que um grupo é claramente mantido unido por um poder de alguma espécie; e a que poder poderia essa façanha ser mais bem atribuída do que a Eros, que mantém unido tudo o que existe no mundo? Segundo, a de que, se um indivíduo abandona a sua distintividade num grupo e permite que seus outros membros o influenciem por sugestão, isso nos dá a impressão de que o faz por sentir necessidade de estar em harmonia com eles, de preferência a estar em oposição a eles, de maneira que, afinal de contas, talvez o faça "ihnen zu Liebe" [pelo amor deles].[58]

Massenpsychologie und Ich-Analyse (problematicamente traduzido por *Psicologia de grupo e análise do eu*) é um ensaio de Freud por certo precioso para fecundar a ordem de questões aqui em exame. Esse texto de 1921 propõe-se a estudar e apreender as relações entre a psicologia individual e a psicologia social, desenvolvendo explicações metapsicológicas que marcaram a concepção psicanalítica da estrutura e do funcionamento do aparelho psíquico.

Em seu estudo, Freud aplica o termo alemão *Masse* à horda, à multidão, ao grupo, à massa, às instituições mais ou menos organizadas, aos movimentos mais ou menos espontâneos, à pequena e à grande coletividade – enfim, a praticamente todo fenômeno social em que o psiquismo individual se veja envolvido e afetado. Freud questiona a idéia de uma diferença de natureza entre a família e o grupo social mais amplo, remetendo a lógica das forças que encontra neste último à dinâmica das figuras constitutivas da primeira. Assim,

---

[58] S. Freud, "Psicologia de grupo e análise do ego", *ESB – Edição standard brasileira das obras psicológicas completas de Sigmund Freud*, Rio de Janeiro: Imago, 1989, V. XVIII, pp. 117-118.

quando elege o Exército e a Igreja como objetos paradigmáticos – "massas sobre as quais atua uma coerção exterior voltada a preservá-las da dissolução", visto constituírem formações coletivas artificiais que "revelam determinadas particularidades que em outras se mantêm ocultas e dissimuladas" –, é logo para escorar na figura do pai ou de seu sucedâneo, o bondoso irmão mais velho, a condição imaginária ("a ilusão da presença visível ou invisível de um chefe")[59] da coesão que caracteriza o funcionamento dessas instituições:

> Não é senão por uma profunda razão que se compara a comunidade cristã a uma família e se consideram os fiéis como irmãos em Cristo [...]. No laço que une cada indivíduo com Cristo, temos que ver indiscutivelmente a causa do que une os indivíduos entre si. Algo análogo ocorre no Exército. O chefe é o pai que ama igualmente a todos os seus soldados, razão pela qual eles são camaradas entre si.[60]

Freud afirma categoricamente que nenhuma outra figura imaginária rivalizará em poder ou importância com aquelas que se escoram na imago paterna – as idéias de pátria ou de glória nacional retirando a medida de sua eficácia dessa mesma ancoragem. Postulando que o vínculo com a liderança prevaleceria sobre os vínculos horizontais, ele conclui:

> Cremos haver encontrado o caminho que nos há de conduzir à explicação do fenômeno fundamental da psicologia coletiva, ou seja, da carência de liberdade do indivíduo integrado numa multidão. Se cada um de tais indivíduos se acha ligado por sólidos laços afetivos a dois centros diferentes, não nos há de ser difícil derivar desta situação a modificação e a limitação de sua personalidade geralmente observadas.[61]

---

[59] S. Freud, "Psicología de las masas y análisis del yo", *EBN – Obras Completas de Sigmund Freud*, Editorial Biblioteca Nueva, Madrid, s/d, V.III, p. 2578. Na tentativa de minimizar os impactos dos problemas de tradução, recorreremos ora a esta edição, ora à edição brasileira das obras completas de Freud, *ESB, op. cit.*

[60] *Id., ibid.*, p. 2.479.

[61] *Id., ibid.*, pp. 2579-2580.

David Calderoni

É na descrição da natureza psicológica, das determinações recíprocas e do valor relativo de cada um desses vínculos que o estudo de Freud se centra. Um mesmo mecanismo psicológico será encarregado de dar conta da origem de ambos os laços: a identificação.

Se um mesmo sujeito se envolve em dois tipos de vínculo em função de um mesmo mecanismo, é de se pensar que alguma diferenciação interna ao sujeito deva ter tido como origem aquele mecanismo. De fato, Freud postula que a identificação participa tanto da constituição do ego como, posteriormente, de uma instância que nasce de uma divisão do ego e que estará encarregada das funções de auto-observação, censura onírica, consciência moral, influência principal na repressão e prova de realidade – instância que, nesse texto, é denominada *ideal do ego*. De que forma Freud representa esse processo?

Não obstante os hiatos, dúvidas e hesitações, os quais dão a nota da honestidade intelectual de Freud, é possível assinalar os momentos básicos em que ele traça a gênese do ego e do seu ideal, evidenciando neles o papel desempenhado pela identificação. Freud afirma que esta consiste na forma mais primitiva de vínculo afetivo, tendo como protótipo a incorporação oral, a qual imprime na identificação a sua ambivalência originária, dado que o processo pelo qual o ato amoroso é exercido implica a destruição do objeto amado. Na sua formulação mais genérica a respeito da função psicogenética da identificação, Freud assim a define: "A identificação aspira a conformar o próprio Eu analogamente ao outro tomado como modelo".[62]

Num primeiro momento de autarcia narcísica, a criança se contentaria plenamente consigo mesma, não havendo discrepância entre o seu ego e o seu ideal.[63] Pouco a pouco, as influências do meio e as pressões de exigências crescentes sancionadas real e/ou imagina-

---

[62] *Id., ibid.*, p. 2585.
[63] Se existe um tal momento, seguramente Hermes não se encontraria nele: quando bate palmas e "idolatra" o irmão, favorito de d. Violeta, indica a presença de um ideal interiorizado que por certo dista do autoconceito que a mãe tendeu a lhe enclavar.

82 O caso Hermes

riamente pelo modelo identificatório concretizado na autoridade paterna iriam se interiorizando e modificando a feição daquele estado narcísico, abrindo no eu a distância entre o atual e o ideal, ao mesmo tempo que iriam lhe dando a medida dessa distância – donde aquelas funções que vão da auto-observação à prova de realidade, nascidas dessa e nessa cisão, sediarem-se na instância ideal separada que lhes seria congênita.[64]

Mas com base em que mecanismo Freud vai postular na massa a prevalência do laço com o chefe sobre os vínculos horizontais? Se admitirmos que, como penso, a problemática da relação entre o pai, o chefe, o ideal do ego, o ego e os membros da massa repõe em jogo a relação que, nos termos da teoria de Guilhon, mantêm entre si o Grande Recognitor, a instituição monopolista, os agentes e os clientes, a questão mostra-se de importância crucial ao projeto de pensar a instituição para além do modelo da soberania monopolista. Acompanhemos, pois, de vistas largas, a construção do argumento de Freud a esse respeito:

> Após as discussões anteriores, estamos, no entanto, em perfeita posição de fornecer a fórmula para a constituição libidinal dos grupos, ou, pelo menos, de grupos como os que até aqui consideramos, ou seja, aqueles grupos que têm um líder e não puderam, mediante uma "organização" demasiada, adquirir secundariamente as características de um indivíduo. Um grupo primário desse tipo é um certo número de indivíduos que colocaram um só e mesmo objeto no lugar de seu Ideal do Ego e, conseqüentemente, se identificaram uns com os outros em seu Ego.[65]

---

[64] Aqui seria possível antecipar a dupla injunção com que posteriormente, em *O Ego e o Id* (1923), Freud caracterizará o conflito identificatório na relação com o complexo paterno: a criança se veria submetida ao imperativo de dever e de não dever ser como o pai – e para isso bastaria lembrar que Freud abre o Massenpsichologie questionando a separação entre a psicologia individual e a social mediante o argumento de que o outro comparece ao indivíduo no papel de modelo, de auxiliar, de objeto ou de adversário: o modelo, no caso do pai-protótipo-do-ideal-do-ego, seria também o adversário.

[65] S. Freud, "Psicologia de grupo e análise do ego", *ESB*, V. XVIII , p. 147.

A identificação a que Freud alude nessa formulação corresponde àquela que nasce da percepção de uma qualidade comum, e a razão pela qual ela toma parte de um processo de submissão coletiva consiste em que a qualidade compartida – a substituição do ideal por um objeto – é, em si mesma, uma capitulação do ego, na medida em que o seu ideal e as suas funções críticas ficam como que coladas às diretrizes ditadas pelo objeto exterior.

A operação individual decisiva desse vínculo heterônomo coletivo sendo, portanto, esse encampamento do ideal do ego por um objeto (e aqui podemos pensar no objeto institucional monopolista que vimos em Guilhon), convém indagar o modo de produção dessa interiorização intrusiva. Uma rica discussão de Freud sobre esse mecanismo encontra-se no seu exame de certas modalidades de escolha amorosa:

> Isso acontece com especial facilidade com o amor infeliz e que não pode ser satisfeito, porque, a despeito de tudo, cada satisfação sexual envolve sempre uma redução da supervalorização sexual. Ao mesmo tempo desta devoção do Ego ao objeto, a qual não pode mais ser distinguida de uma devoção sublimada a uma idéia abstrata, as funções atribuídas ao Ideal do Ego deixaram de funcionar. A crítica exercida por essa instância silencia; tudo que o objeto faz e pede é correto e inocente. [...] A situação total pode ser inteiramente resumida numa fórmula: *o objeto foi colocado no lugar do Ideal do Ego.*
>
> É fácil agora definir a diferença entre a identificação e esse desenvolvimento tão extremo do estado de estar amando, que podem ser descritos como "fascinação" ou "servidão". No primeiro caso, o Ego enriqueceu-se com as propriedades do objeto, "introjetou" o objeto em si próprio, como Ferenczi [1909] o expressa. No segundo caso, empobreceu-se, entregou-se ao objeto, substituiu o seu constituinte mais importante pelo objeto.[66]

---

[66] *Id.*, *ibid.*, pp. 143-144.

84   O caso Hermes

Estaríamos aqui diante de indicações preciosas para pensar a ancoragem intrapsíquica dos mecanismos institucionais de dominação: com o processo em que o ego introjeta as qualidades do objeto e delas se nutre – identificação enriquecedora –, poderíamos contrastar o processo de uma identificação empobrecedora característica da subtração e do confisco de propriedades, subtração e confisco efetuados no curso da ação institucional monopolista que vimos descrita por Guilhon: "Definir-se como instituição é, portanto, apropriar-se de um objeto. Nestes termos [...], o processo de apropriação desse objeto é permanente, como processo de desapropriação dos indivíduos ou de outras instituições, no que concerne ao objeto em questão".[67]

Se a introjeção distingue a identificação como enriquecedora e se esta acena com a possibilidade de pensar uma modalidade de funcionamento psíquico alternativo ao da lógica das instituições monopolistas, convém examinar em Ferenczi a constituição desse conceito tão promissor por ele introduzido:

> [...] enquanto o paranóico projeta no exterior as emoções que se tornaram penosas, o neurótico procura incluir em sua esfera de interesses uma parte tão grande quanto possível do mundo externo, para fazê-lo objeto de fantasias conscientes e inconscientes. Esse processo, que se traduz no exterior pela Süchtigkeit [impulso, tendência, aspiração] dos neuróticos, é considerado um processo de diluição, mediante o qual o neurótico procura atenuar a tonalidade penosa dessas aspirações "livremente flutuantes", insatisfeitas e impossíveis de satisfazer. Proponho que se chame introjeção a esse processo inverso da projeção.
>
> O neurótico está em perpétua busca de objetos de identificação, de transferência; isto significa que atrai tudo o que pode para a sua esfera de interesses, "introjeta-os". O paranóico entrega-se a uma

---

[67] J. A. Guilhon Albuquerque, "Elementos para uma análise da prática institucional", *op. cit.*, p. 70.

David Calderoni

busca de objetos análoga, mas é para "colar" neles – como vulgarmente se diz – a libido que o incomoda. É essa a origem do caráter oposto do neurótico e do paranóico. O neurótico interessa-se por tudo, distribui seu amor e seu ódio pelo mundo inteiro; o paranóico ensimesma-se, é desconfiado, sente-se espiado e perseguido, odiado e amado pelo mundo todo. O "ego" do neurótico é patologicamente dilatado, ao passo que o paranóico sofre, por assim dizer, uma contração do "ego".[68]

Ferenczi escreve em outro ensaio: "É essa união entre os objetos amados e nós mesmos, essa fusão desses objetos com o nosso ego que designamos por introjeção e – repito-o – acho que o mecanismo dinâmico de todo amor objetal e de toda transferência para um objeto é uma extensão do ego, uma introjeção".[69]

O que me parece importante divisar no conceito de introjeção é o duplo aspecto do movimento que ele implica: um aspecto centrípeto – incluir porções do mundo externo na esfera de interesses do ego – e um aspecto centrífugo – dilatar o ego de modo a distribuir seu amor e seu ódio pelo mundo inteiro. Não se trata de movimentos sucessivos, mas, sim, da dupla face de um mesmo movimento: que a mão se feche sobre o fruto pressupõe que ela se tenha posto a alcançá-lo.[70]

---

[68] S. Ferenczi, "Transferência e introjeção" (1909), in *Escritos psicanalíticos*, Rio de Janeiro: Livraria Taurus Editora, s/d, p. 84.

[69] *Id.*, "O conceito de introjeção" [1912], in *Escritos psicanalíticos*, *op. cit.*, p. 182.

[70] Aludo aqui à bela parábola composta por Lacan para ilustrar o que chamou de metáfora do amor: "O que inicia o movimento de que se trata no acesso ao outro que nos é dado pelo amor é este desejo pelo objeto amado que eu compararia, se quisesse imajá-lo, à mão que se adianta para pegar o fruto quando maduro, para atrair a rosa que se abriu, para atiçar a chama na lenha que de súbito se inflamou. [...] Esta mão que se estende para o fruto, para a rosa, para a acha que se inflama de repente, seu gesto de atrair, de pegar, de atiçar é estreitamente solidário à maturação do fruto, à beleza da flor, ao flamejar da acha. Mas quando, nesse movimento de pegar, de atrair, de atiçar, a mão foi longe o bastante em direção ao objeto, se do fruto, da flor, da acha, sai uma mão que se estende ao encontro da mão que é a de vocês, e neste momento é a sua mão que se detém fixa na plenitude fechada do fruto, aberta da flor, na explosão de uma mão em chamas – então, o que aí se produz é o amor". J. Lacan, O seminário, *Livro 8: A transferência*, Rio de Janeiro: Jorge Zahar, 1992, pp. 58-59.

O aspecto centrífugo da introjeção não se aparenta ao da projeção, pois, nesta, o que foi excluído será necessariamente percebido como estranho (donde a primazia do medo na paranóia), ao passo que na introjeção dá-se um encontro entre a porção do ego que se estendeu e a porção do mundo que se incluiu: ainda que seja para odiá-lo, o ego não se sentirá estrangeiro ao objeto introjetado. A perspectiva em que *a realidade* é visada envolvendo num caso uma exclusão e noutro caso uma extensão, o ego luta para se separar do objeto na projeção e trabalha para se reunir com o objeto na introjeção.

Se podemos relacionar a identificação enriquecedora à introjeção, a que fenômeno oposto relacionaríamos a identificação empobrecedora?

Os ferenczianos Nicolas Abraham e Maria Torok nos oferecem uma resposta:

> Nós queremos falar dos fantasmas de incorporação. Introduzir nos corpos, aí deter ou expulsar um objeto – total ou parcial – ou uma coisa, adquirir, guardar, perder, tantas variantes fantasmáticas trazendo nelas, sob a forma exemplar da apropriação (ou da desapropriação disfarçada) a marca de uma situação intrapsíquica fundamental: aquela criada pela realidade de uma perda sofrida pelo psiquismo.[71]

Segundo Abraham e Torok, a incorporação seria uma tentativa de reunião com o objeto perdido, recusando-o como perdido. Para isso, no lugar do objeto perdido, o fantasma da incorporação combinaria duas formas de recusa da perda: a desmetaforização e a objetificação, expedientes pelos quais o sujeito acabaria por introduzir em seu psiquismo uma *coisa* imaginária, cuja presença seria contraposta à experiência do vazio que a aceitação da perda traria. O sujeito anteciparia essa experiência do vazio para em seguida antecipar-se a ela, antepondo-lhe a proibição de nominá-la, quer para si mesmo, quer para outrem. Assim, prosseguem os autores:

---

[71] N. Abraham e M. Torok, "Introjecter – incorporer. Deuil ou mélancolie", in *Destins du cannibalisme – Nouvelle Revue de Psychanalyse*, n. 6 (automne 1972), Paris: Gallimard. Tradução brasileira inédita de Maria Lúcia Calder o ni.

A "cura" mágica pela incorporação dispensa do trabalho doloroso da modificação. Absorver o que vem a faltar sob a forma de aleitamento imaginário ou real, no momento em que o psiquismo está enlutado, é recusar o luto e suas conseqüências, é recusar introduzir em si, a parte de si mesmo depositada naquilo que está perdido, é recusar saber o verdadeiro sentido da perda, aquilo que fará com que, em se sabendo, se seja outro, enfim, é recusar sua introjeção. O fantasma da incorporação mostra uma lacuna no psiquismo, uma falta no lugar preciso onde uma introjeção deveria ter tido lugar.[72]

Seguindo as indicações de Freud e passando por Ferenczi e seus discípulos, pareceria termos encontrado um rico filão de noções que permitiria divisar os processos intrapsíquicos implicados na soberania institucional monopolista – identificação empobrecedora, projeção, incorporação. Todavia, por desconcertante que seja, é preciso apresentar a inesperada seqüência dos comentários de Freud sobre as noções de identificação enriquecedora e identificação empobrecedora:

> Uma consideração mais próxima, contudo, logo esclarece que esse tipo de descrição cria uma ilusão de contradições que não possuem existência real. Economicamente, não se trata de empobrecimento ou enriquecimento; é mesmo possível descrever um caso extremo de estar amando como um estado em que o Ego introjetou o objeto em si próprio. Outra distinção talvez esteja melhor talhada para atender à essência da questão. No caso da identificação, o objeto foi perdido ou abandonado; assim ele é novamente erigido dentro do Ego e este efetua uma alteração parcial em si próprio, segundo o modelo do objeto perdido. No outro caso, o objeto é mantido e dá-se uma hipercatexia [= superinvestimento] dele pelo Ego e às expensas do Ego.[73]

---

[72] *Id., ibid.*
[73] S. Freud, *ESB*, V. XVIII , p. 144.

Em que pese a surpresa, longe de nos afastar da trilha que percorríamos, os argumentos de Freud, se bem examinados, podem confirmar o sentido do raciocínio aqui desenvolvido. A reviravolta em sua apreciação se explicaria pelo fato de ele enfeixar, sob a categoria da introjeção, processos em verdade incomensuráveis, dada a heterogeneidade da compreensão e da extensão de suas significações. No excerto de que partimos, a introjeção designa o processo mesmo de enriquecimento do ego, isto é, de aquisição de novas propriedades e atributos, enquanto nesse último trecho citado ele perde sua especificidade para designar genericamente o mero processo de introdução de um objeto no ego, sem tomar em conta a condição de assujeitamento ou de autonomia face ao objeto, que resulta do modo pelo qual vem a ser interiorizado.[74] Como Freud mantém a identificação referida ao processo de enriquecimento, em seguida apelará, curiosa e significativamente, à passagem pela experiência do luto como condição de autotransformação, da mesma forma que Abraham e Torok o fazem com o conceito de introjeção.

Numa espécie de telefone sem fio ou de diálogo às cegas, tanto estes como aquele parecem seguir, em que pesem as divergências ou confusões terminológicas, o fio das exigências de uma mesma interrogação. Poderíamos então recolher o dilema a que Freud é conduzido a seguir – "Será inteiramente certo que a identificação pressupõe que o investimento de objeto tenha sido abandonado [isto é, que o enriquecimento tenha requerido o trabalho do luto]?"[75] – para relançá-lo a Abraham e Torok: será que o conceito de Ferenczi – a introjeção como processo pelo qual o ego se estende para se fundir amorosamente com o objeto – supõe necessariamente a experiência da perda desse objeto, sendo essa experiência condição de autotransformação e de enriquecimento?

Não pretendemos buscar uma solução puramente teórica para essas indagações, mas, sim, verificar, à luz da problematização

---

[74] Haveria, pois, que distinguir um modo de interiorização amoroso e um modo de interiorização terrorrífico, isto é, traumático.

[75] S. Freud, *ESB*, V. XVIII , p. 144.

conceitual, se e em que sentido podemos manter a idéia de que a professora estaria identificada a Hermes na situação do exercício de cópia. Se admitirmos que estava, temos de perguntar: mas quem era Hermes para elas, senão alguém que tinha de seguir o modelo?

A identificação que estaria em jogo fica assim situada nos quadros de uma relação da qual participariam não somente dois, mas três elementos. Considerando que o modelo referenciava a exigência a ser cumprida e o ideal a ser atingido por Hermes e pela professora, a identificação entre os dois encontrava no modelo a sua mediação necessária. De copiar ou não o modelo, dependendo a prova de realidade das aptidões de Hermes e da professora, é possível dizer que esse modelo constituía o suporte material do ideal do ego na sua mais intrusiva e empobrecedora função, configurando, nesse mesmo sentido, o apoio empírico do objeto institucional monopolista que confisca e subtrai propriedades. Quais propriedades? Aquelas que se evidenciaram, tanto da parte da professora como da parte de Hermes, quando a instrução "Pra baixo, pra cima, pr'esse lado, pro outro..." pode dar lugar à instrução "Hermes, hoje é desenho livre, a tia vai sair, você faz sozinho, sem usar borracha".

Na medida em que, na *Massenpsichologie*, Freud se concentra na "explicação do fenômeno fundamental da psicologia coletiva, ou seja, da carência de liberdade do indivíduo integrado numa multidão",[76] tematiza prioritariamente o que concerne à identificação empobrecedora. Como a preocupação aqui, em contraste com a de Freud, consiste em examinar de que modo a instituição pode ser causa de liberdade, acompanharei o contexto argumentativo que precede, atravessa e sucede a distinção entre identificação empobrecedora e enriquecedora, procurando colher elementos para repensar os fundamentos desta última.

Atentando ao recurso retórico que a identificação representa na economia global do texto, pode-se observar o modo como funciona essa categoria como articuladora do discurso de Freud.

Primeiramente, Freud reduz à sugestão uma série de noções – reação simpática, imitação, contágio dos afetos, indução afetiva pri-

---

[76] S. Freud, EBN, V. III , pp. 2.579-2.580.

90 O caso Hermes

mária, prestígio –, sendo o traço comum a essas categorias a referência aos fenômenos em que a percepção dos signos de um estado afetivo provoca automaticamente o mesmo afeto no observador, uma indução recíproca entre os observadores levando daí à intensificação de emoções contrárias à crítica. Freud reitera nesse ponto uma posição adotada pelo menos desde o Projeto (1895): afeto intensificado, trabalho intelectual prejudicado.[77]

Em seguida, depois de haver reduzido todos aqueles fenômenos afetivos à sugestão, reduz esta à identificação. Diz, então, que a simpatia nasce unicamente da identificação, tendo como possível motivo a descoberta de um traço comum entre duas pessoas.[78]

Enfim, tendo erigido a identificação como fundamento afetivo último da sociabilidade, Freud inesperadamente anuncia uma reviravolta em seu pensamento:

> Percebemos também que estamos ainda muito longe de ter esgotado o problema da identificação e que nos encontramos ante o processo denominado "projeção simpática" [Einfühlung] pela Psicologia, processo de que depende em sua maior parte nossa compreensão do ego de outras pessoas. Mas tendo de nos limitar aqui às conseqüências afetivas imediatas da identificação, deixaremos de lado sua significação para nossa vida intelectual.[79]

Nessa reviravolta, a identificação abandona a posição de dominância e entra numa relação de paridade com outra categoria – *Einfühlung*, que melhor se traduziria por *empatia* –, ao mesmo tempo que fica suspensa a oposição entre o afetivo e o intelectual, sugerindo-se que este último seja conseqüência mediata do primeiro.

Finalmente, uma nota de rodapé no fecho do capítulo consagrado à identificação vem relativizar seu poder explicativo e ressaltar seus

---

[77] *Id.*, *ibid.*, pp. 2.572-2.577.
[78] *Id.*, *ibid.*, pp. 2.584-2.587.
[79] *Id.*, *ibid.*, p. 2.587.

limites, invocando não uma relação de exclusão, mas de complementaridade com as categorias da imitação e da empatia:

> Estamos cientes de que não esgotamos a natureza da identificação com esses exemplos tirados da patologia e de que, conseqüentemente, deixamos intacta parte do enigma das formações de grupo. Uma análise psicológica muito mais fundamental e abrangente haveria de intervir nesse ponto. Um caminho, por via da imitação, conduz da identificação à empatia, isto é, à compreensão do mecanismo pelo qual ficamos capacitados para assumir qualquer atitude em relação a outra vida mental. Além disso, ainda existe muito a explicar na manifestação das identificações existentes. Estas resultam, não unicamente, de uma pessoa limitar sua agressividade para com aqueles com quem se identifica e de poupá-los e de prestar-lhes auxílio. O estudo dessas identificações, como, por exemplo, as encontradas na raiz do sentimento de clã, conduziu Robertson Smith (*Kinship and Marriage*, 1885) à surpreendente descoberta de que elas repousam no reconhecimento da posse de uma propriedade comum [por parte dos membros do clã] e podem mesmo ser criadas por uma refeição ingerida em comum. Este aspecto torna possível vincular este tipo de identificação à primitiva história da família humana que elaborei em *Totem e tabu*.[80]

Se é verdade que a identificação é agora situada numa relação de cooperação com a imitação e a empatia, é certo também que o horizonte heurístico pende claramente para o lado dessa última categoria, sendo no fenômeno visado pela empatia que a identificação deveria comprovar sua capacidade explicativa. Freud adianta a via para avançar a compreensão e a extensão desse conceito que lhe é tão caro: buscar seu fundamento no "reconhecimento da posse de uma propriedade comum".

---

[80] S. Freud, *ESB*, V. XVIII, p. 139.

Identificação enriquecedora, desenho livre

Na mensagem inovadora que a professora endereça a Hermes vai implícito o reconhecimento de que, assim como ela, o menino é capaz de pensamento e de linguagem, bem além do estigma ou do enigma de suas suspeitadas deficiências.

Ser capaz de pensamento e de linguagem: se é certo que o reconhecimento dessa propriedade comum indica uma identificação enriquecedora, como terá ocorrido a passagem a esse estado de coisas a partir do exercício de cópia, no qual Hermes era visto de modo radicalmente diferente?

Radicalmente diferente? Convém talvez nuançar essa idéia. Ela condiz melhor com as posições disjuntivas e antagonicamente complementares correspondentes às posições de agente e clientela, conforme as categorias com que Guilhon captou a lógica institucional monopolista.

A valer tal lógica, por que as agentes não assumiriam simplesmente a posição de reivindicar que Hermes fosse excluído da creche, aliviando a angústia delas e eliminando a ameaça a suas posições institucionais?

Por que haveria angústia e aflição acompanhando, na situação do exercício de cópia, as palavras e os atos com que as agentes queriam afirmar a procedência do diagnóstico empírico? Por que não seria tranqüilo destituir Hermes de seu poder de não-reconhecimento, atribuindo-lhe falta de poder de possuir conhecimentos, ou seja, debilidade mental e auditiva?

Toda possível resposta a essas perguntas implica, a meu ver, incluir nas relações de poder o fato da identificação: Hermes não é encarado pelas agentes como mera ameaça a suas posições institucionais, mas como alguém com quem sentem possuir um parentesco profundo.

Esse parentesco, que teria se manifestado afetivamente na aflição com que a professora se conduz na situação do exercício de cópia, manifesta-se verbalmente no modo pelo qual ela se autonomeia no convite ao desenho livre: "...*a tia* vai sair, você faz sozinho...".

O que é *tia*? É a forma de tratamento pessoal dispensada às funcionárias da creche pelas crianças. Mas *tia*, originariamente, significa: irmã de um dos pais. Nesse sentido, a tia é tia em relação ao filho do irmão ou da irmã. Portanto, o laço de parentesco que une uma tia àquele de quem é tia envolve:

- uma origem comum –os avós da criança;

- a mediação de uma fraternidade – distância e proximidade à criança regulada pelo progenitor-irmão.

A intensa angústia frente ao desempenho de Hermes sendo acompanhada da suspeita de anomalias orgânicas, talvez congênitas, dá margem a supor que a mobilização das agentes visasse, simultaneamente, suprir a função materna da "irmã" (d. Violeta, a mãe de Hermes) e reparar ou infirmar um "vício de origem". E é nessa mobilização que as agentes mobilizam o psicólogo-supervisor.

(Dessa perspectiva, torna-se duvidoso que excluir Hermes da creche viesse a aliviar as ansiedades desencadeadas nas agentes.)

Ocorre que, do ponto de vista da criança, eu não me situava como psicólogo-supervisor. Para o pequeno Hermes, eu era apenas e tão significativamente o tio David.

(Para ser franco, não me lembro se já na primeira visita Hermes chegou a me dirigir essa forma de tratamento. Porém, o que aqui interessa ressaltar é que os títulos que nomeiam os agentes como lugares institucionais articulam significações múltiplas. De modo que a pajem, a professora e o psicólogo-supervisor, na medida em que a creche é permeada por uma ordem simbólica de representações familiais, podem comungar a condição de *tios*.)

Assim, as significações implicadas em nomear as agentes como "tias" apontam diferentes modos de relação entre elas e Hermes.

Quando o psicólogo questiona a proximidade temporal entre o ato de instruir e o de exigir resposta, teria propiciado a instauração de

94

uma medida que regula e diferencia o tempo das instrutoras e o tempo de Hermes: deixaria de imperar o fantasma de uma origem comum em que se indiferenciam os tempos – a posição avoenga –, passando a vigorar a proximidade e a distância instauradas por referência ao progenitor-irmão – a posição fraternal-genitora, em cujo âmbito o psicólogo apresenta-se como um tio entre tias.[81]

Se tentamos explicar a passagem da identificação empobrecedora à enriquecedora mediante o que cabe designar como *função-tio*, cumpre indagar as condições materiais de sua eficácia; na medida em que acreditamos que não medra nenhum movimento interpretante que não esteja preparado nos interstícios das práticas das agentes, convém remontar aos saberes e aos fazeres positivamente presentes na prática institucional das professoras.

Rastreando as matrizes de sentido do diagnóstico empírico na situação do exercício de cópia

Com base em que elementos do diagnóstico empírico atualizado no exercício de cópia se poderiam gerar meios individuantes e mensagens inovadoras?

Para a professora, decerto não seria difícil declarar o sentido de seu procedimento: mediante a cópia de certos traçados, estimular a formação e o treino dos esquemas sensório-motores que ensejariam à criança a prontidão para a alfabetização. Mas pode essa professora perguntar-se que sentido teria o exercício de cópia para a criança?

---

[81] Não concebo nenhum bom resultado advindo de uma comunicação literal às agentes de minhas teorias sobre "posição avoenga" e que tais; essas teorias são, quando muito, boas para consumo interno, como modo pessoal de desvelar a generatividade das "coisas", dispondo-me a estabelecer uma relação com as agentes em que a generatividade das suas coisas possam elas desvelar, rompendo a casca das significações coaguladas, de modo a que por entre os dados se dêem outras possíveis composições. Mas repito: é trabalho intransferível das agentes divisar no seio das coisas existentes compossibilidades imprevistas que abram para novas sínteses.

Mas como poderia algo fazer ou deixar de fazer sentido para um ser definido pela inaptidão para escutar e para compreender?[82]

Já no Capítulo 1, ao analisar a situação do exercício de cópia, assinalamos que no mesmo ato em que tentava em vão induzir Hermes a copiar um modelo, a professora de algum modo antecipava a inaptidão dele. Terrível paradoxo: o exercício destinado a introduzir Hermes ao sentido das letras leva a professora, aquela que o guiaria,

---

[82] Acredito que o resgate do sentido interpretante da prática das agentes passe pela questão do sentido que atribuíam à sua prática. A fim de precisar o sentido desse método, convém considerar o ponto de vista de Guilhon a respeito: "Isso é um dos ângulos pelos quais se tenta entender o que é uma instituição: a partir das idéias. Bem, acho que não precisaria argumentar muito para deixar ver que essa é uma maneira parcial (de entender o que é uma instituição), é... bastante parcial. Evidentemente, nós sabemos que existem várias idéias – e muitas vezes idéias conflitantes entre si – sobre cada uma dessas instituições. Existem *n* maneiras de se entender o que é educação e existem maneiras muito distintas e às vezes contraditórias, sem dúvida, de entender o que é saúde mental – desde entender saúde mental como uma ausência total de conflitos, até entender saúde mental como, ao contrário, a possibilidade permanente de expressão de conflitos. Então, nós vemos, por esses exemplos, que apenas entender a partir da idéia, entender a partir da finalidade, é insuficiente, é uma maneira muito parcial para se compreender o que são as instituições." (Anexo 1 da dissertação *O caso Hermes*, *op. cit.*, p. 4.)

Ao assinalar a existência de idéias conflitantes sobre a finalidade das instituições, Guilhon recusa tomar qualquer uma delas como critério de compreensão, argumentando que tal variabilidade e contrariedade levaria a uma visão parcial das instituições. Tomando portanto o conflito como índice de parcialidade, Guilhon recusa-se a confundir a sua empresa científica com qualquer partidarismo. Levando em conta outros aspectos de sua teoria, talvez fosse mais exato dizer que Guilhon está recusando confundir o plano da realidade ideológica de uma instituição com o plano de sua compreensão teórica. O conflito entre idéias (realidade) teria de ser traduzido em termos de conflito entre posições (teoria), de modo que a virtualmente infinita variabilidade das idéias dos agentes sobre suas práticas seja referida ao esquema fundamentalmente bipolar de oposições entre agentes e clientes. Sendo o âmbito da ação institucional demarcado em última instância por esta oposição binária, as idéias ou representações dos agentes sobre o sentido de sua prática devem ficar referenciados ao que a teoria diz sobre o sentido possível dessa prática: reproduzir aquele objeto imaginário do qual se teria ou carência ou posse.

Ora, no trabalho psicológico nas creches, quando a ação institucional passa por conhecer desde dentro o universo da criança (retomando os lemas de Marlene Guirado), quando não se concebe este universo como um mundo interno apartado da vida institucional, quando a criança é visada não como objeto, mas como ângulo pelo qual se daria a conhecer "um sujeito afetivo que organiza as abstratas determinações sociologizantes", não só a variabilidade das representações adquire um valor crucial – pois que nele se joga o destino do "ângulo" – como também é impraticável a quem intervém furtar-se a encaminhar um juízo sobre o sentido das distintas representações. Tal ou tal criança é autista? ou débil? ou surda? Por que os agentes que a representam desta ou daquela forma assim o fazem? Na medida em que tais representações freqüentemente desabam sobre a criança como veredictos de exclusão enclavados em sua própria identidade, a metáfora do teatro dá lugar à do tribunal, à figura do ator sobrepõe-se a do juiz.

a tomar todo o espaço do sentido e assim, num mesmo ato, a excluí-lo e excluir-se de sua função. Compromete-se nesse contratempo a dimensão do trabalho como atividade produtora de sentido, pois se o sentido consiste no movimento pelo qual um querer implica reciprocamente um dizer, um fazer e um conhecer, é possível divisar naquela atividade pedagógica a danação dos pressupostos articulatórios desse processo. A perda do sentido do próprio fazer principiaria na falência da função comunicativa entre Hermes e a professora e culminaria na falência da condição reflexiva entre esta última e sua prática. No correr da luta dos atores por reconhecimento, o acesso a uma comunicação reflexionante sendo impedido pelo movimento simultâneo de apropriação e de exclusão do outro, sedimenta-se um paradigma no qual as relações sociais são confinadas a um estatuto de exterioridade e de passividade, prevenindo a autodeterminação que supõe a atividade interior do espírito.

Acabamos de apontar, na atividade psicopedagógica em foco, a falência da condição reflexiva entre a professora e sua prática. Mas, pensando bem, seria precitado e contraproducente decretar qualquer *falência*, melhor convindo, pelas virtudes da prudência e da esperança que a própria prática nos ensina, cogitar um *extravio* do sentido – desencontro, e não ruína.

O tribunal não é exterior aos agentes. O julgamento que proferimos sobre o outro retorna sobre nós, na medida em que o outro faz apelo às múltiplas personalidades psíquicas que nos foram habitando ao longo das complexas identificações pelas quais viemos a nos reconhecer. Neste sentido, intervir nas relações afetivas passa por tomar em conta a questão psicanalítica da gênese do sujeito.

Em *A negação*, um dos textos em que procura retraçar os movimentos constitutivos do psiquismo, Freud postula que o afeto participa da origem mesma do ato de juízo, na medida em que um dado caráter afetivo da coisa (prazer/desprazer) decidiria da qualidade julgada (bom/mau) e do lugar destinado à mesma – aceitação (dentro) ou rejeição (fora).

Se, como observou Monique Schneider em conferência pronunciada em 1992 no Instituto Sedes Sapientiae, "o afeto para Freud tem, pois, um papel decisivo no jogo das representações e na função do juízo (afirmar ou negar)", a teoria freudiana apresenta-se então como uma via para pensar as relações afetivas no trânsito entre representação e ato de juízo. (Cf. S. Freud, "A negação", in *Discurso*, n. 15, São Paulo: Depto. de Filosofia da FFLCH da USP, 1983, p. 130.)

Num exame mais atento, talvez seja possível resgatar a subsistência de uma espécie de reflexão prática entre a segmentação dos atos pedagógicos e as matrizes de sentido interpretante já presentes no diagnóstico empírico: no tomar a mão de Hermes e procurar à vista do modelo associar as direções de cada movimento de cópia à vocalização dos signos verbais correspondentes, vai implícita uma forma de compreensão das dificuldades do menino e uma teoria de como superá-las. A professora estaria tentando suprir Hermes daquilo que, no seu entender, faltaria a ele: esquemas de associação entre os movimentos de cópia, a imagem visual do modelo e as imagens acústicas que sinalizariam cada movimento.

Essa solidariedade entre uma certa prática pedagógica e uma certa teoria do conhecimento evoca as finas articulações de Merleau-Ponty:

> Toda teoria mecanicista choca-se com o fato de a aprendizagem ser sistemática: o sujeito não solda movimentos individuais a estímulos individuais, mas adquire o poder de responder por um certo tipo de soluções a uma certa forma de situações, podendo as situações diferirem largamente de um caso a outro; podendo os movimentos de resposta ser confiados ora a um órgão que efetua, ora a outro; situações e respostas assemelham-se, nos diferentes casos, muito menos pela identidade parcial dos elementos do que pela comunidade de seus sentidos.[83]

A pergunta volta: como foi possível à professora fazer com que a segmentação dos atos pedagógicos desse lugar à aposta num Hermes capaz de pensamento e de linguagem?

---

[83] M. Merleau-Ponty, *Fenomenologia da percepção*, Rio de Janeiro: Freitas Bastos, 1971, pp. 153-154.

A tia vai sair...

Sabemos que a dessegmentação dos atos pedagógicos se efetiva mediante a mensagem inovadora que a professora dirige a Hermes, convidando-o ao desenho livre. Examinemos os sujeitos dessa mensagem. Na locução em causa, os sujeitos gramaticais enunciados são "a tia (vai sair...)" e "você (faz sozinho...)". Se enfocarmos agora a estrutura da situação em que ocorre o ato comunicativo, veremos que esses dois sujeitos correspondem ao emissor ("a tia") e ao destinatário da mensagem ("você"). Portanto, um único e mesmo elemento da mensagem ("a tia") refere-se ao sujeito da enunciação e a um sujeito do enunciado. Assim, parece que a dessegmentação dos atos pedagógicos envolve uma bivalência da própria agente pedagógica – bivalência em cuja articulação talvez seja possível situar a operação que designamos como função-tio. De que maneira?

Se a professora julgou conveniente anunciar a sua saída de cena, decerto é porque percebeu a si mesma como fator de inibição de Hermes. Se pôde fazê-lo, é porque reviu profundamente o pressuposto implícito àquele primeiro procedimento, em que a massividade de sua presença só era detida pela impossibilidade de controlar desde dentro os movimentos de Hermes. Se essa revisão pode ocorrer, a professora necessariamente passou pelo luto e pela reconstrução, não só do objeto-Hermes, tal como se apresentava a seus olhos naquele primeiro momento, mas de si mesma. A diferença e a articulação entre a tia que enuncia a saída e a tia cuja saída é enunciada foi produzida na operação pela qual a professora se descolou daquela função-ideal opressiva e, percebendo que se constituía para Hermes como agente e suporte da mesma função, deu ensejo à liberdade dele.

Mas como terá a professora se liberado daquela função opressiva e opressora? Talvez por ter o suporte dessa função se deslocado do modelo para o psicólogo-supervisor. Se para minha figura as instrutoras transferiram o título de um direito exclusivo de domínio sobre algo que o meu saber determinaria absolutamente, o convite a que deslocassem a atenção centrada em Hermes – relocando-a para o modo da relação que com ele estabeleciam – terá tido o efeito de nos ressituar como atores e autores no palco de um saber indeterminado, saber a constituir, tendo eu então atuado como a autoridade transitiva que, visando a elas e a Hermes como agentes essenciais de sua própria autonomia, reenviei-as à subjetividade que em mim alienavam e que de Hermes confiscavam.

Mas como teria ocorrido a mim que Hermes pudesse não se reduzir à sua inaptidão? Simples questão de bom senso? Mero exercício de prudência? Ou teria eu percebido desde logo as potencialidades da criança? A exposição das categorias pelas quais interpretei as ocorrências do registro de cópia, contida no extrato do Programa de Trabalho na Área Psicológica – ansiedade, angústia, identificação, não-reconhecimento, legítima defesa –, não nos ajuda a observar a face mais íntima e decisiva de minha participação. Não é nesse relato oficial, que seria submetido às chefias, que encontraremos documentado o cerne do meu envolvimento afetivo, mas no primeiro rascunho, registro informal dos impactos do encontro com Hermes.

Ali podemos acompanhar *pari passu* o sentido e a qualidade desse envolvimento afetivo, em seu movimento mesmo. Longe de qualquer presciência altaneira, minha primeira referência a Hermes o enfeixa na categoria das "crianças problemáticas", objeto da preocupação das professoras. É nos quadros da relação entre o psicólogo-supervisor e as agentes da creche que se inscreve a primeira anotação sobre Hermes, que taquigraficamente transcreve a queixa quanto aos sintomas da criança: "Hermes: medo e desatenção".

Após mencionar o sintoma de desatenção comum também a Firmino (o irmão), as anotações passam à descrição circunstanciada da conduta de Hermes: "dependente", "tendência ao isolamento", "não consegue reproduzir modelos para cópia", "não demonstra noção de intercalamento". De sua sociabilidade ao seu desempenho motor e cognitivo, Hermes vai sendo caracterizado pela inadequação, pela imaturidade, pela inaptidão e pela ineficiência. Sendo as observações sobre o exercício de cópia precedidas ("Se outra criança tira seu brinquedo, pede socorro à tia") e sucedidas ("Esperou todas as crianças saírem para entrar no tanque de areia") pelo registro dos comportamentos com os quais as professoras traduziam as provas da dependência e do isolamento, é como se o olhar delas se prolongasse no olhar com que observo o que ele não consegue fazer e não demonstra poder, contra o fundo dos incentivos e instruções que a professora tem de dar.

Logo depois da anotação sobre a "tendência ao isolamento", uma reviravolta no ângulo de observação inicia um segundo movimento das anotações. Passa a estar em jogo uma relação a dois – as professoras como que saíram de cena, o que não deixa de ressoar aquela mensagem que tempos depois dirigiriam a Hermes: "Hoje é desenho livre, a tia vai sair...". Se até então Hermes vinha sendo caracterizado pelo que não era e pelo que não possuía, a brusca reversão de perspectivas se patenteia no registro de uma aptidão transbordante ("super-antena") e de um vívido interesse ("atento aos meus movimentos"). Daí em diante, todas as personagens que ressurgem no restante das anotações – Ana (professora), a mãe, Eliana (diretora) – estão como que subordinadas ou imantadas pelas revelações desse encontro.

Assim, por exemplo, quando as anotações retomam a observação do desenho, longe de atentar ao que haveria de deficiência em Hermes, o foco volta-se, criticamente, a acompanhar o procedimento de Ana e a avaliar sua conveniência. Se antes a instrução a cada passo entrava na conta de uma necessidade ditada pela insuficiência da criança ("Não consegue reproduzir modelos para cópia... Professora *tem que dar* uma instrução para cada movimento na reprodução do quadrado"), depois da reversão de perspectivas ocasionada pelo encontro de um Hermes "super-antena", a meticulosidade da professora produz um outro julgamento ("Não há distância entre estímulo e resposta, não há espaço para elaboração da instrução") e um outro afeto no psicólogo ("Impressão de algo opressivo").

O encontro com Hermes: aqui possivelmente se encontra o cerne de todo o movimento prático e teórico que originou este estudo.

"Super-antena", "atento aos meus movimentos", "simpatizamo-nos": nessas poucas palavras, quão intrincadas e fundamentais operações não se condensam?

Uma antena capta. Capto que capta meus movimentos. Capto-o captando-me: sintonizamos, simpatizamos. Um comum-pertencer a um registro sutil de comunicação se verifica. Sutileza de importantes implicações: a singularidade de Hermes passa ao primeiro plano. Mas, para isso, houve um encontro entre a minha singularidade e a dele. Minha abertura acoplou-se à sua procura. Minha procura acoplou-se à sua abertura. O prévio tematiza-se após o concomitante: do que veio antes só se indaga no depois. O encontro é o fundamental porque é o fundante: é dele que os tempos derivam suas direções e seus sentidos. Aprofundemo-nos nele. Seu pressuposto é o da existência de singularidades comunicantes. Modalidade de presença que introduz e afirma a existência do ser-um para outro ser-um. Isso afeta toda a idéia do singular como exclusivo. De que forma e com que conseqüências?

Para tentar exprimir uma situação em que se pode dar o encontro de singularidades sem que elas se suprimam como singularidades e sem que se excluam umas às outras, afinando-se segundo o que têm de mais próprio e afirmando-se reciprocamente segundo as afinidades comuns, vou propor uma imagem.

Suponhamos uma voz e um cristal. São entes bastante distintos, sem dúvida. A voz pode produzir um som que faz vibrar o cristal. Ocorrendo isso que se chama *vibração por simpatia*, nem as cordas vocais perderam a sua natureza orgânica própria nem o cristal a sua mineralidade, conservando cada qual o seu timbre característico. Não obstante, a indução de um som pelo outro exprime a presença de uma propriedade comum àquela voz e àquele cristal, indicando uma afinidade funcional entre os modos de arranjo das respectivas e distintas materialidades. A vibração por simpatia consiste, portanto, num fenômeno em que singularidades comunicam-se no mesmo ato pelo qual exprimem propriedades comuns.

Em que a lógica de tal fenômeno ajuda a pensar a do meu encontro com Hermes? Encaminho uma hipótese: se houve comunicação entre nós, então houve o ativamento recíproco de propriedades comuns, a investigar numa trilha em que a reflexão sobre o outro se vincule substancialmente à auto-análise. Por outro lado, distintamente do exemplo acústico, não é possível nas vibrações do encontro humano distinguir um pólo ativo e um pólo passivo. Desse modo, os limites da analogia nos conduzem à dimensão positiva dos seres em presença. Pondo algo de si na relação comigo, Hermes rompe o esquema identificatório que buscava defini-lo por privação e negação, convidando-nos a atentar àquilo que ele efetivamente respondeu, produziu e comunicou.

Do contradiagnóstico ao diagnóstico: primeiros passos

Então, vejamos: "Hermes: 'super-antena', atento aos meus movimentos; perguntado sobre sua idade, repetiu: Hermes... Hermes".

Ao dizer o nome em resposta à minha pergunta quanto à sua idade, Hermes demonstra positivamente:

- que ouviu;
- que ouviu uma pergunta;
- que ouviu uma pergunta referente a uma característica sua;
- que respondeu ao seu modo a pergunta.

Posto isso, cabe indagar a causa e o sentido de ter respondido com o nome quando perguntado sobre a idade. Uma possibilidade seria aventar alguma deficiência auditiva como causa orgânica de uma imprecisão de escuta. Todavia, além de não dar conta da questão do sentido daquilo que Hermes efetivamente enunciou, isto é, do nexo que o teria motivado a, uma vez interpelado sobre a idade, refe-

David Calderoni

rir-se e/ou supor-se referido por seu nome, essa hipótese *ESB*arra no que veio a seguir:

> Firmino: antena, capturou-me com o olhar, falou algo sorrindo, tive de insistir para compreender, pedindo que repetisse. Ana (prof^a.) disse que, semelhante ao irmão, responde diversamente do perguntado.

Se o irmão, cuja acuidade auditiva não é questionada, apresenta a mesma tendência a não corresponder nas respostas aos temas das perguntas, não só a questão do sentido da não-correspondência ganha amplitude, como ainda fica secundada pela probabilidade de que este sentido esteja associado ao meio familiar comum e originário de ambos.

Se acreditarmos que a fala de Hermes consiste num ato de expressão, configurando como tal uma intenção de correspondência, e se nos dispusermos a trabalhar com o sentido dos termos que aparecem como permutados por Hermes, abre-se a hipótese de que entre as noções de nome e de idade tenha havido algum modo de processamento tradutivo conduzido por razões extra-sensoriais.

Haveria noção de tempo para ele? Em caso positivo, sob quais nominações? Não lhe perguntei pela idade, mas, se bem me lembro, pelos "anos". O que seria "anos" para ele? Semelhante ao *cogito* cartesiano (enquanto me sei pensando, sei-me existindo) – dizer o nome equivalendo ao pensamento em ato que fundamenta o para-si da consciência –, o seu nome próprio poderia ser um signo de afirmação da sua atualidade, certeza da presença no instante e da condição de qualquer duração, a qual, possivelmente, o seu modo concreto de existência não lhe franquearia senão em lapsos.

Essas considerações encontram paralelo nas descobertas de Marlene Guirado ao entrevistar os internos abandonados da FEBEM:

> [...] é interessante também notar que a primeira pergunta que eu fiz para esses meninos foi: "Me fala um pouco sobre a sua vida" – e logo de cara deu para perceber que eles não tinham referente interno

para entender o que eu estava perguntando. Então, eu tinha que esmiuçar um pouco mais a minha pergunta e dizer a eles: "Me fala o que você faz" – ou então usar a palavra *FEBEM* ou *Unidade*. Se eu falasse *FEBEM* ou *Unidade* ou se falasse a palavra *faz*, eles começavam a falar. [...] O que chama a atenção aqui é como para falar da vida ele tem que falar o que ele fez pautado no tempo e no espaço [da instituição], e parece que a vida enquanto uma história, enquanto um conceito, enquanto um registro de memória não existe. [...] Então, eu diria que o presente para o menino é esta unidade que indiferencia um dia do outro, que indiferencia o um do outro, que torna tudo e todos o mesmo.[84]

O processo pelo qual a pergunta de Marlene Guirado passa da não-resposta à resposta é concomitante ao processo pelo qual descobre que naquele universo concreto a vida se traduz em *FEBEM*, *faz*, *Unidade*. A descoberta da diferença de "referentes internos" pressupõe e põe a comunicação e o encontro. A tradutora fez a ponte entre a vida e a FEBEM. Mas, para isso, o outro foi entrevisto num átimo: "logo de cara deu para perceber".

O modo concreto de existência de Hermes observado por ocasião do exercício de cópia, que lugar daria ao tempo?

Entre a emissão das instruções e as respostas da criança não havia tempo para o seu ser elaborar aquelas e performar estas. Como se as palavras não possuíssem sentido para a criança. [...] Não havia tempo-espaço para o seu ser: expatriado do mundo do sentido, expropriado do próprio corpo.

No entanto, como sabemos, foi possível abrir o tempo-espaço da instituição para o trabalho desejante que produz sentido e realiza verdade, de modo que "Tempos depois... 'Hoje é desenho livre...'".

---

[84] Anexo 1 da dissertação *O caso Hermes*, *op. cit.*, pp. 109-111.

David Calderoni

O momento-chave dessa abertura registra-se em frases singelas, tais como "logo de cara deu para perceber", "Hermes: super-antena". E ainda que com Hermes não tenha sido logo de cara, deu para perceber. E quando deu para perceber, foi logo de cara. Quero dizer o seguinte: é possível remontar extensa e minuciosamente a variação das significações do diagnóstico empírico; é possível rastrear os movimentos afetivos implicados nessas variações; é possível acompanhar os diferentes modos de afirmação da potência de agir em cada um dos movimentos rastreados; é possível mapear os atos de juízo correlativos a esses modos de afirmação etc. Nada disso dá conta da essência do que ocorreu. A essência do que ocorreu – a reversão do diagnóstico empírico – reside por certo num movimento afetivo, mas a especificidade de sua potência é ímpar: o ato de poder fundamental consistiu num ato de intuição.

Intuição, uma questão de método

A variação de um fenômeno nada nos dá se alguma lei ou regra de formação não puder ser apreendida a partir do inventário das variações. O inventário das variações de um fenômeno, dando uma visão de conjunto do campo dessas variações, auxilia, mas não supre, prepara, mas não realiza a intelecção do nexo existente entre elas.

Um inventário, tendo função auxiliar, não se constitui, entretanto, nem como condição necessária nem como condição suficiente da intelecção dos nexos essenciais dos fenômenos, sendo essa captação da essência o ato científico fundamental. Retomo alguns fatos já expostos para esclarecer a idéia.

Um primeiro exemplo de intuição, relatado no Capítulo 1, partiu da fala de uma colega de equipe, revolucionando a visão da ociosidade das creches, até então avaliada em termos de prejuízo à continuidade do trabalho e injustiça aos que aguardavam vagas: "As crianças

106

O caso Hermes

não vêm porque a creche trabalha pra isso", ou seja, a creche produz as ausências gerando, pelo seu modo de funcionar, vários motivos de falta. [85]

Um segundo exemplo de intuição, erigindo-se a contrapelo da visão corrente da criança, consistiu na captação de um Hermes "superantena".

Um terceiro exemplo de intuição ocorreu quando Marlene Guirado percebeu de modo imediato, entre ela e os abandonados da FEBEM, a diferença dos referentes internos para vida.

A partir de cada uma dessas intuições, foi possível encaminhar:

- no primeiro exemplo, a interpretação da gênese e do sentido do fenômeno cuja visão foi revolucionada – a ociosidade de vagas;

- no segundo exemplo, a ativação da potência interpretante das agentes, consubstanciada na geração do meio individuante e da mensagem inovadora "Hermes, hoje é desenho livre, a tia vai sair, você faz sozinho, sem usar borracha";

- no terceiro exemplo, a análise e a interpretação dos efeitos internos das relações instituídas que envolviam os entrevistados.

Há algo em comum nas circunstâncias de aparição dessas intuições:

1. A intuição sobre o sentido da ociosidade das creches me foi comunicada numa conversa informal após a reunião oficialmente convocada para discutir a questão; a colega, "embora conosco estivesse nesta reunião, explicou que nada dissera por sentir 'que não tinha pra quem falar'". "Talvez a forma da reunião tendesse a excluir certas escutas, tornando impertinentes certos discursos que respeitam à gênese e ao

---

[85] *Id.*, pp. 17-18.

sentido do objeto em causa (a ociosidade de vagas), e à prática dos sujeitos que o saber técnico pretende administrar [...]".[86]

2. O impacto afetivo do meu encontro com Hermes não foi registrado nem no relatório oficial da visita nem nas considerações sobre a situação do exercício de cópia contido no documento do Programa de Trabalho na Área Psicológica, mas, sim, nas anotações de campo rascunhadas de modo informal e telegráfico.

3. Embora o releia há vários anos, não foi no livro de Marlene Guirado sobre o trabalho na FEBEM, mas numa fala sua, que foi possível apreender o ato de intuição escancarado pela gíria – modo informal de expressão – "logo de cara deu para perceber".[87]

Exposto o que se me afigura, a partir da reflexão da experiência, como sendo próprio do ato de intuição, vejamos o que diz a tradição filosófica a respeito. Discutem os pensadores o sentido e a admissibilidade desse modo de conhecer. De modo geral, convergem os que a admitem nos seguintes pontos:

- trata-se de um conhecimento imediato;
- do singular;
- distinto do conhecimento analítico, dedutivo, discursivo.

Há, contudo, pontos cruciais de divergência entre os autores:

- quanto à relação entre o intelectual, o sensível e o intuitivo;
- quanto à comunicabilidade da intuição;
- quanto à existência dela.

---

[86] *Id., ibid.*

[87] A informalidade que caracteriza os modos e as ocasiões de expressão dessas intuições não significa ausência de forma, mas, sim, presença de uma forma que rompe uma legalidade e funda outra; tampouco tem por regra a inobservância da norma culta da língua, como se observa na locução correspondente à primeira intuição examinada.

Fouillée está entre os que negam à intuição qualquer valor conceitual:

> Creio que a palavra *intuição*, metáfora tomada ao sentido da visão, deveria ser banida de uma filosofia rigorosa ou só deveria ser utilizada com definição precisa. No sentido de visão imediata de um objeto, não temos, para falar a verdade, qualquer intuição. Temos sensações e apetições, estados de consciência e uma consciência geral da nossa existência própria como sujeito que pensa, que sente e que age. Todo o resto é inferência mais ou menos rápida, tendo da intuição apenas a aparência.[88]

As considerações de Fouillée subentendem a etimologia: *intuir* provém do vocábulo latino *intueor*, que quer dizer "olhar atentamente, ver, descobrir".[89] Ao reduzir a intuição a uma ilusão ocasionada pela velocidade de uma inferência, o autor só admite que o conhecimento dos objetos se dê por meio de uma sucessão de operações dedutivas ou indutivas, nunca se podendo chegar a uma verdade objetiva sem o concurso de outras verdades já estabelecidas – o que, a meu ver, deixa intacta a questão do modo pelo qual se instituem as primeiras verdades.

Já para Bergson, a cadeia de operações própria da reflexão discursiva acarreta um conhecimento fragmentário e extrínseco. Sem excluir os procedimentos analíticos, há para ele outra alternativa de acesso aos objetos:

> Chamamos aqui intuição a *simpatia* pela qual nos transportamos para o interior de um objeto para coincidir com o que ele tem de único e, conseqüentemente, de inexprimível.[90]

---

[88] A. Lalande, *Vocabulário técnico e crítico da filosofia*, São Paulo: Martins Fontes, 1993, p. 595.
[89] F. Torrinha, *Dicionário latino-português*, Porto: Gráficos Reunidos, 1991, p. 445.
[90] H. Bergson, "Introdução à metafísica". In *Bergson, Os Pensadores*, São Paulo: Abril Cultural, 1984, p. 14. Cf. A. Lalande, *Vocabulário técnico e crítico da filosofia, op. cit.*, p. 595.

Essa posição, acredito, encerra um paradoxo: se é possível a um sujeito participar da singularidade de um objeto, se é possível transportar-se para o seu interior, é porque esse interior é comunicável com o interior do sujeito, sendo, aliás, a comunicação entre interioridades a marca da simpatia para o próprio Bergson.[91] Ora, como seria possível que a intuição, assim entendida como fundada num ato de comunicação, tivesse por alvo e motivo algo incapaz de expressão? Tanto é possível falar da intuição, como é possível fazê-la falar: não seria esse o ensinamento que Bergson nos legou ao preconizar e exercer a filosofia mediante as formas mais expressivas do literário?

Assim como Bergson, Descartes estabelece que os procedimentos analítico-discursivos concorrem com a intuição no conhecimento da verdade. Porém, enquanto em Bergson o critério de distinção entre um e outro modo de conhecimento concerne à sua interioridade ou exterioridade face ao objeto, para Descartes o critério de distinção relaciona-se ao fato de o objeto ser simples ou composto, o conhecimento desse último tipo de objeto decorrendo do primeiro, a dedução encontrando princípio e fundamento na intuição. Analisar, isto é, decompor as *naturezas compostas* para encontrar as *naturezas simples* componentes – intuir estas, deduzir destas aquelas – é o procedimento que Descartes imita das matemáticas e propõe estender à ciência de tudo o que existe. A indivisibilidade e a evidência (aptidão para ser intuída) caracterizam toda e qualquer singularidade (*natureza simples*), seja ela intelectual (o conhecimento, a dúvida, a ignorância, a volição), material (a figura, a extensão, o movimento) ou comum (existência, unidade, duração).[92] Se para Bergson o desafio consistia na passagem da exterioridade à interioridade, com Descartes dá-se o inverso: residindo no "Penso, logo existo" a primeira e

---

[91] "Já não seria o mesmo se se supusesse entre o esfex e a sua vítima uma simpatia (no sentido etimológico da palavra) que o informaria do interior, por assim dizer, sobre a vulnerabilidade da lagarta." H. Bergson, "A evolução criadora", *apud* A. Lalande, *Vocabulário técnico e crítico da filosofia, op. cit.*, p. 1020.

[92] R. Descartes, *Regras para a direcção do espirito*, Lisboa: Editorial Estampa, 1977, pp. 75-76.

110 O caso Hermes

mais fundamental intuição da teoria cartesiana do conhecimento, o problema crucial é deduzir desta certeza do eu sobre si mesmo a certeza da existência do próprio corpo, dos corpos exteriores, dos outros eus e do fundamento de todas as realidades subjetivas e objetivas (Deus, substância infinita). José Américo Motta Pessanha nos permite acompanhar as implicações que daí derivam:

> [...] a enorme importância do *cogito* na construção do cartesianismo é de duplo sentido: por um lado, ele se apresenta como o paradigma para as intuições que deverão suceder-se numa visão clara da realidade, ou seja, tudo que foi afirmado deverá ser afirmado com a evidência plena do tipo "penso, existo"; por outro lado, o *cogito* repercute no plano metafísico, pois significa o encontro, pelo pensamento, de algo que subsiste, de uma substância. O desdobramento "natural" do "penso, logo existo" é: existo "como coisa pensante". Do pensamento ao ser que pensa – realiza-se, então, o salto sobre o abismo que separa a subjetividade da objetividade.[93]

Kant incorpora a contribuição de Descartes:

> O *eu penso* tem que *poder* acompanhar todas as minhas representações; pois do contrário, seria representado em mim algo que não poderia de modo algum ser pensado, o que equivale a dizer que a representação seria impossível ou, pelo menos para mim, não seria nada. A representação que pode ser dada antes de todo o pensamento denomina-se intuição.[94]

Desse modo, Kant reconhece no *cogito* a condição de possibilidade da atividade cognoscente do sujeito. Contudo, sendo o *cogito*

---

[93] J. A. Motta Pessanha, "Descartes – Vida e obra", in *Descartes*, Os Pensadores, São Paulo: Nova Cultural, 1977, p. XVI.
[94] I. Kant, *Crítica da razão pura*, in *Kant*, Os Pensadores, São Paulo: Nova Cultural, 1987, p. 81.

David Calderoni

um ato puramente intelectual e postulando que a intuição implica um conhecimento sensível, separa-se de Descartes ao considerar o *cogito* insuficiente para garantir um conhecimento objetivo. Marilena Chaui apresenta a posição de Kant:

> Tratando da psicologia racional (disciplina metafísica que tem como objeto a alma e sua imortalidade), Kant diz que ela repousa, desde Descartes, na proposição "eu penso", cuja verdade é incontestável. Não se pode, contudo, tirar dela a conseqüência de que o eu exista como objeto real. Para a apreensão de um objeto é necessária uma intuição e no caso em questão se está unicamente diante da forma do pensamento. Pelas mesmas razões, não seria legítimo recorrer ao conceito de substância e afirmar a alma como substância pensante, pois o conceito de substância, para se aplicar a um objeto, também supõe uma intuição. Em outras palavras, não há coisa alguma no espaço e no tempo que possa ser considerada alma, não havendo, portanto, nenhuma percepção sensível, e esta é uma das condições fundamentais do conhecimento.[95]

Trabalhando com a idéia de que o tempo e o espaço são estruturas inatas do sujeito, as quais, sendo anteriores à experiência, determinam *a priori* que as coisas sejam intuitivamente experimentadas como sucessivas ou simultâneas e exteriores umas às outras, Kant se vê às voltas com uma série de problemas e dificuldades para explicar como essas formas apriorísticas da sensibilidade se ligam aos elementos apriorísticos do entendimento, consistentes nos juízos de quantidade (cujas categorias são unidade, pluralidade e totalidade), qualidade (realidade, negação e limitação), relação (substância, causa e comunidade ou ação recíproca) e modalidade (possibilidade, existência e necessidade). Acompanhamos o desenrolar dessa problemática e de suas aporias na exposição de Marilena Chaui:

---

[95] M. Chaui, "Kant – Vida e obra", in *Kant, op. cit.*, p. XIII.

A teoria transcendental das categorias *a priori* do entendimento como funções sintetizadoras do sujeito cognoscente, tal como justificadas pela dedução transcendental, não pareceu contudo suficiente a Kant para dar conta do problema das relações entre o entendimento e as intuições do espaço e do tempo. Por isso, o filósofo desenvolveu na *Crítica da razão pura* a teoria do esquematismo transcendental, cujas dificuldades ele mesmo põe em relevo ao afirmar que "se trata de uma arte oculta nas profundidades da alma humana, cujos modos reais de atividade a Natureza não nos permite jamais descobrir". O problema poderia ser colocado nos seguintes termos: como é possível que duas coisas heterogêneas, como são as categorias, por um lado, e os fenômenos, por outro, possam ligar-se entre si? Em outras palavras, qual o elemento intermediário existente entre os conceitos e a realidade? A resposta deveria ser encontrada em algo que fosse, por um lado, sensível e, por outro, inteligível. Esse elemento intermediário, que Kant chama "esquema transcendental", é fornecido pelo tempo, o qual, por um lado, é homogêneo ao sensível por ser a própria condição do sensível e, por outro lado, é universal e necessário, enquanto conceito. O esquema transcendental é sempre produto da imaginação, não se tratando, porém, de imagem propriamente dita; é antes "idéia de um procedimento universal da imaginação" que torna possível uma imagem do conceito. Enquanto a imagem é produto da faculdade empírica da imaginação reprodutiva, o esquema dos conceitos sensíveis é um produto e, por assim dizer, um monograma da pura imaginação *a priori*, mediante o qual tornam-se possíveis as imagens. O esquema da substância, por exemplo, é a permanência do real no tempo; o esquema da causalidade é a sucessão temporal da diversidade, de acordo com uma regra.[96]

---

[96] *Id.*, *ibid.*, p. XII .

Se o condicionante (o tempo) é homogêneo ao condicionado (o sensível) e se entendimento e sensibilidade condicionam-se reciprocamente no ato de conhecimento, como sustentar uma heterogeneidade entre uma e outra fonte de conhecimento? Tendo reposto a exterioridade cartesiana entre sujeito e objeto sob a forma da exterioridade entre entendimento e sensibilidade, o esquema transcendental de Kant apresenta-se como a glândula pineal de Descartes,[97] expedientes encarregados de produzir a síntese teoricamente impossível entre instâncias que são, por definição, ontologicamente heterogêneas: de um lado, a sensibilidade (Kant), o corpo (Descartes); de outro, o entendimento (Kant), a alma (Descartes).

Se a síntese do sensível e do inteligível que se apresenta impossível no plano da teoria não se experimentasse como realizada no plano da prática, o problema do conhecimento não se colocaria, muito menos o horizonte de sua solução.

Não sendo este, felizmente, o caso, tendo esta brevíssima incursão pela filosofia levantado eixos da problemática da intuição, voltemos aos exemplos da nossa experiência em que a havíamos encontrado, de modo a aprofundar um posicionamento diante da tradição e uma compreensão dos nossos passos.

O objeto da primeira intuição ("as crianças não vêm porque a creche trabalha pra isso") não pode ser considerado singular, pois concerne a uma realidade complexa: a relação entre o modo de funcionamento da creche e a freqüência das crianças. A menos que essa relação seja considerada singular – mas, neste caso, teríamos de dizer que a intuição, antes de ser o conhecimento de um singular já dado, é, propriamente, um conhecimento singularizante. Em outras palavras, o ato pelo qual a intuição conhece é o mesmo ato pelo qual especifica seu objeto.

---

[97] "...parece-me ter reconhecido com evidência que a parte do corpo em que a alma exerce imediatamente suas funções não é de modo algum o coração, nem o cérebro todo, mas s o mente a mais interior de suas partes, que é certa glândula pequena, situada no meio de sua substância..." R. Descartes, "As paixões da alma", in *Descartes, op. cit.*, p. 89.

114 O caso Hermes

Todavia, o feitio dessa intuição é eminentemente raciocinante, discursivo, argumentativo, não se podendo afirmar que sua produção desconheça todo e qualquer procedimento analítico-dedutivo. Convergiríamos então à perspectiva de Fouillée, para quem a intuição é a falsa aparência de imediatez de uma inferência muito rápida? Ora, sabemos que uma inferência conclui a partir de determinadas premissas, as quais implicam proposições ontológicas – no exemplo em causa, a finalidade intrínseca à natureza do trabalho da creche – e que essas proposições não resultam de meras regras lógicas. Através da sintaxe do discurso que processa e comunica as intuições, estas se revelam como as proposições ontológicas que ancoram o sentido do discurso no real.

Se o ato de intuição de Marlene Guirado, apreendendo entre ela e os meninos da FEBEM a diferença dos referenciais a um só tempo lingüísticos e existenciais da *vida*, constituiu uma captação afetiva e intelectual do outro no e pelo discurso, o que dizer da intuição de um Hermes "super-antena"? O registro dessa aptidão, lavrado no silêncio da escrita, introduz a observação da intencionalidade perceptiva de Hermes, que, "atento aos meus movimentos", imprime nas miradas que se entrevêem o sentido de uma gestualidade que se volta para outra. Daí, a troca de palavras – "Perguntado sobre sua idade, repetiu: Hermes... Hermes" – prolonga e amplia um diálogo que principiou justamente na dimensão estrita do *intueor*: *olhar atentamente, ver, descobrir*.

Eis, portanto, minha posição: a intuição existe; congênita a uma abertura comunicativa, é comunicável; realiza o sensível como intelectivo e inteligível; conhecimento singularizante, promove o encontro das diferenças; revelando-se como afirmação ontológica que ancora o sentido do discurso no real, caracteriza-se por ser instantânea, informal e espontânea.[98] Consiste, pois, numa certa relação

---

[98] Na medida em que o advento da intuição marca uma diferença em face do contexto precedente, inaugura uma nova cronologia e excede suas eventuais causas indutoras ou ocasionais, sendo irredutível às determinações até então conhecidas.

David Calderoni 115

com o tempo e com os códigos instituídos. Sendo no mesmo ato a ruptura de uma legalidade acompanhada da instauração de outra, pode-se conceituar a relação da intuição com o tempo e os códigos instituídos pela idéia de *refundação*.

Na medida em que a intuição promove o encontro das diferenças, outro aspecto do seu movimento pode ser ressaltado, em três tempos. Acompanhando-os à luz da intuição de Marlene Guirado, pode-se esquematizá-los da seguinte forma:

1. *o advento de uma nova possibilidade*
"[...] é interessante também notar que a primeira pergunta que eu fiz para esses meninos foi: 'Me fala um pouco sobre a sua vida' — e logo de cara deu para perceber que eles não tinham referente interno para entender o que eu estava perguntando."

2. *o não-preterimento do contexto que a precede, mas a sua perspectivação como uma possibilidade entre outras*
"Então, eu tinha que esmiuçar um pouco mais a minha pergunta..."

3. *o nexo entre o contexto precedente não preterido e o horizonte de possibilidades do outro — rumo a uma abertura*
"[...] e dizer para eles: 'Me fala o que você faz' — ou então usar a palavra *FEBEM* ou *Unidade*. Se eu falasse *FEBEM* ou *Unidade* ou se falasse a palavra *faz*, eles começavam a falar. [...] O que chama a atenção aqui é como para falar da vida ele tem que falar o que ele fez pautado no tempo e no espaço [da instituição]."

Parece, portanto, que a refundação envolve a compossibilitação de tempos e de códigos, isto é, a criação de um outro tempo e de um outro código em que a legalidade rompida e a instaurada sejam simultaneamente possíveis. A natureza comunicativa da intuição tenderia assim naturalmente dos elos intra-subjetivos aos intersubjetivos.

Mas qual teria sido concretamente o elo entre a minha intuição de um Hermes "super-antena" e o movimento interpretante das agentes, no qual elas passaram da instrução "Pra baixo, pra cima, pr'esse lado, pro outro" à mensagem "Hoje é desenho livre, a tia vai sair, você faz sozinho, sem usar borracha"?

...Você faz sozinho...

Falar com crianças designando-se na terceira pessoa é identificar-se à perspectiva delas. É, além disso, atribuir a elas um ponto de vista. Sem prejuízo dessas possibilidades, existe outra que com estas se conjuga. Pelas primeiras anotações do meu encontro com Hermes, vê-se que peço para ele fazer o desenho da figura humana depois que, no meu prisma, a tia sai de cena quando eu o intuo antena. Pode ser então que, estimulada pelo que ele produziu na seqüência da nossa interação, a professora tenha traduzido na mensagem a Hermes aquilo que julgou que eu lhe tivesse comunicado: "Hermes, hoje é desenho livre, a tia vai sair, você faz sozinho, sem usar borracha".

Figuras analisadas a partir do Capítulo 3

Figura 1

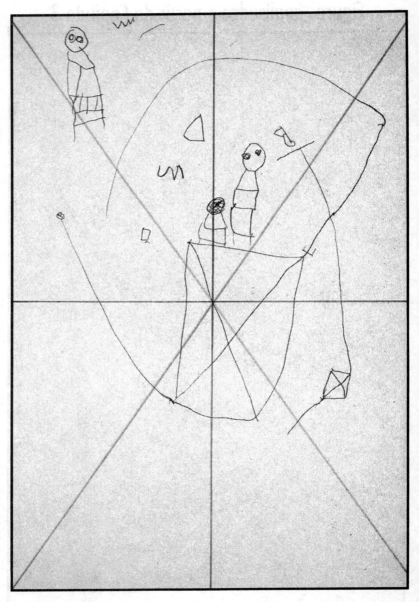

Figura 2

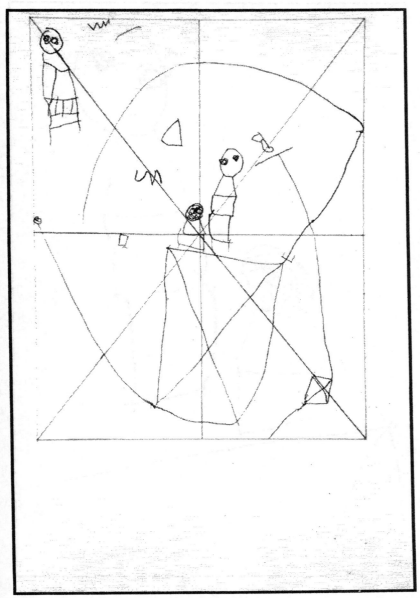

Figura 3

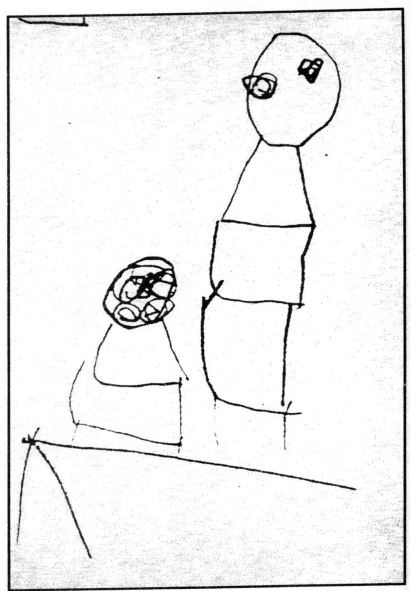

Figura 4

Figura 5

Figura 6

Figura 7

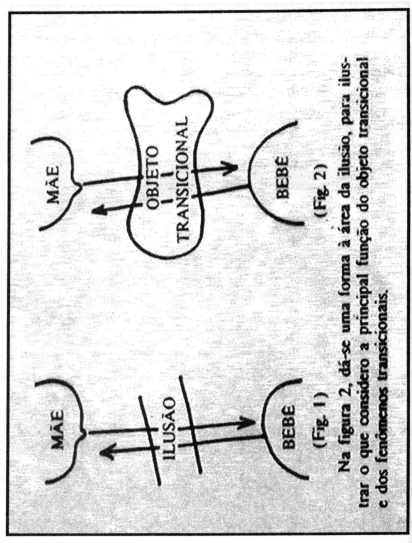

Figura 8

Fonte: D. W. Winnicott, "Objetos transicionais e fenômenos transicionais", in *O brincar e a realidade*, Rio de Janeiro: Imago, 1975, pp. 13-44.

Capítulo 3

AS LINHAS DA VIDA
ANÁLISE E INTERPRETAÇÃO DO DESENHO DA FIGURA HUMANA DE HERMES[99]

Linhas, figuras, posições

Hermes desenhou três figuras humanas [fig.1]. Desenhou primeiro as duas alinhadas ao eixo central vertical, "apoiando-as" sobre uma grande pipa no centro da folha, e situou a terceira no quadrante superior esquerdo da mesma [fig. 2]. Uma pipa menor foi desenhada numa região que corresponde aproximadamente à alcançada pela

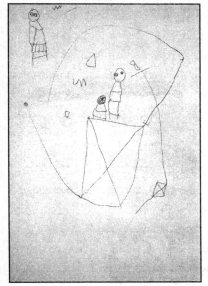

Figura 1

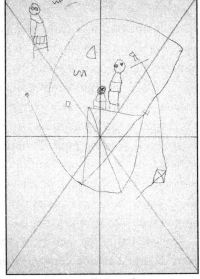

Figura 2

---

[99] As figuras analisadas neste capítulo encontram-se, em cores, na contracapa, identificadas pelo número com que serão referidas no decorrer do texto.

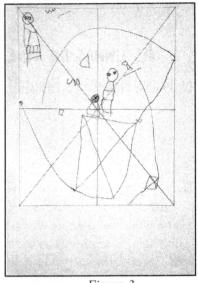

Figura 3

diagonal imaginária descendente, traçada a partir do ângulo superior esquerdo em direção ao ângulo inferior direito da folha, em cujo quadrante a pipa menor foi situada, e isso de modo mais exato se for considerado o quadrilátero da folha obtido pelo reenquadramento do desenho em função dos pontos extremos dos traçados [fig. 3].

A diagonal imaginária ascendente, que vai do ângulo inferior esquerdo ao ângulo superior direito [fig. 3], cruzando a diagonal imaginária descendente, divide o quadrilátero em dois campos nos quais se situam, em oposição, a pipa menor e a terceira figura humana. Esta é acompanhada em seu campo de duas figuras geométricas e duas garatujas, além da maior porção de uma figura internamente segmentada e de duas linhas traçadas a partir da pipa maior, presumivelmente figurando-lhe a cauda e o cordão. Essas duas linhas originam-se dos extremos de uma das diagonais da grande pipa e, em direções interseccionantes não completadas, descrevem uma curva dentro do campo da terceira figura, circunscrevendo as duas primeiras desenhadas – que Hermes designou como *menino* (a menor) e *homem* (a maior) –, assim como três figuras fechadas e uma garatuja.

Em cada uma das duas pipas foram traçadas duas diagonais orientadas de modo análogo entre si e análogo também em relação às diagonais imaginárias sugeridas para fins de análise.

Note-se que, assim como as pipas formam dois quadriláteros de tamanhos diferentes com suas respectivas diagonais internas, assim também as diagonais imaginárias das figuras 2 e 3 inscrevem-se em dois quadriláteros imaginários de tamanhos diferentes, sendo que na figura 2 os lados do quadrilátero imaginário coincidem com os da folha.

Os troncos das figuras humanas apresentam-se dispostos em secções transversas: o menino possui duas; o homem, três; e a terceira figura, quatro.

A terceira figura, além do maior número de secções, apresenta mais três diferenças em relação às outras:

1. possui uma secção lateral articulada à secção transversa superior, sugerindo respectivamente um membro superior articulado à cintura escapular/pescoço, sendo a única figura a apresentar um *ESBo*ço de membro superior;

2. apresenta uma secção transversa – a penúltima, em ordem descendente – hachurada por quatro traços semiverticais;

3. é a única figura em que um dos lados do corpo foi delimitado por um traço que não se interrompe entre secções transversas (veja-se o lado direito, ao longo da segunda e terceira secções).

A disposição da articulação membro-escapular (descrita em 1) imprime uma orientação à figura, sugerindo que ela esteja voltada para o menino e para o homem.

O hachurado da secção transversa (apontada em 2) sugere um velamento à altura púbica que, por hipótese, poderia compor uma saia, conferindo um caráter feminino à terceira figura, a qual, por seu tamanho correspondente ao do homem, pode então ser considerada como figura feminina adulta, isto é, mulher. Essa interpretação é apoiada pela Gestalt arredondada da figura.

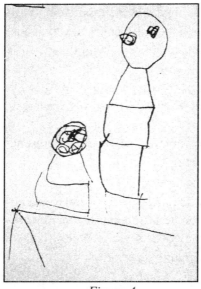

Figura 4

Todas as figuras humanas apresentam traços correspondentes aos membros inferiores e aos olhos. No menino, porém, aos círculos desenhados nos lugares próprios dos olhos, acrescenta-se um outro desenhado na testa e outros dois abaixo dos "olhos", na altura da boca. Traços circulares adensados entre os olhos propriamente ditos sugerem, incertamente, um nariz, ou ainda, talvez, o contrapar do olho da testa. Pode-se dizer que a cabeça do menino está cheia de olhos [fig. 4 – veja-se também a capa do livro].

Considere-se agora o espaço circunscrito pelas linhas que se originam dos pontos extremos da diagonal da pipa maior, análoga à diagonal imaginária ascendente que perfaz o eixo de simetria definidor dos campos em cujos extremos situam-se a pipa menor e a mulher. Transpassada na figura 3 pela diagonal imaginária, há nesse espaço uma forma geométrica que se distingue por ser internamente segmentada, o que alude ao modo de representação das partes do corpo das figuras humanas. Isso faz germinar a suposição de que essa forma geométrica represente uma parte corporal; pela sua proximidade e pela orientação face à a extremidade do cordão da pipa menor, pode-se tomá-la como a empunhadura de uma mão.

*"Empunhadura de mão"
transpassada por diagonal
[detalhe da figura 3]*

A mulher e a pipa menor constituem pólos aproximadamente eqüidistantes da diagonal imaginária ascendente [fig. 3].

A diagonal imaginária descendente passa pela mulher, pela garatuja interna ao espaço de circunscrição, pelo menino, pela pipa maior e pela pipa menor. Tanto o menino como o homem estão apoiados na pipa maior.

A circunscrição que os prolongamentos da pipa estabelecem delimitam o mundo do menino e o segregam do mundo da mulher, à maneira de um campo de força em cujo interior abrigam-se certos elementos: garatuja, triângulo, retângulo, empunhadura de mão. O modo de produção desse traço circunscritor indica uma intencionalidade: acompanhando a linha que se origina no ângulo superior direito da grande pipa, percebem-se três interrupções do traçado, sendo que na terceira delas ocorre a inflexão decisiva na separação entre o mundo do menino e o mundo da mulher. Assinale-se um seccionamento no começo dessa linha, logo acima do ângulo superior direito da grande pipa; note-se também que o terceiro segmento começa da esquerda para a direita e logo após cruzar o fim do segundo segmento sofre abrupta reversão para a esquerda, em direção à mulher, o que poderia demarcar os conflitos relativos ao dilema aproximação-afastamento do mundo da mulher.

A linha que parte do ângulo inferior esquerdo da grande pipa orienta-se em direção à mulher, terminando, porém, antes de alcançá-

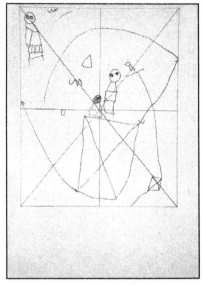

Figura 3

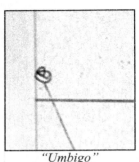

"Umbigo"
[detalhe da figura 3]

la, num enigmático pequeno círculo interseccionado por outra forma circular menor. Sugere um umbigo.

Entre essas linhas que presumivelmente representam o cordão e a cauda da grande pipa, há uma pequena abertura que comunica o espaço circunscritor do menino e o espaço da mulher.

Se considerarmos a pipa maior juntamente com os seus prolongamentos, o conjunto assim formado distribui-se pelos quatro quadrantes [figs. 2 e 3].

Na figura 3, o menino fica no centro do quadrilátero imaginário, alcançando também os quatro quadrantes.

O fato de a base da folha não conter traçados pode significar um processo de compensar o peso visual da base, sendo o espaço em branco proporcional à magnitude do peso compensado.

As pipas lutam contra a inércia, tentando elevar-se.

A pipa menor está na área de ação ou conclusão, no ponto de maior ímpeto do trajeto visoperceptual.[100]

Tudo o que no desenho é não-mulher inclina-se para, através do pedaço/empunhadura de mão, alcançar/içar o obstado cordão/pipa menor.

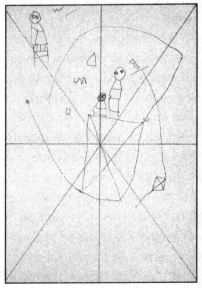

Figura 2

---
[100] Esta observação sobre a dinâmica perceptual do desenho, assim como as duas anteriores, baseiam-se nos ensinamentos de F. Ostrower, *Universos da arte*, Rio de Janeiro: Campus, 1991, pp. 30-293.

Objetos de civilização e objetos figurativos

Um momento liminar da análise consiste em indagar acerca da representacionalidade do desenho. Conforme Pareyson,[101] o desenho seria arte representativa, na medida em que nele é evidenciado um *assunto*, isto é, um objeto, fato ou idéia representável, descritível ou narrável, remissível a algo real ou imaginário.

Há pipas e figuras humanas como evidências representativas. São objetos reais ou imaginários?

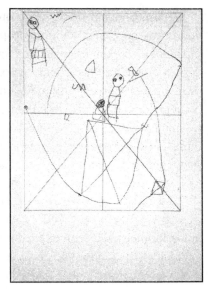

Figura 3

Francastel[102] sugere uma resposta interessante: a imagem, não como duplo, mas como constituinte de uma linguagem plástica, reflete dois tipos de seleção: de um lado, uma seleção quanto aos elementos reais que remetem a significação da imagem a objetos de civilização; de outro, uma seleção quanto a estruturas imaginárias que consistem num "esquema de associação das partes", remetendo a significação da imagem ao modo de arranjo dos objetos figurativos que lhe são imanentes.

Isso convida a uma leitura que trilhe as linhas de força representadas pelas diagonais das pipas, podendo-se então adotar a hipótese de que o próprio desenho contém os índices do modo de arranjo de seus vetores imaginários, simultaneamente chaves da fatura e da leitura do desenho.

---
[101] L. Pareyson, *Os problemas da estética*, São Paulo: Martins Fontes, 1984, p. 62.
[102] P. Francastel, *Imagem, visão, imaginação*, São Paulo: Martins Fontes, 1987, p. 55.

Assim, às apalpadelas, vê-se que o triângulo e o quadrângulo circunscritos no espaço delimitado pelas linhas que partem da grande pipa têm a ver com os triângulos formados pelas diagonais das pipas e com o quadrângulo formado pelos lados destas. Mas esse caminho para buscar correspondência entre as formas depara-se com a empunhadura de mão, tão diferente de tudo o mais no desenho, embora ainda aqui se possa reconhecer uma semelhança: como as figuras humanas, esse fragmento também é internamente segmentado. Assim, por esse expediente, se estende uma qualidade das figuras ao fragmento, que pode então ser efetivamente chamado "empunhadura de mão".

Desse modo, perante um elemento do desenho que causa estranheza, o procedimento é estender a ele os resultados de um juízo fundado numa familiaridade, como que domesticando a indeterminação daquele elemento estranho. Por essa via, os elementos do desenho transformam-se em figuras, as figuras moldam-se como protagonistas e os traços finalmente passam a assinalar a coreografia de uma história. O que era movimento infusivo dos olhos frente à resistência estática do desenho torna-se o andamento de uma cena que arrasta consigo o olhar.

Em contrapartida, longe de deixar o esquema de análise intacto, o olhar, arrastado pela mão despedaçada, não permanece mais na dimensão do que lhe era doméstico e familiar. Aí, para acompanhar o modo pelo qual essa parte corpórea se teria destacado, tomamos por medida não bem fatos ou idéias, objetos reais ou estruturas imaginárias, mas uma operação suspensa, uma potência de agir barrada, o aborto de um gesto em formação: a mão que se desenha extirpada no desenho da figura humana de Hermes não será a mesma mão que no episódio da cópia do modelo teria sido expatriada do mundo do sentido, expropriada do próprio corpo?

Mais que o esquema, o próprio âmbito de análise pode ser então redimensionado: o olhar que encontra a mão dá lugar a que a mão nos tome pelo braço e nos convoque: não encontraríamos a nós mesmos no desenho? Não é ele a seara privilegiada em que o corpo próprio luta por integrar-se no mundo do sentido, traçando sua história?

A função-tio

Considerando-se o número de segmentos componentes e a localização relativa das figuras, aquela que Hermes designou como homem apresenta-se estruturalmente intermediária à mulher e ao menino e em posição solidária a este último.

No Capítulo 2, dissemos que o psicólogo-supervisor poderia, na condição de tio entre tias, funcionar como regulador da proximidade/distância dos funcionários entre si e destes na relação com a mãe de Hermes. É possível agora sugerir que o homem desenhado, pelas características de estrutura

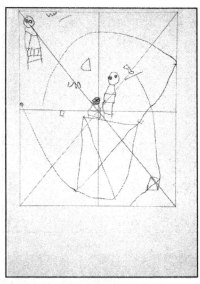

Figura 3

e posição apontadas, encarne figurativamente a função-tio e represente o tio David, o qual, aliás, demandou de Hermes o desenho.

A posição do homem como índice de solidariedade ao menino não se resume à proximidade de um e outro em contraste com a eqüidistância de ambos em face da mulher. A oposição entre eles e esta se mostra nos diferentes princípios de equilíbrio que afetam de dentro para fora a composição e a disposição dessas figuras. Tais princípios consistem numa espécie de sistema compensatório de inclinações formado pelo eixo dos olhos em comparação com a base das figuras. Estando o olho direito, tanto no menino como no homem, situado acima do esquerdo, a essa inclinação chamarei supradestra, enquanto a inclinação inversa de suas bases será chamada supra-sinistra. Já na mulher observa-se uma base supradestra e olhos supra-sinistros.

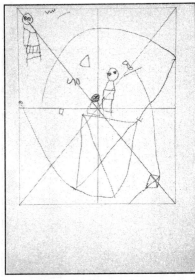

Figura 3

Divisa-se assim uma oposição simétrica quanto ao modo de equilibração que distingue o par homem-menino da mulher. A forma pela qual essa oposição se inscreve no quadro global de angulação relativa dos elementos do desenho vincula-se à inclinação das linhas mais próximas da base das figuras humanas. No caso do par homem-menino, essa linha constitui o lado superior da grande pipa; no caso da mulher, a linha nasce no prolongamento de uma diagonal da mesma pipa, havendo um virtual paralelismo na inclinação dessa última linha e de sua diagonal originária.

Observemos essa linha. Ela circunscreve um campo gravitacional e o separa de outro. Imprime um sentido rotatório de movimento entre os campos de força do desenho. Chamei-a de traço circunscritor. Consideremos a hipótese de que figure ao mesmo tempo uma função de continência e uma função de defesa.

Entre as coisas defendidas e contidas por esse traço se encontra a garatuja.

Proto-escrituras

As garatujas são traços em ziguezague semelhantes aos que a criança é instada a executar nos exercícios psicopedagógicos propostos na creche. Nesses exercícios, porém, trata-se de copiar um modelo; no desenho em questão, trata-se de atividade espontânea da criança, o que põe em causa o caráter comunicativo e intencional dessa produção significante.

Figura 5

Para fundamentar e desenvolver essas colocações, examinemos outra produção gráfica de Hermes, ilustrativa de seu desempenho num exercício psicopedagógico que inclui a cópia de traços em ziguezague [fig. 5].

Tendo em vista que, dentro de uma estratégia de alfabetização, a proposta da cópia de tais traços prepara a feitura de letras, o ziguezague será chamado pró-escritura. Em que pese o isomorfismo entre o ziguezague e as garatujas, estas não serão denominadas pró-escrituras, mas proto-escrituras, sendo graduadas conforme as diferentes circunstâncias de produção.

A passagem da pró-escritura à proto-escritura se dá quando Hermes assume como intencionalidade espontânea o que antes era produzido sob ordens e segundo um modelo em presença. Nessa intencionalidade espontânea se infunde a meu ver o atributo significante e comunicativo que, investindo num traço a função de meio de expressão e de veículo de mensagens, faz da garatuja uma proto-escritura.[103]

A mulher desenhada poderia bem condensar as figuras femininas adultas das "tias" da creche (pajens, professoras), que são fontes de emissão desses modelos tornados significantes. Atualizariam essas personagens empíricas a imago materna?

Como primeiro passo para encaminhar essa indagação, veja-se a figura 6, comparando-se o colorimento da casa e os traçados do ziguezague nela contidos com os da figura 5.

---

[103] Devo a José Roberto Olmos Fernandez a rica sugestão do termo escritura para nomear aquilo de que aqui se trata.

Observe-se, na figura 6, que os limites dos contornos da casa e das árvores foram ultrapassados no colorimento. Na casa, os limites internos, especialmente entre o teto e a parede lateral, foram transbordados. Com relação aos ziguezagues, note-se a irregularidade na amplitude e nos ângulos dos picos e sopés, o maior número de interrupções e de correções, assim como uma dificuldade para manter os segmentos das encostas na forma retilínea.

Figura 6

Essas produções gráficas de resultados tão díspares foram realizadas por Hermes em 29 de setembro de 1986 – com um intervalo de poucos minutos. A figura 6 foi feita em primeiro lugar. Uma circunstância relevante as diferencia: ao contrário da figura 5, a figura 6 foi realizada na presença de d. Violeta.

É plausível supor que a presença da mãe faça Hermes tender à descontexturação[104] e à incontinência. A descontexturação se manifestaria nas interrupções do zigue-

Figura 5

---

[104] Conforme o *Aurélio, op. cit.*, "contextura" significa "ligação entre as partes de um todo; encadeamento, contexto".

zague e na invasão do colorido de uma parte da casa sobre o de outra parte. A incontinência se manifestaria numa restrição excessiva diante dos limites (como no estreitamento da amplitude dos ziguezagues) ou numa transgressão desses limites (como no desbordamento dos contornos da casa e da árvore).

Assim, se é cogitável que as tias atualizem a imago materna, não se pode deixar de observar o contraste entre a "boa forma" da produção realizada após a saída da mãe e a fragmentação e a desestruturação que acompanham a presença de d. Violeta junto a Hermes. Qualquer que seja, pois, o sentido dessa atualização, ele não se dá como reprodução, as funções maternas de contexturação e de continência encontrando na creche novas condições reais de inscrição e de coesão imaginária no psiquismo de Hermes.

Por outro lado, não esqueçamos que o desenho da figura humana e esses últimos foram feitos em épocas diferentes da história de Hermes na creche. O primeiro foi realizado logo em seguida à violência com que a tia se conduziu no exercício de cópia, enquanto as figuras 5 e 6 foram produzidas quando as professoras já haviam revisto as suposições do diagnóstico empírico e convidado Hermes ao desenho livre. Haveria, portanto, menos distância entre as tias e a mãe presumivelmente condensadas na mulher do desenho da figura humana do que entre as tias que acompanharam a produção da figura 5 e a mãe que acompanhou a da figura 6.

Figura 7

No verso do desenho da figura humana encontram-se traçados de Hermes num exercício de cópia semelhante àquele em que foi "ajuda-

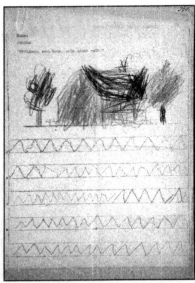

Figura 6

do" pela mão da professora [fig. 7]. Logo acima das figuras geométricas copiadas está o desenho de uma igreja, uma árvore e três colinas, colorido por Hermes também no dia 28 de agosto, tendo junto a si a professora. Observa-se o mesmo ultrapassamento de contornos verificado no colorimento feito na presença da mãe [fig. 6], o que tende a confirmar a

hipótese formulada no fim do parágrafo precedente.

Tendo isso em conta, podemos pesquisar o sentido das proto-escrituras observando suas posições relativas entre as figuras desenhadas. A hipótese que proponho é a de uma metamensagem, isto é, um canal fundante de toda possível comunicação, cuja forma consistiria na série mãe/tia – proto-escritura – menino.

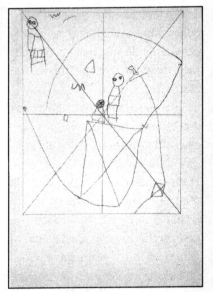

Figura 3

Esse canal invisível é tornado visível pela diagonal imaginária [fig. 3], que pode assim ser comparada às limalhas de ferro que desenham, num papel sob o qual tenha sido posto um ímã, as linhas do campo magnético deste.

A idéia dessa metamensagem guarda relação, acredito, com o esquema pelo qual Winnicott ilustrou a passagem da *área de ilusão* ao *objeto transicional*[105] [fig. 8].

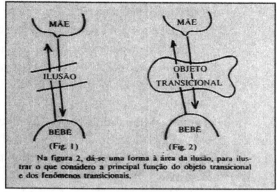

Figura 8

Winnicott denomina *objeto transicional* o objeto material investido de duas ordens encadeadas de atributos: em primeiro lugar, o de ser derivado de uma área de ilusão criada pela confluência entre o seio desejado criado alucinatoriamente pelo bebê e o seio real oferecido pela mãe ("a mãe coloca o seio real exatamente onde o bebê está pronto para criá-lo, e no momento exato");[106] em segundo lugar, o de ser simultaneamente reconhecido como uma primeira possessão essencial e como algo distinto do eu (*first not-me possession*).[107] O sucesso do desmame depende, segundo Winnicott, da gradativa passagem do bebê da ilusão à desilusão quanto ao seu desejo haver criado o seio real. O objeto transicional nascerá nesta passagem:

> Introduzi os termos "objetos transicionais" e "fenômenos transicionais" para designar a área intermediária da experiência, entre o polegar e o ursinho, entre o erotismo oral e a verdadeira relação de objeto, entre a atividade criativa primária e a projeção do que foi introjetado [...][108]

---
[105] D. W. Winnicott, "Objetos transicionais e fenômenos transicionais", in *O brincar e a realidade*, Rio de Janeiro: Imago, 1975, pp. 13-44.
[106] *Id., ibid.*, p. 26.
[107] *Id., ibid.*, p. 13.
[108] *Id., ibid.*, p. 14.

O caso Hermes

Do objeto transicional pode-se dizer que se trata de uma questão de concordância entre nós e o bebê de que nunca formulemos a pergunta: "Você concebeu isso ou lhe foi apresentado a partir do exterior?". O importante é que não se espere decisão alguma sobre esse ponto. A pergunta não é para ser formulada.[109]

Ainda segundo Winnicott, o objeto transicional tem lugar em um *espaço potencial*, área intermediária entre a ilusão e a realidade em que se dá o brincar como atividade que inaugura o trânsito do mundo interno ao externo.

O drama de Hermes estaria configurado no fato de que a proto-escritura veiculada entre o menino e a mãe habita um espaço que precisa ser defendido dela, encontrando assim, no traço circunscritor, uma condição simultânea de continência e de barreira à comunicação. Longe da confluência entre o seio real que a mãe oferece e o seio imaginário que a cria cria, não há recriação convergente, mas reduplicação desencontrada entre a proto-escritura do menino e aquela que, quase d*ESB*ordando a folha, a mãe endereça ao imperscrutável.

O paralelo e o contraponto entre a proto-escritura e o objeto transicional podem ser desenvolvidos e elucidados mediante o exame da relação entre a proto-escritura e a empunhadura de mão, como será apresentado a seguir.

A proto-escritura e a empunhadura de mão

Do mesmo modo que o cordão da grande pipa traça uma fronteira separando o menino da mãe, assim também a empunhadura da mão está separada do cordão da pipa menor por um traço perpendicular próximo a ele. Note-se que a perpendicularidade se dá em relação a ambos – mão e cordão –, e isso denota um obstáculo a uma intenção

---

[109] *Id.*, *ibid.*, p. 28.

que, exercida no sentido de um deslocamento daquela rumo a este, encontraria uma barreira no traço perpendicular.

A empunhadura da mão *quase* alcança o cordão da pipa menor – é a única relação intencional explícita entre as figuras, a única indicação de uma origem/fim para uma pipa.

Se empinar pipa é uma brincadeira que Hermes se acostumou a fazer ou, pelo menos, a imaginar-se fazendo, a representação do seu corpo próprio junto a pipas deveria dar lugar a que a mão desenhada alcançasse o cordão ou a linha por meio da qual se empina a pipa, pois, como assinala Merleau-Ponty, "as ações nas quais me engajo por hábito incorporam seus instrumentos e fazem com que participem da estrutura original do corpo próprio. Quanto a ele, é o hábito primordial, aquele que condiciona todos os outros e pelos quais se compreendem".[110]

Talvez Hermes tenha por hábito representar a si mesmo em atividades obstadas. A mão que não pode alcançar a pipa pode, não obstante, desenhar essa cena. Talvez a inacessibilidade da pipa não seja apenas um motivo *no* desenho, mas, sobretudo, um motivo *para* o desenho.

Do mesmo modo, a valer a interpretação dos impasses da proto-escritura, é espantoso que os problemas de comunicação de Hermes não o impeçam de figurar a própria origem desses problemas nos impedimentos da relação com a mãe.

Converter o obstáculo em motivo: quanta potência e quantos recursos psíquicos não estão nisso pressupostos? A léguas de distância daquela mão que, momentos antes, se supunha dever ser conduzida pela professora, esta outra mão que desenha a si mesma dá-se um corpo, uma pipa por apoio, a companhia de um homem, uma cena cheia de figuras etc., *ESB*anjando aptidões que não lhe eram creditadas.

Essa força de resistência e de expressão pela qual Hermes se erige a si mesmo e da qual, abrindo-se ao mundo, dá mostras no desenho, eu a chamo *engenho instituinte*.

---

[110] M. Merleau-Ponty, *Fenomenologia da percepção, op. cit.*, p. 103.

Como o objeto transicional, o engenho instituinte move as fronteiras entre o eu e o não-eu; mas, diversamente do objeto transicional, o engenho instituinte em nada se assemelha a uma possessão habitual. Ao contrário, é porque a pipa menor não é alcançável – não está possuível – pela mão que o engenho instituinte se motiva.

A conquista não é a mesma: "A expressão estética confere ao que ela exprime a existência em si, a instala na natureza como uma coisa percebida acessível a todos, ou inversamente apreende os próprios símbolos [...] à sua existência empírica e os arrebata num outro mundo".[111] Essa reflexão de Merleau-Ponty possui a virtude de nos conduzir a uma das formas da estratégia pela qual Hermes exerce o seu engenho instituinte: criar mundos outros.

Expusemos no Capítulo 2 dados que escoram a hipótese de que Hermes tenha necessitado fragmentar-se para diluir o impacto dos impulsos destrutivos experimentados no contato com a agressividade materna. Aprendemos também que, contra todas as expectativas de surdez, Hermes manifesta extrema suscetibilidade a sons intensos, preferindo os suaves. Esse baixo limiar de excitação, no que tange aos estímulos acústicos, talvez ande junto de uma acuidade sensorial mais ampla, que inclua a percepção visual – hipótese que o desempenho no desenho encoraja. Isso nos leva ao próximo ponto.

A multiplicidade de olhos

Disse antes que era como se a cabeça do menino estivesse cheia de olhos [fig. 4]. Mas o que garante que se trata de uma cabeça? Nada, a não ser o que me parece razoavelmente evidente, sem que a medida dessa razoabilidade tenha outro apoio além de uma intersubjetividade pressuposta, a qual, por sua vez, repousa na "certeza injustificável de um mundo sensível comum a todos nós", conforme a expressão de Merleau-Ponty.[112]

---

[111] *Id., ibid.*, p. 103.
[112] M. Merleau-Ponty, *O visível e o invisível*, São Paulo: Perspectiva, 1984, p. 23 ("Ora, essa certeza injustificável de um mundo sensível comum a todos nós é, em nós, o ponto de apoio da verdade").

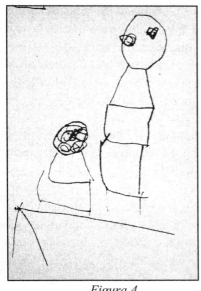
Figura 4

De fato, um colega questionou que as formas circulares que proliferam na cabeça do menino representem olhos. Admita-se então que sejam buracos e que outros sentidos que não a visão possam estar indicados. Isso apenas nos conduz à idéia de uma intersensorialidade – o que decerto é interessante, mas não responde por que só a cabeça do menino e não a das outras figuras humanas combinaria tantos olhos, narizes, orelhas, bocas ou o que for.

Um segundo colega viu cabelos onde vi olhos, o que nos traz outra ordem de questões. Cabelos não são aberturas comunicativas; escondem, protegem; podem ser apreciados, mas não apreciam. Não obstante, a própria disparidade de julgamentos mostra que Hermes produziu uma figura ambígua na cabeça.

Assim, não haveria, de um lado, uma coisa em si mesma unívoca que Hermes teria tentado com insuficiente clareza figurar e, de outro, os equívocos e incertezas de leitura ocasionados pela imprecisão com que ele representou essa coisa. Pensar assim seria repetir a lógica do diagnóstico empírico, procedendo a um julgamento que se dá conforme as figuras da privação. Que Hermes não esteja privado da aptidão para desenhar olhos provam-no os desenhos da mãe e do homem. Que Hermes se exponha a que vejam em sua cabeça sinais de coisas que a abrem e de coisas que a cobrem repõe a condição estrutural da suspeita de debilidade mental e auditiva e do voto de confiança na aptidão para o desenho livre.

Assim como, no encontro com o menino, onde se via uma obtusidade, foi possível ver um Hermes agudamente atento – "super-antena" –, assim também, onde se viram cabelos no menino do desenho que lhe pedi, foi possível ver olhos em profusão. Se considerarmos que a comunicação não é apenas o substantivo capaz de indicar o caráter expressivo do desenho, mas que, bem mais que isso, o desenho traga em seu interior a comunicação e suas vicissitudes como tema e motivo operantes, reencontramos, à nossa maneira, a apropriação simbólica fundante de um mundo outro de que falava Merleau-Ponty a propósito da expressão estética.

Que mundo é esse que a multiplicidade de olhos expressa?

Consideremos que ela exprime simbolicamente um mundo produzido por fragmentação e ressoldadura, idéia inspirada pelo processo que Ferenczi chamou de *autoclivagem narcísica*.[113]

Remontando esse processo a traumas devidos a agressão ou abandono, Ferenczi descreve "a clivagem da pessoa em uma parte sensível, brutalmente destruída, e uma outra que sabe tudo, mas não sente nada, de certa forma":[114]

> Tudo se passa verdadeiramente como se, sob a pressão de um perigo iminente, um fragmento de nós mesmos se clivasse sob a forma de uma instância perceptiva, querendo vir em sua própria ajuda, e isto desde a primeira, ou primeiríssima infância.[115]
>
> [...]
>
> Isto nos permite entrever aquilo que constitui o mecanismo da traumatogênese: primeiro a paralisia completa de toda a espontaneidade; depois, de todo o trabalho do pensamento, até estados semelhantes aos de choque, ou coma, no domínio físico, seguindo-se a instauração de uma situação nova – deslocada – de equilíbrio.[116]

Teríamos assim, na multiplicidade dos círculos na cabeça do menino, como que a representação da cicatriz desse equilíbrio recuperado, a ressoldadura não podendo reduzir os olhos ao seu número anterior à fragmentação.

---

[113] Cf. S. Ferenczi, "Análise de crianças com adultos", in *Escritos psicanalíticos, op. cit.*, p. 340.
[114] *Id., ibid.*, p. 340.
[115] *Id., ibid.*, p. 341.
[116] *Id., ibid.*, p. 342.

A postulação de um tal poder de ressoldadura nos encaminha ao paradoxo essencial do desenho de Hermes: se a comunicação está mesmo barrada como acreditamos que o desenho a apresente, de que forma o desenho pode comunicá-la? Se a mão e a pipa estão desligadas, como é possível figurar esse desligamento, se isso implica realizar uma ligação?

Esse poder de antecipar-se à própria insuficiência é motivo de uma das mais férteis teorias da gênese do sujeito. Lacan postula que a formação do eu se precipita quando a criança antecipa na imagem visual de seu corpo refletido no espelho uma unidade que seus esquemas motores e sensoriais ainda incoordenados não lhe permitem experimentar proprioceptivamente. Graças ao fato de que a prontidão das estruturas neurológicas responsáveis pela visão antecede a maturação do sistema que comanda os músculos, o bebê poderia se reconhecer como tendo um corpo próprio antes mesmo da aquisição de um esquema corporal integrado.

Apoiado em dados da observação de bebês, Lacan diz que a partir dos seis meses pode ocorrer a reação de júbilo que marcaria a saudação com que a criança identifica-se a si mesma em sua imagem especular. "A função do estádio do espelho revela-se para nós, desde logo, como um caso particular da função da imago, que é estabelecer a relação do organismo à sua realidade – ou, como se diz, do Innenwelt [mundo interno] ao Umwelt [mundo externo]".[117]

Relação com o mundo externo, sim, mas ao mesmo tempo relação constitutiva de um mundo interno, por meio dessa identificação[118] especular o sujeito escaparia à fragmentação do corpo, a qual se manifestará como fantasia ou, nos surtos, como alucinação, denun-

---

[117] J. Lacan, "O estádio do espelho como formador da função do Eu, tal como nos é revelado na experiência psicanalítica", in *Boletim de Novidades*, n. 26 (maio de 1991), São Paulo: Pulsional, p. 19.
[118] "É suficiente compreender o estádio do espelho como uma identificação...: a saber, a transformação produzida no sujeito quando ele assume uma imagem..." *Id., ibid.*, p. 19.

ciando-se como experiência latente inscrita nos abismos originários do sujeito.

Claude Le Guen, revisando os dados das observações em que se baseia Lacan, [119] formula algumas críticas à sua concepção:

> A identificação por parte da criança de outra pessoa (um de seus pais, nos casos citados) com sua imagem no espelho precede ao reconhecimento de sua própria imagem, e isso com uma antecedência que chega a várias semanas. Com a idade de seis meses, é a imagem do outro a que se identifica, não a do próprio sujeito; esta não será identificada antes do oitavo ou nono mês, e inclusive não antes do décimo segundo e, de todo modo, muito depois da identificação do outro; a manifestação que parece predominar no instante dessa tomada de consciência é o assombro e o interesse; as risadas e o júbilo não aparecem senão mais adiante, amiúde a partir dos dezoito meses; nada permite evocar uma "assunção jubilosa" no momento da própria descoberta. [120]

Lacan não deixa de assinalar que o reconhecimento da imagem do outro precede o da própria imagem: "A carência de coordenação motora e sensorial não impede ao recém-nascido fascinar-se com o rosto humano, assim que seus olhos se abrem à luz. Também não lhe impede mostrar de maneira clara que é capaz de individualizar a mãe dentre todas pessoas que o rodeiam". [121]

No entanto, o ponto crucial da polêmica de Le Guen incide na afirmação de Lacan segundo a qual é no reconhecimento não de qualquer imagem, mas da imagem de si que se joga o lance fundamental da constituição do sujeito, todas as imagens anteriormente reconhecidas tendo sua significância ordenada a partir do reconhecimento da imagem especular:

---

[119] H. Wallon, "Le corps et son image extéroceptive", in *Les origines du caractère chez l'énfant*, Paris: PUF , 1954, pp. 165-180.

[120] C. Le Guen, *El Edipo originario*, Buenos Aires: Amorrortu, 1976, p. 36.

[121] J. Lacan, "Algumas reflexões sobre o Eu ", in Boletim de Novidades , n. 26, *op. cit.*, p. 32.

[...] em Lacan, comprova-se que a situação primeira é decididamente solitária: nesse cara a cara consigo mesmo, expulsa o pai e a mãe. O modelo de referência é essa imagem de si mesmo devolvida pelo espelho, "umbral do mundo visível", e a imagem dos outros, dos semelhantes, não fará mais do que se superpor a essa imagem identificatória; aí está finalmente a "abertura" original do sujeito.[122]

[...]

Há razão para pensar que esta "assunção jubilosa" que aparece, como vimos, relativamente tarde, é de certo modo secundária; traduziria o prazer de reconhecer-se semelhante, mais do que de reconhecer-se [...][123]

Não se trata, a meu ver, de uma discussão em torno de picuinhas. Um ponto essencial está em jogo. Em que ordem se dá a constituição do sujeito e do outro? Em que medida essa ordem determina a estrutura psíquica do sujeito? Quais as implicações disso para as relações intersubjetivas – ou, indo direto ao ponto, para uma concepção dos fundamentos metapsicológicos das várias formas de socialidade?

Conforme vimos, Freud afirma em *Psicologia das massas* que, num primeiro momento de autarcia narcísica, a criança se contentaria plenamente consigo mesma, não havendo discrepância entre o ego e o seu ideal. Conforme também já dissemos, se existe um tal momento, seguramente Hermes não se encontraria nele: quando bate palmas e "idolatra" o irmão, favorito de d. Violeta, indica a presença de um ideal interiorizado por certo distanciado do autoconceito que a mãe tendeu a enclavar nele.

Seria possível pensar, é certo, que Hermes já se encontraria pronunciadamente distanciado daquele momento originário em que o ego e o seu ideal ainda não estão diferenciados. Mas o que sabemos

---

[122] C. Le Guen, *El Edipo originario, op. cit.*, p. 37.
[123] *Id.*, *ibid.*, p. 40.

148   O caso Hermes

de Hermes incita a perguntar se teria mesmo havido para ele um tal momento de autarcia narcísica marcado pelo contentamento de si consigo. Ao contrário, longe da ficção da mãe asseguradora que acalma o choro com o seu leite, d. Violeta reage queimando-lhe os ouvidos. Não é verossímil que se encontre em experiências dessa espécie a matriz do ideal interiorizado que Hermes evidencia ao aplaudir o irmão. Mais que isso, é de crer que a imagem de si derivada da "calorosa" experiência que Hermes teria sentido na própria pele seja inassimilável a algo da ordem de um ideal, ainda que em germe. Se atribuirmos à aludida experiência um valor de protótipo, cuja condição de inscrição derive de uma seqüência de comportamentos maternos, de cujo roteiro imaginário e de cujos efeitos reais a cena da queima dos ouvidos seria um indício, somos levados a separar a gênese do ego da gênese do ideal.

Acredito que, neste ponto, Melanie Klein converge com Freud. Se não recebe leite, a par do ódio, a criança frustrada fará com que o mau objeto seja encarregado de lhe suscitar medo ou ansiedade. Isto se deve, segundo Melanie Klein, ao fato de que o ódio, projetado no objeto, será em seguida introjetado[124] pelo bebê, retornando sob a forma de uma fantasia persecutória. A criança usará então um outro mecanismo de defesa contra o medo de ser perseguido e aniquilado; sendo o impulso destrutivo inseparável da relação entre o ego e o objeto, a fim de reduzir e dispersar tal impulso o psiquismo infantil tenderá a fragmentar o objeto, ao custo da fragmentação do próprio ego, realizando a função típica que Freud adscrevera ao instinto de morte: separar o que está junto, promover a defusão das pulsões, romper as unidades, reduzindo-as a outras cada vez menores e desvinculadas entre si – em suma, fragmentar o ligado e o ligante.

Essa estratégia de unir-se aos objetos persecutórios e fragmentar-se para dispersar o impulso destrutivo internalizado, como ressalta Melanie Klein, expõe o ego arcaico a conseqüências amplamente danosas: "É em fantasia que o bebê divide o objeto e o eu, mas o

---

[124] A exemplo de Freud, M. Klein não entende a introjeção como Ferenczi.

David Calderoni

efeito dessa fantasia é bastante real, pois conduz a sentimentos e relações (e, mais tarde, a processos de pensamentos) que estão, de fato, desligados uns dos outros".[125]

No entanto, contra a idéia de que haveria uma simultaneidade de processos determinando a gênese e o destino do ego e do objeto, as observações de Le Guen encorajam uma outra direção de pensamento: o sujeito constitui o objeto antes de constituir a si mesmo. Nessa precedência do objeto se encontra talvez o fundamento da prevalência do ideal do ego (ou, diríamos, do Grande Recognitor) sobre as relações horizontais observada por Freud em *Psicologia das massas*. Quem ou o que é este sujeito que constitui o objeto quando ainda não se autoconstituiu como ego? Corpo auto-erótico, puro feixe de pulsões parciais? Mas como conceber o princípio endógeno dos processos que, enfeixando de alguma *forma* ass pulsões parciais, daria organicidade a esse corpo auto-erógeno? Como conceber o mecanismo imanente de sua abertura à diferenciação e à intersubjetividade?

Por abstratas que pareçam, essas questões estão inscritas na matéria mesma daquilo sobre o que nos propusemos refletir. A alegada simultaneidade constitucional do ego e do objeto, que margem ofereceria para explicar que somente o "menino" do desenho apresente uma multiplicidade de olhos, se a fragmentação, como diz Melanie Klein, afeta tanto um quanto o outro? Nesse mesmo sentido, como explicar as diferenças estruturais entre as figuras humanas? Como, particularmente, entender que a "mulher" do desenho, para além do

---

[125] M. Klein, "Notas sobre alguns mecanismos esquizóides", in *Os progressos da psicanálise*, Rio de Janeiro: Zahar, 1978, p. 320. É pertinente assinalar que, em concordância com W. C. M. Scott, Melanie Klein considera que essa simultânea divisão do ego e do objeto, acarretando uma solução de continuidade na experiência dos sentimentos, "implica uma divisão mais no tempo que no espaço". Se, como diz a autora que estamos acompanhando, "o amor e a compreensão maternos podem ser considerados os maiores esteios para superaros estados de desintegração", tendo em vista as histórias das violências dirigidas desde muito cedo a Hermes por sua mãe, nos espantamos não com os seus sintomas fóbicos ou com seus problemas de comunicação, mas sim com a integridade e persistência das forças regenerativas do seu psiquismo, como demonstra sua rápida evolução na creche. Quais os recursos e procedimentos da estratégia espontânea de resistência com que a criança teria enfrentado as madrastas adversidades? Nessa questão se repõe o enigma das relações afetivas, relações de poder.

150 O caso Hermes

critério do número e forma das secções do seu corpo, distinga-se quanto ao próprio *modo* de formação?[126]

Sobretudo: se a estratégia de unir-se aos objetos persecutórios e fragmentar-se para dispersar o impulso destrutivo internalizado acarreta, como quer Melanie Klein, uma divisão e um desligamento que se estendem da fantasia aos sentimentos, relações e processos de pensamento, como entender que o desenho possa figurar os efeitos (e, quem sabe, o próprio processo) da clivagem, quando, repito, a própria figuração implica um nível de superação dessa clivagem? De que fonte e de qual função imaginária decorreria o princípio de uma tal potência autofigurativa e auto-reparatória? Não se poderia pensar que a defasagem constitucional entre o ego e o objeto possa ser o fundamento tanto da prevalência do segundo como da margem de subjetivação do primeiro?

Se a intocabilidade de Hermes por coisas e pessoas, tão gritante nos inícios de sua convivência na creche, for a sanção do medo instilado pelo olhar da mãe, é contudo o olhar da mão que permite alcançar no desenho uma multiplicidade de relações e figurar simultaneamente diversos pontos de vista, tocando o intocável.

O desenho surge assim como um ato de expressão e um exercício de reconhecimento, sendo o objeto do reconhecimento produzido no próprio ato da expressão.

Quer isso dizer que não haveria no desenho referência a nenhum objeto de civilização anterior ao próprio desenho, tal como as pipas, por exemplo? Certamente que há. Porém, conta a civilização, entre seus objetos, *esta* pipa cujos prolongamentos circunscrevem o espaço do menino, do homem, da proto-escritura etc.? Admitamos portanto que haja aquela referência, com a condição de qualificá-la como suporte de uma outra coisa. Para falar desta outra coisa e da operação que leva a ela e a leva a nós, lembro duas passagens, uma de Freud, uma de Francastel:

---

[126] Lembramos que é a única figura em que um dos lados do corpo foi delimitado por um traço que não se interrompe entre secções transversas (veja-se o lado direito, ao longo da segunda e terceira secções).

David Calderoni

Convém compará-las [as fantasias] a esses homens de sangue misto que de um modo geral parecem brancos, mas cuja cor de origem se denuncia por qualquer indício chocante e que permanecem por esse fato excluídos da sociedade e não gozam de qualquer dos privilégios reservados aos brancos.[127]

A obra propriamente dita, a obra material, não é o duplo real; ela é um signo-passagem.[128]

Ora, na representação, o mundo designa lugares estáveis às figuras, reservando e prescrevendo modelos e hierarquias, enquanto na fantasia as figuras insubordinam-se e investem contra o mundo, donde o fragmento de mão, os múltiplos olhos, a pipa-plataforma misturarem o seu "sangue aborígene" aos objetos de civilização representados, arrebatando-os "num outro mundo", como disse Merleau-Ponty.

Ler a obra como signo-passagem é engajar-se no mesmo modo de atividade que permitiu o engendramento dessa obra, ao qual já nos referimos a propósito da transição que a refundação intuidora implica: a compossibilidade de tempos e de códigos – dimensão do brinquedo e do jogo presente em toda criação intelectual e artística. Aí, o infantil é fonte.

Porque esta obra apresenta como motivo aquilo mesmo que poderia impedi-la, elaborando esteticamente a fragmentação e o corte da comunicação no próprio ato de exprimi-los, tal singularidade aponta para a estratégia de uma potência de regeneração e para o que a tornou necessária e prodigiosa.

Jogo e trauma na expressão estética de Hermes

Em um texto reputado como o pilar da estética freudiana, há uma passagem que toca em cheio o nosso tema:

---

[127] S. Freud, *O inconsciente, ESB*, V. XIV, p. 219, *apud* J. Laplanche e J.-B. Pontalis, *Vocabulário da psicanálise, op. cit.*, p. 231.

[128] P. Francastel, *Imagem, visão, imaginação, op. cit.*, p. 56.

Se o ato do reconhecimento suscita de tal modo o prazer, poderíamos esperar que aos homens ocorra a idéia de exercerem essa capacidade por ela mesma – isto é, a experimentariam como um jogo. De fato, Aristóteles considerou a alegria [procedente] do reconhecimento como o fundamento do prazer estético, e é indiscutível que não se deva desconsiderar esse princípio mesmo que ele não possua a abrangente importância que lhe foi atribuída por Aristóteles.[129]

Contrapondo-se a este excerto, referência a um trabalho de Gross,[130] Freud rejeita a tese deste, segundo a qual o prazer do reconhecimento remontaria à alegria de poder superar um obstáculo a esse reconhecimento, e se posiciona da seguinte forma: "[...] não vejo razão para descartar a concepção mais simples de que o reconhecimento seja gratificante em si mesmo – i.é., através do alívio de uma despesa psíquica".[131]

A essa ponderação sucinta e um tanto enigmática – por que a gratificação do reconhecimento é vinculada ao "alívio de uma despesa psíquica?" –, subjaz um complexo posicionamento em face da tradição da estética kantiana, como Renato Mezan nos permite acompanhar:

O aparelho psíquico (freudiano) se distingue do sujeito transcendental kantiano porque este é a sede de faculdades que operam na mesma direção, razão pela qual se podem pôr espontaneamente de acordo na presença de uma representação que a faculdade de julgar estimará como bela, enquanto o conceito freudiano implica um conflito de forças, cada qual pressionando numa direção diferente, de modo que a "simples atividade" deste aparelho jamais poderá produzir espontaneamente acordo algum. Ela pode engendrar prazer, mas por um alívio de tensão ou por uma economia do dispêndio de energia, isto é, pela descarga de certa magnitude de uma das forças, que torna inútil determinada magnitude da outra.

---

[129] S. Freud, "Os chistes e sua relação com o inconsciente", in *ESB*, V. VIII , pp. 143-144.
[130] C. Groos, *Die Spiele der Menschen*, Iena: s/ed., 1899, p. 153, *apud* S. Freud, *ESB*, V. VIII., p. 144.
[131] S. Freud, *ESB*, V. VIII, p. 144.

Freud permanece, pois, tributário da tradição kantiana ao considerar que a estética e o prazer são termos da mesma série; mas subverte completamente esta mesma tradição, ao conceber o prazer não como *soma* harmoniosa das potências anímicas, e sim como *subtração* efetuada por uma delas às expensas da outra.[132]

A partir dessas premissas, Freud coloca-se a tarefa de conjuminar teoricamente o aumento do poder de pensar e a produção de prazer que segundo ele caracterizam todos os chistes (ou frases de espírito). Tarefa espinhosa, como deixa entrever a seguinte passagem:

> Notamos também que as crianças, ainda acostumadas a tratar as palavras como coisas, tendem a esperar que palavras idênticas ou semelhantes tenham, subjacente, o mesmo sentido – fato que é fonte de muitos equívocos dos quais os adultos se riem.[133]
>
> [...]
>
> Um "bom" chiste, por outro lado, ocorre quando comprova-se correta a expectativa infantil e se demonstra que a similaridade entre as palavras é realmente acompanhada por outra importante similaridade em seu sentido. Tal como, por exemplo, é o caso de "*Traduttore–Traditore*". As duas idéias discrepantes, aqui ligadas por uma associação externa, são também unidas em uma relação significante que indica um parentesco essencial entre elas. A associação externa meramente *toma o lugar* da conexão interna; serve para indicá-la ou torná-la clara. Um "tradutor" não é simplesmente chamado por um nome semelhante a "traidor"; ele de fato é uma espécie de traidor e assume, pois, apropriadamente, esse nome.[134]

Observemos, com relação à primeira parte do excerto, que o riso dos adultos diante do equívoco das crianças consistiria num prazer

---

[132] R. Mezan, *Freud, pensador da cultura*, São Paulo: Brasiliense, 1986, pp. 225-227.
[133] S. Freud, *ESB*, V. VIII, p. 142.
[134] *Id., ibid.*, p.143. Grifo meu.

de reconhecer determinado modo de funcionamento psicolingüístico ao qual nenhum homem é estranho. O prazer e o conseqüente riso proporcionados por esse reconhecimento comparticipativo ou identificatório não são atribuíveis a nenhuma economia de despesa psíquica correlata a uma economia de sentido, pois não houve supressão, mas ganho de sentido.

No trecho seguinte, sublinhemos a idéia problemática de que a associação externa tenha "tomado o lugar" da conexão interna. A idéia não se sustenta, como o próprio Freud dá a ver no exemplo que examina: a semelhança sonora não tomou o lugar, isto é, não suprimiu um sentido, mas, ao contrário, somou-se à relação de sentido "para indicá-la ou torná-la clara" e, com isso, ocasionou uma convergência entre o plano da forma e o plano do conteúdo, resultando um incremento da potência expressiva e comunicativa da mensagem em questão – "*Traduttore–Traditore*".[135]

Freud, aqui, não faz senão desdobrar um raciocínio básico do qual partira: o de que a técnica dos chistes inocentes (sem propósitos hostis, defensivos ou libidinosos) geraria prazer pela economia do sentido ao focalizar a atividade psíquica no som, fazendo com que "a apresentação (acústica) da palavra tomasse o lugar da sua significação, tal como determinada por suas relações com as representações das coisas".[136]

Não é preciso transpor para essas últimas afirmações de Freud as considerações já formuladas. Avancemos. O problema básico consistiria, a meu ver, no fato de Freud atrelar a dinâmica do sentido à economia de prazer, postulando uma *isonomia de potência*[137] entre os dois planos, de forma que à poupança de energia geradora de prazer corresponda uma poupança de sentido.

---

[135] A menos que a expressão original de Freud não concorde com a forma de que se revestiu na versão em português ("a associação externa meramente toma o lugar da conexão interna"), havendo todavia, nesse eventual problema de traição, ocasião para apontarmos para um problema teórico de todo modo existente.

[136] S. Freud, *ESB*, V. VIII , p. 141.

[137] Expressão cunhada por G. Deleuze, Spinoza et le problème de l'expression , Paris: Minuit, 1968, *apud* M. Chaui, "Ser parte e ter parte: Servidão e liberdade na Ética IV ", in *Discurso*, n. 22, *Revista do Depto. de Filosofia*, da FFLCH da USP, São Paulo, 1993, p. 91.

David Calderoni

O fundamento teórico dessa posição radica no postulado econômico-dinâmico de um princípio de prazer (ou de desprazer), cuja origem encontra-se no *Projeto para uma psicologia científica* (1895): "Como temos certeza de uma tendência da vida psíquica a evitar o desprazer, somos tentados a identificá-la com a tendência primária à inércia. O desprazer coincidiria então com o aumento quantitativo da pressão [...] o prazer seria a sensação da descarga".[138] Como sugere essa formulação, o princípio de prazer apóia-se num princípio de inércia, "segundo o qual os neurônios tendem a esvaziar-se da quantidade de excitação, a evacuá-la completamente".[139]

Perguntando a que experiência e a que exigência teórica correspondem esses enunciados, Laplanche e Pontalis os relacionam a uma intuição de base: "Esta intuição está ligada à própria descoberta do inconsciente; o que Freud traduz em termos de livre circulação de energia nos neurônios não é mais do que a transposição da sua experiência clínica: a livre circulação de sentido que caracteriza o processo primário".[140]

Nessa passagem da prática à teoria, interpõe-se um viés que cumpre assinalar, visto o que está em jogo na análise do desenho de Hermes: há uma diferença crucial entre a livre circulação de energia/sentido e a total evacuação de excitação neuronal, pois, como também observam Laplanche e Pontalis, o processo primário, "modo de funcionamento particularmente evidenciado pelo sonho, é caracterizado, não, como afirmava a psicologia clássica, por uma ausência de sentido, mas por um incessante deslizar dele".[141]

Detecta-se, portanto, uma equivocidade constitutiva do ponto de vista econômico em Freud. Se mesmo no sonho há sentido, isto se dá porque a circulação dos afetos através das representações não extingue nem estas nem aqueles e, mais que isso, não impede que certos cruzamentos

---

[138] *Apud* J. Laplanche, "Por que a pulsão de morte", in *Vida e morte em psicanálise*, Porto Alegre: Artes Médicas, 1985, p. 119.
[139] J. Laplanche & J.-B. Pontalis, *Vocabulário da psicanálise, op. cit.*, p. 457.
[140] *Id., ibid.*, p. 464.
[141] *Id., ibid.*, p. 475.

156   O caso Hermes

recorrentes de uns e outros sobredeterminem certos nexos associativos privilegiados; todavia, se isso é verdade, como conciliar a constância mínima que tal recorrência requer e implica com o princípio de inércia segundo o qual o mínimo operante é igual a zero?[142]

De todo modo, Freud procura passar a dimensão qualitativa dos afetos e dos fenômenos de sentido pelo crivo de uma concepção econômica que os reduz a quantidades de uma mesma energia, esta operando num gradiente que varia entre uma diminuição (prazer) e um aumento (desprazer) e tendo como princípio dinâmico o conflito – contrariedade de forças que acompanha toda atividade psíquica, que sempre visaria evitá-lo, somente alcançando o seu fim na morte.[143]

Freud não foi cego aos problemas dessa sua concepção. Os próprios termos com que ele reconhece seu reducionismo são altamente instrutivos quanto à tarefa reservada aos que o sucederam. Por extensa que seja, vale, pois, transcrever a passagem crucial:

> Será lembrado que assumimos a opinião de que o princípio governante de todos os processos mentais constitui um caso especial da "tendência no sentido da estabilidade", de Fechner, e por conseguinte, atribuímos ao aparelho psíquico o propósito de reduzir a nada ou, pelo menos, de manter tão baixas quanto possível as somas de excitação que fluem sobre ele. Barbara Low sugeriu o nome de "princípio de Nirvana" para essa suposta tendência, e nós aceitamos o

---

[142] Estou ciente de que condensei vários encadeamentos argumentativos no que acabo de expor: seria preciso mostrar tal ambigüidade atravessar de 1895 a 1920 e até o fim a obra freudiana, seja na concepção de um princípio de constância – que só prevê a descarga ou o evitamento da excitação como meios de manter um nível ótimo de energia interna que, no entanto, pode eventualmente requerer a procura de uma recarga para reaver esse patamar ideal –, até a formulação do princípio de Nirvana, que justapõe num mesmo enunciado a afirmação de uma "tendência para a redução, para a constância, para a supressão da tensão de excitação interna", equiparando a diminuição, a manutenção e a extinção de uma dada quantidade de energia; seria sobretudo importante interpretar um a um esses movimentos, suas motivações e efeitos de conjunto. Matéria para outro trabalho.

[143] "A morte é a finalidade da vida", dirá Freud em 1920, explicitando uma posição já pre figurada em 1985 ao deduzir o jogo das quantidades de energia a partir de um primado da tendência ao zero.

David Calderoni

termo. Sem hesitação, porém, temos identificado o princípio de prazer-desprazer com esse princípio de Nirvana. Todo desprazer deve assim coincidir com uma elevação e todo prazer com um rebaixamento da tensão mental devida ao estímulo; o princípio de Nirvana (e o princípio de prazer, que lhe é supostamente idêntico) estaria inteiramente a serviço dos instintos de morte, cujo objetivo é conduzir a inquietação da vida para a estabilidade do estado inorgânico, e teria a função de fornecer advertências contra as exigências dos instintos de vida – a libido – que tentam perturbar o curso pretendido da vida. Tal visão, porém, não pode ser correta. Parece que na série de sensações de tensão temos um sentido imediato do aumento e diminuição das quantidades de estímulo, e não se pode duvidar que há tensões prazerosas e relaxamentos desprazerosos de tensão. O estado de excitação sexual constitui o exemplo mais notável de um aumento prazeroso desse tipo, mas certamente não é o único.

O prazer e o desprazer, portanto, não podem ser referidos a um aumento ou diminuição de uma quantidade (que descrevemos como "tensão devida ao estímulo"), embora obviamente muito tenham a ver com esse fator. Parece que eles dependem, não desse fator quantitativo, mas de alguma característica dele que só podemos descrever como qualitativa. Se pudéssemos dizer o que é essa característica qualitativa, estaríamos muito mais avançados em psicologia. Talvez seja o ritmo, a seqüência temporal de mudanças, elevações e quedas na quantidade de estímulo. Não sabemos.[144]

Vê-se que, embora criticando a redução da qualidade à quantidade, Freud procura reduzir esta última ao ritmo das intensidades energéticas em jogo. Assim, o pressuposto da posição criticada a meu ver permanece. Este não consiste em Freud não reconhecer nenhum fator qualitativo na concepção econômica dos fenômenos de prazer e de sentido, mas, sim, em reconhecer o movimento de uma e somente

---

[144] S. Freud, "O problema econômico do masoquismo", *ESB*, V. XIX , pp. 199-200.

158

O caso Hermes

uma qualidade, receba ela o nome de energia, de excitação ou de tensão. Subjacente ao dualismo pulsional e à pluralidade dos lugares psíquicos reconhecidos, opera insidiosamente na vertente econômica da metapsicologia de Freud um monismo de base. Tal posição remonta (mais uma vez) ao *Projeto*, na identificação que lá é feita entre energia externa e interna; acompanhemos Laplanche:

> Para esclarecer, caminhando em direção ao sentido de Fechner, suas próprias definições do princípio de constância, seria necessário que Freud distinguisse dois tipos inteiramente heterogêneos de *quanta*: o *quantum* de desvio em relação à estabilidade (que Fechner chama de sensação) e o *quantum* de energia (que Fechner chama de excitação). De início, desde os primeiros enunciados "econômicos", a tese freudiana refere-se apenas a *uma única espécie de "quantidade"*: no *Projeto para uma psicologia científica*, as quantidades internas (Qn) são da mesma natureza das quantidades externas (Q) e não se diferenciam delas senão por uma diminuição que nelas ocorre devido a um sistema de filtros; noutros lugares, e constantemente, termos como "quantum de afeto", "acúmulo de excitação", "estimulação externa", "estimulação interna", etc. são dados pura e simplesmente como homogêneos.
>
> c) Freud recusa assim a solução fechneriana: ele tem necessidade de um *quantum* de energia psíquica *materialmente* destacável, susceptível de circular, e não desta *função matemática* que é a "sensação" fechneriana, inseparável da "excitação" atual da qual ela é o logaritmo; mas, sobretudo, ele tem necessidade de afirmar, apesar das verossimilhanças biológicas ou mesmo psicofísicas, o *primado do zero sobre a constância*.[145]

Algumas conseqüências de longo alcance acompanham essa orientação do pensamento freudiano. Em 1938, no texto que é considerado

---

[145] J. Laplanche, *Vida e morte em psicanálise, op. cit.*, pp. 118-119.

David Calderoni

seu testamento teórico – *ESBoço de psicanálise* – Freud declara pouco antes de morrer que permanece em aberto o problema das relações entre a pulsão de vida e a pulsão de morte na medida em que o princípio do prazer estaria regido por uma tendência à supressão das tensões.

Comentando o problema, Monzani assim interpreta a atitude teórica adotada por Freud: "[...] Freud percebe uma dimensão do prazer que é inassimilável nos seus quadros teóricos. Esse viés, que talvez levasse a uma conceituação positiva do prazer, está, de fato, interditado. O modelo erigido não fornece outro quadro para se pensar o prazer, a não ser como uma referência, em última instância, à morte".[146]

Se lembrarmos da consideração de Laplanche & Pontalis, segundo a qual o modelo evacuativo do prazer representa uma tentativa teórica de dar conta do fluxo errático do sentido tal como apreendido no sonho e no sintoma histérico, não será difícil conceber uma solidariedade entre a prevenção contra uma ontologia positiva do prazer e a recusa da potência criadora da imaginação. Escorado num artigo de Monique Schneider que analisa as relações de Freud com o imaginário,[147] Mezan nos permite avançar nessa via:

> Monique Schneider nota com razão que, se frente à arte em geral Freud oscila entre uma condescendência benevolente e um rancor indisfarçado, as obras de arte singulares que vem a analisar são objeto de sentimentos bem diferentes. A função do artista, nos textos que tratam a arte de modo genérico, é próxima da que Platão denuncia na *República*: mascarar a realidade, recobri-la com as tintas róseas da ilusão, a fim de consolar o espectador e oferecer-lhe uma satisfação substitutiva.
>
> [...]
>
> Seria ocioso mostrar que, quando se depara com as obras que lhe provocam funda impressão, Freud procede de modo inteiramente

---

[146] L. R. Monzani, Freud: *O movimento de um pensamento*, Campinas: Editora da Unicamp, 1989, p. 218.

[147] M. Schneider, "La réalite et la résistance à l'imaginaire", in *Topique*, n. 15, Paris: l'Épi, 1977.

diferente. Seu panteão identificatório, no qual Sófocles, Shakespeare e Goethe ocupam os lugares mais proeminentes, mostra que a arte pode ser vista sob um ângulo que nada tem a ver com o movimento defensivo que o conduz a situá-la nos antípodas de sua prática. [...]

Monique Schneider escreve a este respeito, comentando o momento da *Gradiva* em que Freud reconhece que o romancista não é apenas um "fingidor", mas pode dar no cerne da verdade que seria privilégio do cientista.[148]

Habitando na *Gradiva* a imaginação criadora, a tal ponto que chega a analisar o psiquismo dos personagens da ficção imaginada pelo escritor, Freud nos mostra a via para pensar o afloramento da fantasia inconsciente e a função do analista nisso:

> Normalmente, todos os caminhos desde a percepção até o Ics. permanecem abertos e só os que partem do Ics. estão sujeitos ao bloqueio pela repressão. [...] O tratamento psicanalítico se baseia numa influência do Ics. a partir da direção do Cs. e pelo menos demonstra que, embora se trate de uma tarefa laboriosa, não é impossível. Os derivados do Ics. que agem como intermediários entre os dois sistemas desvendam o caminho [...] para que isto se realize.[149]

Nesse recorte de sua metapsicologia, Freud situa o caminho do "fora" até o "dentro" de maneira bastante complexa. Senão, vejamos:

- "...todos os caminhos desde a percepção até o Ics. permanecem abertos..."

---

[148] R. Mezan, *op. cit.*, pp. 608-611.
[149] S. Freud, *O Inconsciente*, *ESB*, V. XIV, pp. 222-223.

percepção ──> Ics.

- "...os [caminhos] que partem do Ics. estão sujeitos ao bloqueio pela pressão"

$$Cs. \xleftarrow{\text{re-pres-são}} Ics.$$

- "...o tratamento psicanalítico se baseia numa influência do Ics. a partir da direção do Cs. ..."

$$Cs. \xrightarrow{\text{re-pres-são}} Ics.$$

Juntando os três movimentos num único esquema, temos:

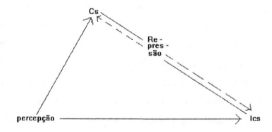

"A influência do Ics. a partir da direção do Cs." implica uma determinação de dentro para fora: o Ics. é um "fora" – "o conteúdo do Ics. pode ser comparado à presença de uma população aborígene na mente".[150]

---
[150] *Id., ibid.*, p. 223.

162 O caso Hermes

Esse esquema permite visualizar um modo possível de articulação entre tempos e códigos distintos, articulação própria da intuição e do jogo. A diferença entre a percepção conscienciada imediatamente e a percepção conscienciada por intermédio do inconsciente e da repressão, aliada ao encontro prazenteiro de ambas no consciente mediante a atividade lúdico-criativa, podem explicar, acredito, alguns dos processos essenciais subjacentes à expressão estética.

Tal como se vê, Freud supera nesse esquema o postulado da homogeneidade e da unicidade de naturezas entre a energia externa e a interna e, com isso, oferece uma visão interna de um modo de funcionamento psíquico em que se pode verificar a compossibilidade de tempos e códigos diversos, apanágio já apontado do jogo e da brincadeira.

A ligação que aí tem lugar não diz respeito a representações exteriores ao sujeito; é o próprio aparelho psíquico que se projeta e se introjeta nessa atividade expressiva, ressoldando os fragmentos em que se fracionara.

Nesse ponto coloca-se a questão de saber qual a natureza da projeção que mencionamos. Estaríamos utilizando o termo tal como vimos Ferenczi empregá-lo, no sentido referente ao processo oposto à introjeção que caracteriza o paranóico? Tratar-se-ia de aventar, dentre as condições psíquicas de produção do desenho, um mecanismo que implica a expulsão das partes de si geradoras de desprazer? Decididamente não: é necessário distinguir, de um lado, o mecanismo de defesa que constitui essa *projeção expulsiva* e, de outro lado, o que constitui uma *projeção expressiva*.

Encontraríamos em Freud algum lastro para tal distinção? Segundo Laplanche & Pontalis, não:

> [...] Freud, embora encontre a projeção em domínios diversos, lhe
> dá todavia um sentido bastante restrito. A projeção aparece sempre
> como uma defesa, com a atribuição ao outro – pessoa ou coisa – de
> qualidades, de sentimentos, de desejos que o indivíduo desconhece

David Calderoni

ou recusa em si. O exemplo do animismo é o que melhor demonstra que Freud não toma a projeção no sentido de uma simples assimilação do outro à própria pessoa. Com efeito, muitas vezes se explicaram as crenças animistas pela suposta incapacidade dos primitivos para conceberem a natureza a não ser segundo o modelo humano; do mesmo modo, a propósito da mitologia, diz-se freqüentemente que os Antigos "projetavam" nas forças da natureza as qualidades e paixões humanas. Mas Freud – e esta é a sua maior contribuição – insiste que tal assimilação tem o seu princípio e o seu fim num desconhecimento: os "demônios", as "almas do outro mundo", encarnariam os maus desejos inconscientes.[151]

Entretanto, a proposta da noção de uma projeção expressiva, apesar do que afirmam os autores do *Vocabulário*, encontra plena justificação e ancoragem nesse mesmo texto, por eles referido, em que Freud trata do animismo:

A projeção da hostilidade inconsciente sobre os demônios, no caso do tabu relativo aos mortos, é apenas um exemplo de um certo número de processos aos quais se deve atribuir a maior importância na formação da mente primitiva. No caso de que estivemos tratando, a projeção serviu ao objetivo de manejar um conflito emocional, sendo empregado da mesma maneira num grande número de situações que conduzem às neuroses. Mas a projeção não foi criada com o propósito de defesa; ela também ocorre onde não há conflito. A projeção de percepções internas para fora é um mecanismo primitivo, ao qual, por exemplo, estão sujeitas nossas percepções sensoriais, e que, assim, normalmente desempenha um papel muito grande na determinação da forma que toma nosso mundo exterior. Sob condições cuja natureza não foi ainda suficientemente estabelecida, as percepções internas de processos emocionais e de pensamento podem ser projetadas para

---

[151] J. Laplanche & J.-B. Pontalis, *Vocabulário da psicanálise, op. cit.*, p. 481.

o exterior da mesma maneira que as percepções sensoriais. São assim empregadas para construir o mundo externo, embora devam, por direito, permanecer sendo parte do mundo interno.[152]

Série traumática: de uma a outra direção

As reflexões de Luiz Roberto Monzani em *Freud: O movimento de um pensamento* auxiliam-nos a prosseguir em nossa investigação:

> Comecemos por nos situar um pouco dentro do enunciado da pulsão de morte relembrando quais os "fatos" que Freud arrola para aí chegar e, o mais importante, qual o problema teórico, quer dizer, metapsicológico, envolvido.
>
> Os fatos são conhecidos de todos. A partir do capítulo II de *Além do princípio do prazer* eles são encadeados: neurose traumática e seus sonhos enigmáticos; certas características das atividades e dos jogos infantis; essa estranha característica dos neuróticos frente à análise, isto é, a *compulsão à repetição* que impede exatamente de recordar. Também é conveniente não esquecer a extensão realizada, nessa mesma linha, ao domínio da vida normal e da sublimação.[153]

Nessa passagem, Monzani formula uma idéia extremamente profícua a respeito da estratégia heurística e argumentativa que leva Freud a arrolar essas experiências diversas. Nenhuma delas, examinada isoladamente, permitiria extrair alguma conclusão quanto ao mecanismo econômico da compulsão à repetição, frustrando o intento teórico de explicar de que maneira se sustentaria e se motivaria o engajamento do sujeito na reiteração de experiências de desprazer. Somente a *série* delas permitiria alcançar um desvendamento do fenômeno.

---

[152] S. Freud, *Totem e tabu, ESB*, V. XIII, pp. 85-86.
[153] L. R. Monzani, *op. cit.*, p. 154.

Partindo dessa idéia, perguntamos: qual o sentido da série proposta por Freud? Como ele mesmo observa, quando a criança atira longe o carretel para em seguida puxá-lo de volta, assenhoreando-se simbolicamente da partida e da chegada da mãe, cujos frustrantes movimentos reais ela não controla, tal jogo em que se repete uma experiência originalmente desagradável é vivido pela criança com expressões de inequívoca satisfação:

> O que ele fazia, era segurar o carretel pelo cordão e com muita perícia arremessá-lo por sobre a borda de sua caminha encortinada, de maneira que aquele desaparecia por entre as cortinas, ao mesmo tempo que o menino proferia seu expressivo *o-o-o-ó*. Puxava então o carretel para fora da cama novamente, por meio do cordão, e saudava o seu reaparecimento com um alegre *da* ["ali"]. Essa, então, era a brincadeira completa: desaparecimento e retorno. Via de regra, assistia-se apenas a seu primeiro ato, que era incansavelmente repetido como um jogo em si mesmo, embora não haja dúvida de que o prazer maior se ligava ao segundo ato.[154]

Se, portanto, o jogo infantil analisado por Freud consiste no próprio movimento de simbolização em que se passa do desprazer de uma experiência passiva ao prazer de uma experiência ativa, o mesmo não pode ser dito das demais atividades daquela série. Na repetição dos sonhos de angústia da neurose traumática e na compulsão à repetição na situação transferencial de padrões infantis de comportamento (não reconhecidos e portanto atuados), os sujeitos quando muito tentariam alcançar o pressuposto do prazer. Para compreender qual é esse pressuposto, precisamos remontar à concepção freudiana do trauma:

---

[154] S. Freud, *Além do princípio do prazer*, *ESB*, V. XVIII, pp. 26-27.

Indicamos como a vesícula viva está provida de um escudo contra os estímulos provenientes do mundo externo e mostramos anteriormente que a camada cortical seguinte a esse escudo deve ser diferenciada como um órgão para a recepção de estímulos do exterior. Esse córtex sensitivo, contudo, que posteriormente deve tornar-se o sistema *Cs.*, também recebe excitações desde o *interior*.

[...]

Descrevemos como "traumáticas" quaisquer excitações provindas de fora que sejam suficientemente poderosas para atravessar o escudo protetor. Parece-me que o conceito de trauma implica necessariamente numa conexão desse tipo com uma ruptura numa barreira sob outros aspectos eficaz contra os estímulos. Um acontecimento como um trauma externo está destinado a provocar um distúrbio em grande escala no funcionamento da energia do organismo e a colocar em movimento todas as medidas defensivas possíveis. Ao mesmo tempo, o princípio do prazer é momentaneamente posto fora de ação. Não há mais possibilidade de impedir que o aparelho mental seja inundado com grandes quantidades de estímulos; em vez disso outro problema surge, o problema de dominar as quantidades de estímulo que irromperam, e de vinculá-las, no sentido psíquico, a fim de que delas se possa então desvencilhar.[155]

É nessa vinculação (*Bindung*) que se encontra o pressuposto do princípio de prazer. Para que o prazer ocorra é necessário que a economia do aparelho psíquico conheça uma certa constância, ou seja, uma condição energética em que as cargas não se afastem muito de certo nível ótimo e possam ter um fluxo regulado de incremento, trânsito e escoamento. O jogo da criança alcança o prazer porque consegue vincular a experiência desagradável da partida da mãe no esquema simbólico inventado. As demais experiências distanciam-se dessa condição de simbolização, chegando ao extremo de se ca-

---

[155] *Id.*, *ibid.*, pp. 44-45.

David Calderoni 167

racterizarem justamente pela impossibilidade desta, como é o caso da atuação na transferência. Ora, o que se apresenta assim na série que vai do jogo à atuação é um sentido orientado para um núcleo patógeno ou traumatogênico. Se assim for, invertendo a direção da série podemos aceder à direção da cura – esta se revelando na passagem da angústia do trauma à alegria do jogo.

Uma das medidas defensivas tomadas pelo aparelho psíquico para tentar se livrar das experiências de desprazer que o ameaçam desde dentro consiste naquilo que denominamos *projeção expulsiva* – processo que se manifesta no grito e no choro, por exemplo.

Por motivos que possivelmente se vinculam à incontinência e à agressividade materna, podemos conjecturar que a *projeção expulsiva* de Hermes tenha se tornado em grande medida obstada. Introvertendo-se o movimento expulsivo, terá ocorrido em Hermes o que chamarei de *projeção implosiva*, origem de sua fragmentação. Fracionando-se desta forma o excesso de energia e funcionando a fronteira de cada fragmento como um pára-excitações, o aparelho psíquico de Hermes encontraria assim uma estratégia espontânea rumo a um nível razoável de constância. Não obstante, daí até uma efetiva simbolização vai uma grande distância. Se é na multiplicidade dos olhos no desenho que se denuncia este processo – a *projeção expressiva* contando a sua história *implosiva* –, não é casual que encontremos subsídios teóricos para tentar explicar essa travessia do trauma ao jogo num artigo de Ferenczi justamente intitulado "O simbolismo dos olhos".[156]

Recordemos que no primeiro movimento da nossa análise do desenho ("Linhas, figuras, posições") havíamos "descrito" olhos da boca e um olho-nariz; recordemos também que a dúvida levantada por um colega quanto à significação das formas circulares na cabeça do menino levou-nos à hipótese de que essas formas apontariam uma intersensorialidade. Tenhamos em mente esse último termo ao acompanhar as teorizações de Ferenczi sobre a gênese do símbolo:

---

[156] S. Ferenczi, "O simbolismo dos olhos", in *Sándor Ferenczi: Obras completas*, São Paulo, Martins Fontes, 1992, pp. 55-58.

Num estudo relativo ao "desenvolvimento do sentido de realidade e seus estágios", procurei explicar a origem do simbolismo pela tendência da criança a figurar como realizados seus anseios infantis *por meio de seu próprio corpo*. A identificação simbólica de objetos do mundo externo com órgãos do corpo permite-lhe, por um lado, reencontrar nos objetos concebidos de um modo animista os órgãos altamente valorizados de seu próprio corpo. O simbolismo dos dentes e dos olhos ilustrariam o fato de que os órgãos do corpo (e sobretudo as partes genitais) podem ser figurados, não somente por objetos do mundo externo, mas igualmente por outros órgãos do próprio corpo. É muito provável que seja até o modo mais primitivo de formação dos símbolos.

[...]

Nesse trabalho de recalcamento, os olhos, em razão de sua forma e de suas dimensões variáveis, de sua sensibilidade e de seu grande valor, revelaram-se particularmente aptos a acolher os afetos deslocados dos órgãos genitais. Mas é provável que esse deslocamento não tivesse tido tanto êxito se o olho não possuísse, em primeiro lugar, esse importante valor libidinal que Freud descreve em sua teoria da sexualidade como um componente particular da pulsão sexual (pulsão de ver).[157]

Comentando esse texto, Mezan nos dá elementos para precisar o cerne da relação entre simbolização e intersensorialidade:

É portanto enquanto fonte de uma pulsão parcial que os olhos se prestam a representar os genitais (é esta a importância da sensibilidade, aqui a ser entendida como sensibilidade erógena), ao que se acrescenta o valor narcísico, ou seja, a importância de ambos os órgãos para a imagem de si e para a construção da identidade.

[...]

---

[157] *Id.*, *ibid.*, pp. 57-58.

Ou seja: na raiz do simbolismo, encontramos a capacidade da psique de representar as partes do corpo umas pelas outras, a partir da equivalência erógena entre elas. Ferenczi considera que esta deve ser a maneira mais primitiva na formação dos símbolos, como havia descrito no artigo sobre o sentido de realidade ("fase animista"). A plasticidade e a mobilidade da libido são aqui os fatores determinantes, engendrando "paridades simbólicas" que em seguida passam a fazer parte de complexas configurações de desejos, fantasias e sintomas. O símbolo, em suma, resulta de uma comparação cujo termo comum é a sensação de prazer que vincula entre si zonas erógenas e também as representações psíquicas que as representam.[158]

Ou seja: a potência auto-simbólica do sujeito nasce da relação prazerosa entre as partes excitáveis de seu corpo. Para além de uma dimensão estritamente somática, como Mezan assinala, essa relação se estende das zonas erógenas até as representações psíquicas, donde a simbolização implicar a formação tanto da fantasia como do pensamento, o prazer abrindo caminho para o sentido de realidade. Isso implica um princípio de realidade calcado não tanto na adequação a um objeto já dado, mas sim medido pelas formas de constituição do objeto.

Na medida em que as formas de constituição simbólica do objeto envolvem equivalências, paridades, comparações e termos comuns, torna-se pertinente recorrer à teoria espinosana do conhecimento.

Espinosa fala de um afeto que, segundo Bove, é a base do conhecimento racional, na medida em que esta se origina a partir e através das propriedades comuns aos corpos e das idéias dessas propriedades (as noções comuns):

---

[158] R. Mezan, "Do auto-erotismo ao objeto: a simbolização segundo Ferenczi", in *Percurso*, n. 10, Revista do Departamento de Psicanálise do Instituto Sedes Sapientiae, São Paulo, 1993, pp. 28-29.

170　　　　　　　　　　　　　　　　　　　　　　　　　O caso Hermes

[...] quando o Corpo humano, como ocorre na Hilaridade, é afetado por causas exteriores, mas igualmente em todas as suas numerosas partes, isso significa também que ele se afeta a si mesmo porque é também afetado por algo que é comum a todas as suas partes e/ou algo que é também comum a todos os outros corpos. Sua passividade extrínseca é, portanto, imediatamente correlativa a uma atividade real que, em última instância, é a da razão.

[...]

Ora, segundo a *Ét.* II, 38, "aquilo que é comum a todas as coisas e se encontra igualmente na parte e no todo não pode ser concebido senão adequadamente". Portanto, na medida em que as afecções permitem aos indivíduos concordarem, devem então ser consideradas em sua atividade; elas exprimem propriedades comuns que se deduzem da própria essência dos corpos considerados".

Assim, *Ét.* II, *prop.* 39: "se o Corpo humano e certos corpos exteriores pelos quais o Corpo humano costuma ser afetado têm uma propriedade comum e que exista igualmente na parte de qualquer um dos corpos exteriores e no todo, a idéia dessa propriedade existirá adequada na alma".[159]

Hermes obtém um efeito real com o seu desenho: promover uma religação não somente de elementos do seu imaginário, mas também do imaginário das agentes, de modo que, à vista das aptidões demonstradas no desenho e da situação que as enseja,[160] elas se tornam capazes de reconhecer Hermes e a si mesmas como comparticipando

---

[159] L. Bove, " Hilaritas et acquiescentia in se ipso" [Hilaridade e contentamento íntimo], texto apresentado oralmente na 4ª Conferência Spinoza by 2000, Jerusalém, 1993, p. 10. Agradeço à profª. Marilena Chaui pela providencial indicação e empréstimo do texto, cuja tradução está disponível como Anexo 3 da dissertação *O caso Hermes, op. cit.*

[160] "Durante o tempo em que nós não somos dominados por afetos que são contrários à nossa natureza, durante esse mesmo tempo nós temos o poder de ordenar e encadear as afecções de nosso corpo segundo a ordem relativa ao intelecto." B. Espinosa, *Ética, op. cit.*, Parte v, p. 283 (proposição x).

de um sistema de relações – sistema em que a realidade repõe seus paradigmas a partir de uma nova situação *experimental* de cuja engenharia elas participam ativamente.[161] Em outras palavras: Hermes e as agentes passam a *tomar parte* do sistema de relações do qual *eram parte*.[162] Para Espinosa, este é o movimento da liberdade racional que realiza o campo da política.

---

[161] Momentos depois de haverem demonstrado a inermidade de Hermes no exercício da cópia, eu o capto antena – mas até aí o elo essencial não se objetivara –, peço-lhe que faça o desenho da figura humana e ele produz traços e figuras incomensuravelmente mais complexos que os que não reproduzia. As tias tomaram parte na montagem da nova situação: "pede pros colegas fazerem também", sugeriram, acatei. Situação experimental em que conhecem, por exemplo, a figura humana desenhada por um coetâneo de Hermes a quem não atribuem nenhuma anormalidade [fig. 9 – veja-se na contracapa].

[162] Consulte-se, sobre isso, o belíssimo trabalho de M. Chaui, "Ser parte e ter parte: Servidão e liberdade na Ética IV", *op. cit.*

Entrevistando dona Violeta
Anamnese das raízes de Hermes

Oito entrevistas foram realizadas com d. Violeta, ao longo de cinco meses, entre setembro de 1986 e fevereiro de 1987. Apresento o relato cronológico desses encontros, tomando como fio condutor os elementos psicodiagnósticos e anamnésicos evidenciados.

1ª Entrevista

Data: 12 de setembro de 1986
Horário de início: 9h
Duração: 50 minutos

Formulação de queixa – "Ele [Hermes] não é normal, às vezes fala coisa que não tem nenhum sentido – 'a casa da abobra, mãe' –, daí eu bato. Não quero ver meu filho crescer e ficar um xarope. Firmino [o irmão caçula] é esperto; Hermes é atrasado."

Idade em que começou a falar – 3 anos e 4 meses.

Sobre o pai de Hermes – Abandonou o lar durante a gestação de Firmino (um ano mais novo do que Hermes), voltando três anos depois para uma convivência de três dias.

174 O caso Hermes

Forma de referência ao pai de Hermes – D. Violeta diz às crianças que o pai delas é caminhoneiro, que foi viajar e não volta mais. As crianças reproduziram o modo como ela lhes referiu o pai em certa ocasião: "aquele ladrão"; riu ao falar disso.

Dados familiares – Mora numa casa construída perto da do irmão, situadas ambas em terreno de propriedade dele. A respeito dos primos de Hermes: o filho mais velho do irmão é "machista, um animal, estuda engenharia"; os filhos menores chamam Hermes de "abestado" e aplicam-lhe "chutes no estômago". A família rejeita Hermes e Firmino, pois os considera filhos "de mãe solteira".

Sobre o episódio em que os ouvidos de Hermes foram queimados – "Eu estava morrendo de sono, meio sonâmbula, não sabia bem o que fazia, Hermes não parava de chorar, esquentei óleo, derramei com a colher no ouvido, ele tentou desviar a colher com a mão, queimou a mão, fez a colher bater no ouvido, queimou a pele do ouvido [orelha], derramei o óleo, logo virei a cabeça pra que o óleo saísse, depois coloquei no ouvido esquerdo, mas já tinha dado tempo de esfriar um pouco, afetou mais o direito. Não percebi que estava quente".

Idade de Hermes à época deste episódio – 4 meses.

Conseqüências do episódio – No dia seguinte, uma vizinha que estava tomando conta de Hermes chamou d. Violeta para que acudisse o filho, pois "estava saindo sangue vivinho do ouvido. Levei no hospital, o médico me deu a maior lição de moral, queria colocar polícia pra investigar". Indo a outro hospital (Hospital do Ibirapuera), obteve o seguinte prognóstico: "Mãe, infelizmente o seu filho talvez fique com uma *pequena* deficiência auditiva". Afirma ter seguido todas as recomendações terapêuticas lá recebidas.

Dados sobre outras passagens hospitalares – "Não acho [Hermes] normal, mas o 'psicólogo' (?), o dr. Maurício, disse que ele é absolutamente normal, talvez atrasado uns seis meses, que devia tê-lo encaminhado antes porque começou a falar muito tarde". Esse profissional "receitou eletroencefalograma", "que deu normal".

Outros dados familiares – Hermes "gosta da priminha que mora longe. São os três primos que tratam bem dele, às vezes dou umas lapadas com cinto, outro dia falou tanto no nome da prima, estava [d. Violeta] cheia do trabalho, é a parte da família que trata melhor; ainda bem que sou um pouco independente, moro um pouco afastada" (separada por um muro, mas na propriedade do irmão, cujos filhos a maltratam).

Razões e condições das surras em Hermes – Referiu ocasião em que bateu em Firmino e pessoas presentes à cena, no salão de cabeleireiro em que trabalha, disseram que ela devia bater em Hermes também, o que fez a contragosto, mas "tem que tratar os irmãos igualmente; minha família diz que ele é manhoso, que é muita manha dele, que eu mimo demais".

Atitudes de mediação entre os filhos – "Às vezes breco o Firmino pra que o Hermes faça alguma coisa", de modo que o irmão (normal, esperto, vivo, não desligado) não se antecipe a ele.

Intervenções do psicólogo entrevistador – "Precisamos fazer um estudo sério e profundo"; "Hermes tem condições de se desenvolver, mas enfrenta problemas físicos e emocionais"; "a relação mãe-filho é fundamental, todos trazemos a mãe dentro de nós"; "temos que entender Hermes *na* família". Comprometi-me a levar, na entrevista seguinte, indicação de local para teste de audição.

Impressões e considerações pós-entrevista – Em relação ao episódio em que Hermes teve os ouvidos queimados, veio a imagem de uma superposição entre as cabeças de mãe e filho; ela, não agüentando mais ouvir o choro dele, fez "desligar" a audição de Hermes, como que estendendo a Lei de Talião – dente por dente, olho por olho, *ouvido por ouvido...* –, não sendo à toa que ela o alcunhe de "desligado". Que apelo insuportável, para além de sua intensidade sonora, o choro de Hermes endereçava aos ouvidos da mãe?

Quanto ao fato de a família dizer a d. Violeta que ela produz a manha de Hermes por mimá-lo demais, surgiu a idéia de que há alguma verdade nisso, no sentido de que estaria sendo apontado um modo de relação entre ela e o filho, expressável pela imagem de d. Violeta "colando-se" em Hermes; daí se originaria a manha, como tentativa de comunicação e diferenciação que patina e alimenta o visgo do mimo. Nessa imagem reedita-se uma impressão de identificação advinda em relação ao episódio dos ouvidos "desligados".

Considerações ulteriores à primeira entrevista

Sobre a formulação da queixa

- Tendo d. Violeta vinculado a anormalidade de Hermes à alegação de que ele "fala coisa que não tem nenhum sentido", depreende-se ser-lhe impossível a idéia de um sentido não-normal.

- Quando diz bater no filho para que ele não fique "xarope", d. Violeta parece estar se referindo a um movimento de defesa contra a indiferenciação figurada por esse líquido.

- A qualidade pela qual d. Violeta distingue Hermes de Firmino expressa uma inferioridade por meio de uma categoria de conotação temporal: "Hermes é atrasado".

David Calderoni

Sobre a idade em que Hermes começou a falar

O dado de que teria começado a falar com 3 anos e 4 meses encaixa-se com a qualificação de Hermes como atrasado. A coerência interna do discurso de d. Violeta dá lugar a uma contradição quando essa informação é cotejada com aquela fornecida em 10 de setembro (segunda visita à instituição) pela enfermeira da creche, segundo a qual Hermes teria falado com 2 anos. Há que indagar o sentido de tamanha discrepância.

Sobre a evasão do pai de Hermes

A gestação de Firmino teria sido contemporânea do luto pelo marido.

Sobre os dados familiares

- Os primos xingam Hermes de "abestado" e lhe aplicam chutes no estômago; esse exercício da agressividade parece obedecer a alguma lógica de reflexividade ou de transitivismo, pois "abestado", se pode aplicar-se a quem recebe, aplica-se também a quem desfere coices.

- A imagem da animalidade reitera-se na caracterização da agressividade machista com que a família do irmão rejeita os filhos de mãe solteira.

Sobre a cena da queima dos ouvidos

Na narrativa do derramamento de óleo quente, impressiona que, depois de descrever em detalhe o esquentamento do óleo e a queima da mão e da orelha do filho, d. Violeta declare: "Não percebi que estava quente". É como se estivesse em curso um ato em que o desligamento da audição de Hermes fosse concomitante a um desligamento de si mesma. Após a referência inicial ao choro ininterrupto da criança que desencadeia o gesto dela, é como se toda a

178 O caso Hermes

seqüência da cena imergisse no silêncio (desligou a própria audição; desligou-se ao desligá-lo).[163]

Sobre as reações médicas ao trauma

No contraste entre o médico que "deu a maior lição de moral" em d. Violeta, ameaçando chamar a polícia, e o cuidado do outro profissional de saúde, que reconhece nela a preocupação de mãe, podem estar indicadas duas "representações de espera" associadas à minha figura, correspondentes, de um lado, à expectativa de uma punição e, de outro, à esperança de um acolhimento. Qual dos dois caminhos permitiria superar a lógica da agressividade? O possível sentido terapêutico das entrevistas com d. Violeta talvez enfrente aqui uma questão crucial, estando em jogo algo do que se cogitou anteriormente sobre a função-tio.

Sobre a lógica do "diagnóstico" materno

- Na fala do psicólogo referida por d. Violeta, segundo a qual teria sido dito que Hermes "é absolutamente normal, talvez atrasado uns seis meses", o normal e o atrasado convivem sem contradição.

- Quando d. Violeta se contrapõe ao veredicto de normalidade que teria sido proferido pelo psicólogo, reeditam-se papéis assinalados no relatório da psicóloga Eliana Rebeche (v. Capítulo 2): "A diretora e professoras já conversaram várias vezes com a mãe, mas esta não aceita o fato de que seu filho não tem problemas". O psicólogo (eu próprio, no caso) é encarregado de afiançar a recuperabilidade do filho.

---

[163] Esse desenvolvimento da hipótese da superposição ou do recobrimento imaginário das cabeças foi possibilitado por uma grata observação de Betty Svartman, que reproduzo aproximadamente: "Deve ter havido alguma clivagem nessa mãe; como ela não ouviu os gritos de dor do filho?". De fato, na narrativa de d. Violeta, a ameaça representada pelo óleo quente não é denunciada por nenhum som que a criança emita, mas, sim, por uma constatação visual ("queimou a mão..., a pele do ouvido") e pela resistência que o corpo sente ("ele tentou desviar a colher").

- Dentro dessa última hipótese, não é improvável que esteja presente o mesmo tipo de agressividade manifestado na ocasião em que "ameaçou" os funcionários da creche de amarrar os filhos – o sadismo sendo como que mobilizado e socializado numa relação a três.

"Bater" e "tratar bem" evocam-se como que por uma regra de compensação

- Bate com cinto quando Hermes repete o nome da prima que o trata bem.
- Bate em Hermes para compensar o fato de ter batido em Firmino. Ao narrar isso, imediatamente acrescenta que mima Hermes demais. A regra de compensação parece incluir em seu funcionamento complexo uma encenação de cujo roteiro participam "Grandes Recognitores": os clientes no salão de cabeleireiro, que a incitam a bater também em Hermes; a família, que diz que é "muita manha dele".

Sobre as atitudes de mediação entre os filhos

Assim como o mimo não transparece senão como pano de fundo de cenas de agressão, assim também a atitude positiva de d. Violeta diante das dificuldades de Hermes não aparece como um estímulo direto a ele, mas como contenção do irmão que com ele compete. Parece então haver algo que não pode aparecer diretamente e que concerne à ordem do mimo.

Sobre a intervenção do entrevistador

Quando o psicólogo diz a d. Violeta que todos trazemos a mãe dentro de nós, começa a cavar-se um nexo infinito de alteridades – este outro que é Hermes tem em você um outro que teve outro outro –, o que alude a uma idéia aventada na Introdução: o sentido e a estrutura do interjogo profundo das diversas sociabilidades deitam raízes no campo do inconsciente.

Sobre a simbiose e a agressividade

- Se a queima dos ouvidos do filho tiver o sentido de um desligamento simultâneo de si mesma e do filho, a agressividade em questão pressupõe, em ato, não só uma indiferenciação, como a tentativa de se contrapor a ela.

- Quando d. Violeta reage às falas "sem sentido" de Hermes batendo nele, também é a uma indiferenciação que se opõe: não quer vê-lo crescer e "virar um *xarope*".

- Nessa ordem de idéias, o mimo poderia representar a própria marca da simbiose, o que explicaria o fato de vir referido em cenas de agressão.

2ª Entrevista

Data: 15 de setembro de 1986
Horário de início: 10h30m
Duração: 50 minutos

Identificação de Hermes ao pai – Referindo-se ao modo introspectivo de Hermes ficar nervoso, d. Violeta disse que ele "é igual ao pai, emburrado, pra dentro", apontando também a semelhança física entre ambos. Em contraposição, comparou Firmino consigo mesma, encontrando em comum o jeito de ser "pra fora" e de revelar nos traços fisionômicos pertencer a uma comunidade étnica: "Ele é mais como a gente, cabeção, nordestino".

Relação com o pai de Hermes – Conheceu-o numa viagem a Santos. Na volta, vieram "batendo papo. Não sei como tive dois filhos com ele. Não gostava muito dele. Já pensou se gostasse [quantos filhos não teria]?". Ameaçou abandoná-la, durante a gestação de Firmino, se ela não consentisse em abortar, tendo aos seis meses de gravidez chegado às seis da manhã para levá-la "pra parteira". Já havia proposto aborto quando da gestação de Hermes. "Como resolvi assumir a [segunda] gravidez também, ele sumiu." Teria voltado há um ano e seis meses (à época da entrevista). "Nunca deu dinheiro." D. Violeta quer descobrir o posto de gasolina dele e, segundo orientação de advogado, se ele voltar à casa, quer "segurá-lo e chamar a polícia, pra fazer flagrante", a fim de obter pensão. Anotou o número da chapa do Passat em que ele veio para uma das visitas, mas perdeu as inúmeras anotações feitas em lugares diferentes. Oscila quanto a admitir querer a pensão: é auto-suficiente (com orgulho), mas, no futuro, gastos com estudos dos filhos aumentarão. Ele é casado e tem um filho de 19 anos.

Dados sobre a família de origem de d. Violeta – Eram dezessete irmãos, dos quais ela é a caçula. Quando tinha 12 anos, a mãe morreu. O pai então decidiu "dá-la" a um tio, juntamente com um irmão dela. "Não gosto muito, aliás, nadinha do meu pai. Ele entrava por uma porta, a gente saía pela outra. Expulsava a gente de casa. Mas tem que compreender, porque ele foi criado na roça." Depois da morte da esposa, o pai casou-se novamente, assumindo papel submisso sob a nova mulher ("baixando a crista", no dizer de d. Violeta). Apesar de expressar hostilidade contra o pai, ela deixou transparecer interesse e preocupação pelo destino dele; quando o irmão (o que também fora dado ao tio) foi assassinado, "pensei: era ele que mandava a pensão pro pai, agora ele não vai ter mais como viver". Abaladíssima pelo assassinato, disse que quase se matou: "Eu sou muito despreparada para a vida".

Dados da configuração familiar atual – D. Violeta tem um irmão que mora em outro bairro (Vila Formosa) e é separado da mulher. Os filhos dele se dão bem com Hermes, que gosta especialmente da priminha: "Às vezes ele fala trinta vezes o nome da Elisângela, fico nervosa". Já a mulher do outro irmão, em cuja propriedade d. Violeta reside, fica "ultrapassada de nervosa" quando seu filho de 5 anos, incitado pelo de 21 (segundo ano de engenharia), agride Hermes e

Firmino. Nessas ocasiões, ambas tratam de separar as crianças. d. Violeta descreveu em detalhes situações em que esse sobrinho de 21 anos chega às raias de agredir fisicamente o próprio pai.

Impressões e considerações pós-entrevista – As representações de d. Violeta sobre o presente — dela, dos filhos e da família — são permeadas pela ameaça de agressão: os filhos são objeto da agressão dos primos; um irmão dela é assassinado, deixando o pai sem fonte de sustento; o outro irmão é ameaçado pelo próprio filho; ela própria bate nos filhos (em Hermes destacando-se as agressões depois de ele proferir falas ininteligíveis); recusando nas duas vezes a paternidade, o pai de Hermes e Firmino fez o que pôde para forçá-la a abortar; a própria d. Violeta, num momento de desespero depois do assassinato do irmão, quase se deixa levar pela idéia de suicídio.

Da narrativa de d. Violeta, destaquei uma frase: "Eu sou muito despreparada para a vida". Pode haver aí um reconhecimento da própria fraqueza e incompletude e, portanto, uma abertura para rever a si mesma e reconstruir-se; a frase aparece com um valor-chave se considerarmos que os filhos podem bem representar aquela vida para a qual d. Violeta "se sente muito despreparada". Nesse sentido, a abertura para se rever e se reconstruir aparece como condição para modificar a atitude em relação aos filhos. Ressalte-se que parece implícito na frase um pedido de ajuda (psicoterápica?).

Considerações ulteriores à segunda entrevista

Sobre a identificação de Hermes ao pai

- Hermes é equiparado por d. Violeta ao pai dele, que a abandonou tal como o pai dela já o fizera, ao "dá-la" a um tio.

- Na descrição dos traços de caráter que Hermes compartilharia com o pai, reafirma-se um perfil introvertido já assinalado pelos agentes da creche.

- Com a afirmação de que chegou a pensar em suicídio ante a perspectiva de que, com o assassinato do irmão que sustentava o pai, este não teria mais como viver, d. Violeta situa o pai como suporte essencial de sua vida, não obstante a mágoa que guarda dele. Ora, se Hermes é situado por ela numa linha de identificação com o pai, pode-se supor que, apesar de toda a tensão agressiva da relação com o filho, este também seja suporte essencial de sua vida.

3ª Entrevista

Data: 29 de setembro de 1986
Horário de início: 10h aproximadamente
Duração aproximada: 45 minutos

Observação – Antes do início da entrevista, o psicólogo acidentou-se na presença de d. Violeta, batendo a cabeça no batente superior (de ferro) da pequena porta da sala em que as entrevistas tinham lugar, quando saía apressadamente para alcançar um objeto solicitado por uma funcionária da creche no momento em que a entrevista iria começar. Em decorrência do acidente, o psicólogo caiu e, depois, já durante a entrevista, recebeu uma pedra de gelo que manteve sobre a cabeça.

Juízos de d. Violeta sobre Hermes – "Ele tem progredido de uns tempos pra cá"; "Não é tão bobo como parece", pois guarda o nome dos produtos anunciados nos comerciais de televisão e gravou o nome (idêntico ao seu) de um candidato veiculado na propaganda eleitoral e depois o reconheceu, associando o nome à figura que via num cartaz. Mantém uma posição avaliatória ambígua: "Não é tão bobo como parece, [é] um pouco atrasado, uns seis meses, falou o médico, mas já era pra ter recuperado".

Identificação de Hermes ao pai – A seu ver, Hermes é frio, indiferente ao sofrimento dela, contido nas emoções, guarda rancor, "igualzinho ao pai", espiritual e fisicamente ("tem covinhas igual ao pai"). Firmino é igual a ela, "pra fora", não guarda rancor, tem "cabeção de nordestino, coitadinho".

Origem do "susto" de Hermes – D. Violeta recebeu de Hermes uma cotovelada involuntária durante a amamentação; tendo seios habitualmente muito doloridos, emitiu um grito estridente que teria deixado Hermes, então com quatro meses de vida, "branco/roxo de susto". Foi esta a primeira vez numa série continuada de episódios em que um ruído desencadeava nele a mesma reação: quando, por exemplo, Hermes batia ou quebrava a mamadeira de vidro.

Conduta fóbica de Hermes diante de um tio – D. Violeta contou que um de seus irmãos, solteiro, "é muito bruto" e que Hermes não pode vê-lo aproximar-se sem grande aflição e mesmo pânico. Para essas ocasiões, d. Violeta estabeleceu uma espécie de pacto com o filho: recolhido no colo dela, Hermes encena que está dormindo e ela o alimenta (com mamadeira) como se assim fosse realmente. Desse modo, Hermes sente-se protegido e resguardado da ameaça que vê no tio, pois não tem de olhá-lo nem precisa interagir com ele. D. Violeta narrou episódios mais recentes em que, após uma série de tentativas de aproximação do tio para com Hermes, este se deixou conquistar pelas balinhas e adulações, o que atesta tanto uma intenção amistosa e reparadora por parte do tio como uma reversibilidade e mobilidade das condutas fóbicas de Hermes.

Informação nova e surpreendente de d. Violeta sobre a gestação de Firmino – Ela tentou abortá-lo.

Outra informação significativa sobre o modo de relação de d. Violeta com os filhos – Ela disse satisfazer plenamente a curiosidade sexual de Hermes e Firmino, tomando banho com os dois ou na presença deles.

Impressões e considerações pós-entrevista – Pela própria possibilidade de vir à luz, a informação de que d. Violeta tentou abortar Firmino atesta que ela está desenterrando fatos e verdades muito dolorosas, o que significa uma demonstração de engajamento nas entrevistas.

Já a informação sobre o banho conjunto alimenta a impressão de simbiose entre d. Violeta e Hermes, reafirmando uma suposição expressa antes, no relato da primeira entrevista, a propósito do que seria o visgo do mimo.

Considerações ulteriores à terceira entrevista

Sobre a significação diagnóstica do reconhecimento do candidato xará

- Perde peso a hipótese de afasia agnósica (perturbação da fala caracterizada pelo não-reconhecimento de objetos).

- Possivelmente evidenciam-se nesse episódio processos em que Hermes constrói modelos identificatórios alternativos aos que a mãe lhe imputa.

Sobre a origem do susto de Hermes

- O episódio em que se encadeiam a cotovelada no seio, o grito da mãe e o susto de Hermes marca o início de uma série traumática e a base de um complexo fóbico. A partir daí, ruídos funcionarão como fator desencadeante de ataques de angústia, evidenciados, sobretudo, pela mudança da cor da pele ("branco/roxo de susto").

- Esse episódio teria ocorrido quando Hermes contava com quatro meses de vida, mesma idade em que seus ouvidos foram

186

O caso Hermes

queimados, não sendo apenas cronológico o nexo entre as duas situações: lembremos que o gesto de d. Violeta foi desencadeado pelos gritos insuportáveis do filho.

- A propósito da quebra da mamadeira de vidro, acontecimento que dá seqüência à série traumática, ocorreu-me uma imagem: quando a mamadeira-significante se parte, rompe-se o invólucro da significação, e a visão do leite derramado inunda-se de um terror sem forma, vida que perde o continente, artéria que se esvai.

Sobre a cena da conquista do tio

- D. Violeta engaja-se numa atividade reparatória que abrange não apenas a figura de seu irmão, mas a dela própria. Como se, ficando o tio encarregado do papel agressivo, ela encontrasse margem para exercer funções de acolhimento e proteção.

- O caráter ficcional da cena montada por d. Violeta, e o convite – aceito – para que o filho compactue, instaura o espaço de um "como se", predicado essencial da simbolização. O que é simbolizado na cena assim montada concerne a uma mediação instauradora do acesso a um lugar terceiro – o estranho, o não-mãe, o precursor do pai.[164] D. Violeta permite a Hermes o acesso ao tio, ao tomar para si aquilo que denominávamos função-tio.

Sobre a admissão do desejo de aborto

Ao revelar que tentara abortar Firmino, d. Violeta admite implicitamente que o que havia sido clivado e projetado no pai de Hermes – a pressão pelo aborto – correspondia também a um desejo dela.

---

[164] Cf. C. Le Guen, *op. cit.*

A revisão da figura do pai que implicitamente acompanha esse movimento é essencial para uma revisão do lugar identificatório em que ela havia alocado Hermes.

Sobre a plena satisfação da curiosidade sexual dos filhos

- A hipótese de uma relação simbiótica articula-se aqui a cenas de sedução.

- A agressividade que acompanha as figurações da simbiose (o mimo, o xarope) pode ser uma maneira de tentar instaurar uma interdição a essa disposição perversa.

- Aparecendo Hermes e Firmino em condição de igualdade diante dessa prática materna, assoma a hipótese de que se entremostra, no hábito de banhar-se com os filhos, a causa remota dos problemas de comunicação deles.

4ª Entrevista

Data: 16 de outubro de 1986
Horário: fim da tarde, na saída da creche

Circunstâncias da entrevista – Realizado no fim da tarde, no horário de saída da creche, este breve encontro se centrou na realização de exame fonoaudiológico para o qual eu havia encaminhado Hermes, por meio de um ofício ao médico do hospital (CEMA) em que explicava por que e para que pedia a avaliação. Hermes foi atendido no dia 6 de outubro. O médico limitou-se a receitar descongestionante nasal, Cerumin e xarope expectorante, sem atender ao pedido de relatório fonoaudiológico solicitado. Foi para esclarecer a situação, que redundava na protelação das entrevistas e testes com Hermes, planejadas para depois do diagnóstico "orgânico", que se realizou este encontro.

Razão da prescrição de medicamentos no primeiro atendimento hospitalar (6 de outubro) – Preparação para o exame fonoaudiológico agendado para 20 de outubro.

Impressões advindas do relato de d. Violeta – O próprio médico que assinava a receita, e não uma fonoaudióloga, seria quem faria a avaliação auditiva. Quanto ao atendimento, estando a receita assinada ininteligivelmente e não havendo nenhuma resposta à solicitação contida no ofício (que estava em poder de d. Violeta), pareceu-me que o médico se recusava à comunicação por mim solicitada, nada indicando que no futuro essa tendência se alteraria.

Procedimento adotado – Utilizando formulário de encaminhamento médico da creche, reenviei anexado o ofício ao CEMA, acrescentando um pedido de que o médico grafasse seu nome por extenso para possibilitar comunicação ulterior e enfatizando o pedido de relatório de avaliação fonoaudiológica.

Considerações ulteriores à quarta entrevista

Sobre a estratégia da conduta do psicólogo

Por que planejei o contato com Hermes para depois do diagnóstico orgânico? Teria havido alguma tática de evitação de minha parte? Dentro da hipótese de uma cadeia de evitações, observam-se três movimentos: a) anteponho o diagnóstico orgânico ao psicodiagnóstico, adiando o contato com Hermes; b) o médico evita responder a mim e não estabelece comunicação com Hermes; c) insisto em que o médico se identifique. Do que se tem medo? De que o saber (médico, psicológico) não dê conta de Hermes?

David Calderoni

5ª Entrevista

Data: 3 de novembro de 1986
Horário de início: 10h10
Duração : 1 hora e 15 minutos

Precedentes – No dia 29 de outubro, telefonei para Elaine, a diretora da creche, a fim de esclarecer a notícia dada a mim no dia anterior por Ivone, chefe da Equipe Menor, segundo a qual Hermes estaria passando mal por causa dos medicamentos receitados pelo médico a que eu o encaminhara. Insinuou-se responsabilidade minha. A informação fora passada a Ivone por Arlete, profissional de enfermagem da creche, atritada com a diretora. Estranhando minha pergunta sobre o estado de saúde de Hermes, a diretora informou-se a respeito e comunicou-me por telefone, no dia seguinte, que d. Violeta havia dito que somente ao psicólogo iria entregar qualquer declaração do médico; tal atitude foi avaliada por Elaine como significando confiança exclusiva em mim. Fiquei sem saber qual era o estado de Hermes ao certo.

Sobre o início da entrevista – D. Violeta chegou dez minutos atrasada. Ficou sentada com o filho na cadeira de entrada da creche; declarou que ele estava febril. Disse a ela que aguardaria na sala de entrevista. Ela veio à sala pegando o filho pela mão. Hermes parecia fraco e dolorido. A mãe sentou-se na cadeira em frente a mim, dizendo a Hermes para sentar em outra, ao lado e atrás, começando a falar: "Ele não respondia quando a médica ia fazer o exame...". Interrompi a entrevista e disse que seria melhor Hermes estar em outro lugar para podermos conversar. Saí e apelei a Elaine (diretora), a qual providenciou que Hermes ficasse na enfermaria. (Arlete, profissional de enfermagem já referida, ao ouvir falar de Hermes, exclamou: "Está com febre? Então vou encaminhá-lo para o médico!".) Hermes *ESBo*-çou um choro ao sair da sala da entrevista, sendo acompanhado pela mãe e pela diretora até a enfermaria.

190

Reações e dilemas do psicólogo – Fiquei preocupado com as conseqüências de Hermes separar-se da mãe daquele modo, mas considerei inadmissível sua permanência no recinto da entrevista; a mãe, assim que começou a falar, reservou-lhe o lugar de réu. Procurei saber se Hermes estava chorando ao ser deixado na enfermaria; d. Violeta disse-me que não.

Informações de d. Violeta sobre o segundo atendimento hospitalar a Hermes (em 22 de outubro) – O médico encaminhou-o à "médica" (fonoaudióloga) após fazer lavagem dos ouvidos. Hermes, chorando muito, não respondeu às instruções da "médica", que tomou a não-resposta como índice de não-entendimento. [Tomar o não-atendimento (às ordens de condicionamento) como não-entendimento é significativo.] Ao fim do exame, um médico reportou a d. Violeta que "o ouvido direito tem problema, o esquerdo não tem"; "atingiu o tímpano do ouvido direito"; seria necessária cirurgia para "colocar um pino dentro do ouvido"; embora o ouvido esquerdo não apresentasse problemas, ambos os ouvidos seriam operados "para aproveitar a anestesia". Foi agendado para o dia 29 de outubro um hemograma pré-cirúrgico, mas d. Violeta não compareceu.

Posição de d. Violeta diante da perspectiva da cirurgia – Por ora, não consente. Tem medo. Quer contornar por outros meios o problema: no dia 5 de novembro retornará ao hospital para perguntar ao médico se um aparelho para surdez não resolveria; tendo perguntado ao médico (em 22 de outubro) quais as conseqüências de não realizar a cirurgia, interpretou a resposta (segundo a qual Hermes continuaria ouvindo e aprendendo menos) como significando que não haveria piora. Pretende então comunicar ao médico a decisão de não realizar a cirurgia.

Minha posição – Reinterpretei palavras do médico, procurando mostrar a d. Violeta que o tempo da cura não era indiferente ao tempo da manutenção do problema, ou seja, de que cabia corrigir a deficiência o quanto antes, tendo em vista os períodos optimais de aquisição de linguagem e de sociabilização e também o risco de que a afecção orgânica se ampliasse ou se tornasse crônica.

Dados sobre a resposta ao ofício – O médico que atendeu d. Violeta e Hermes desde o início, dr. Celso, pediu instruções a um médico presumivelmente mais experimentado – dr. Augusto –, que, com firmeza e conhecimento de causa, o teria instruído a preencher o impresso de encaminhamento em que fora anexado o ofício. D. Violeta disse que o dr. Celso parecia ser novo na profissão. No impresso, foi especificado o diagnóstico da doença – otite média serosa –, os cuidados necessários – prevenir a entrada de água no ouvido – e a prescrição de cirurgia. Do formulário de impedanciometria e audiometria, constavam gráficos e resultados quantitativos ininteligíveis a não-especialistas, tendo a fonoaudióloga escrito que "infelizmente, não foi possível realizar a audiometria porque o paciente não entendia as ordens de condicionamento". Não houve resposta ao pedido de que fossem esclarecidos quais fonemas Hermes discriminava e em que níveis de intensidade sonora.

Posicionamento quanto à continuidade do processo psicodiagnóstico e primeira alusão à idéia de encaminhamento para atendimento psicológico – Mesmo sem ter avaliação fonoaudiológica mais precisa, comuniquei a d. Violeta minha intenção de começar a entrevistar Hermes e, possivelmente, encaminhá-lo para atendimento psicológico em local próximo e gratuito, onde, durante o atendimento dele, também ela poderia ser atendida, economizando tempo. Antes, quando acenei com a idéia de que ela seria também eventualmente encaminhada, d. Violeta disse: "Para mim, não; eu não tenho tempo". Demonstrou terror: "Para tratar dos meus problemas?".

Novos dados sobre origem do "susto" de Hermes – D. Violeta reprisou o episódio da cotovelada no seio, acrescentando o da operação da fimose: com 1 ano e 1 mês de idade, Hermes foi operado "a sangue-frio", tendo sido submetido à terapêutica pós-cirúrgica dolorosa e prolongada – "Foi ao hospital quinze vezes para exercício, eu não conseguia fazer nele". Esse episódio foi evocado na tentativa de explicar a aversão de Hermes a hospitais e tratamentos.

Temores de D. Violeta quanto à extensão do problema de Hermes – "Seria só no ouvido?". Contou novamente, rindo, o episódio da "casa da abobra" (sobre as coisas "sem sentido" ditas por Hermes).

Procedimento adotado – Perguntei-lhe: se ela não via sentido no que ele falava, será que para Hermes não teria sentido? Retomei, ilustrativamente, o fato de o não-atendimento das ordens da fonoaudióloga ter sido tomado por esta como não-entendimento, procurando mostrar o mesmo movimento de pressuposição de incapacidade para o sentido (de Hermes).

Considerações sobre a entrevista – O episódio da fimose sugere vincular as reações fóbicas ao complexo de castração.

Considerações ulteriores à quinta entrevista

Sobre os novos dados a respeito do susto de Hermes

- O fato de d. Violeta, na tentativa de explicar o pavor de Hermes diante de hospitais e tratamentos, haver estabelecido em sua narrativa uma seqüência entre o episódio da cotovelada no seio e as agruras da cirurgia de fimose sugere que a série traumática perfaça a equação seio-pênis e que o complexo fóbico inclua o complexo de castração.

David Calderoni

- Esses complexos e essa série passariam pela visão da mãe desnuda.

- Dentro dessa hipótese, ganha novo sentido a informação dada por d. Violeta na primeira entrevista, segundo a qual as crianças reproduziram o modo como ela se referiu ao pai em certa ocasião: "Aquele ladrão".

Sobre os supostos temores de d. Violeta quanto à extensão das afecções de Hermes

- Os anos que me separam daqueles comentários iniciais distanciam-me também da condição afetiva dentro da qual avaliei como expressão de um temor a pergunta de d. Violeta quanto ao problema do filho: "Seria só no ouvido?". Dada a atenção e o espaço que eu destinava nas entrevistas aos encaminhamentos hospitalares e afins, focalizando de modo privilegiado a avaliação audiométrica de Hermes, encaro agora o fato de d. Violeta aludir entre risos ao episódio da "casa da abobra", após formular aquela pergunta ("Seria só no ouvido?"), como expressão de uma crítica algo irônica à minha posição: por que antepor o orgânico ao psíquico?

6ª Entrevista

Data: 10 de novembro de 1986
Horário de início: 10h17
Duração: 50 minutos

Início – Cheguei atrasado, desculpei-me; d. Violeta disse ter chegado dois minutos antes, não tinha problema. Sorriu. Perguntei-lhe sobre a ida ao médico: não tinha ido, por causa da greve de ônibus. Quando perguntei como ia Hermes, disse que estava se desenvolvendo, estava bem, "sapeca, peralta, nervoso, respondão, quase igual a Firmino". Pedi que explicasse o significado de "nervoso" e assim traduzo a resposta dela: "Podendo colocar pra fora".

Juízo de d. Violeta sobre acuidade auditiva de Hermes – Acha que não é surdo, pois às vezes ela fala baixinho no ouvido direito (o mais problemático): "Você quer sorvete, Hermes?", e ele responde: "Quero, mãe".

Perspectivas de fechamento das entrevistas e de encaminhamento – d. Violeta manifestou intenção de que Hermes continuasse a ser atendido, depois de encerrada minha participação, por outra pessoa ligada à Prefeitura. Retomei a proposta de indicação de lugar não oneroso onde ela e Hermes continuariam a ser atendidos. Disse-lhe que, assim como ela queria saber por que o dr. Augusto havia lhe dito que Hermes precisaria sempre tratar-se com psicólogo (quinta entrevista), supondo haver aí julgamento de anormalidade, deficiência, loucura etc., assim também ela teria encarado minha proposta de que ela fosse a um psicólogo. D. Violeta, rindo, meneou confirmatoriamente a cabeça; falei então que era como se o médico quisesse colocar pelo ouvido o pino-parafuso que faltaria na cabeça de Hermes. Afirmei que houve um tempo em que eu também imaginava que psicólogo era coisa para quem não regulava bem, mas que aprendi que era alguém que podia nos ajudar a crescer.

Retomei então falas de d. Violeta sobre sua vida, procurando expor motivos que levavam a recomendar-lhe tratar-se com um psicólogo: a infância difícil, a separação da família, a morte do irmão, julgar-se "despreparada para a vida"; nossas entrevistas visavam, em princípio, ajudar Hermes a crescer, e para que isso fosse possível, eu considerava necessário que ela também pudesse ser ajudada nesse sentido.

Previsão dos assuntos a serem tratados na próxima entrevista – Da parte de d. Violeta, relato do que tiver sido apurado com o dr. Augusto (CEMA) sobre: a conveniência de Hermes usar "vienatone" (aparelho

David Calderoni   195

para surdez); a razão de operar ouvido para aproveitar anestesia; quais as conseqüências de não operar Hermes, decisão que ela comunicará ao médico. De minha parte, abordagem do que puder ter aprendido de Hermes por meio dos contatos que terei iniciado com ele, assim como os resultados de minha pesquisa nas instituições estaduais, municipais e particulares conveniadas com o INAMPS, visando à indicação de local para possível encaminhamento dela e de Hermes.

Considerações ulteriores à sexta entrevista

Sobre audiometria materna
À medida que avança o périplo aos hospitais, parece que d. Violeta toma para si a realização de experimentos que resultam na dissuasão da suspeita de surdez.

7ª Entrevista
Data: 2 de fevereiro de 1987
Horário de início: 10h
Duração aproximada: 50 minutos

Precedentes – D. Violeta adiou a entrevista marcada para 26 de janeiro de 1987. (A razão do intervalo entre esta entrevista e a anterior prende-se à licença médica solicitada por mim.) Durante esse intervalo, procedi: a um encontro com a fonoaudióloga Fani Zlotnik, quando pude colher informações sobre parâmetros para avaliar efeitos comportamentais e expressivos da possível lesão auditiva, assim como obter a interpretação da folha de resultados da avaliação auditiva tentada no CEMA; à pesquisa em instituições públicas e particulares (estas, conveniadas com o INAMPS) de alternativas de encaminhamento de d. Violeta e Hermes; à entrevista e teste de Hermes (CAT-A, realizado no dia 15 de dezembro), cujos resultados embasaram a formulação de hipóteses diagnósticas.

Informações de d. Violeta sobre a situação "médica" de Hermes – Em relação à lesão auditiva, disse estar tranqüila, pois, desistindo de fiar-se nas recomendações do médico do CEMA, consultou uma pediatra que equacionou a questão, dizendo: "Se o ouvido não purga, então está bom"; a mesma profissional teria constatado atipias no saco escrotal de Hermes, sugerindo o diagnóstico de que se trataria de "três órgãos genitais". Outro profissional consultado contradiagnosticou hérnia, recomendando cirurgia corretiva; "Se a criança tivesse três órgãos genitais, seria um caso para o *Fantástico*", teria dito o médico na ocasião. Aguardava-se agora o resultado de um exame de sangue para realizar a cirurgia da hérnia.

Intervenção no tocante ao encaminhamento médico de Hermes – Tendo em vista recomendações da fonoaudióloga Fani Zlotnik acerca da necessidade de determinar com urgência a situação funcional do aparelho auditivo de Hermes, busquei averiguar com d. Violeta sua disposição para levar Hermes à Santa Casa de Misericórdia, hospital recomendado por Fani Zlotnik.

Informações de d. Violeta quanto a condutas de Hermes envolvendo aspectos expressivos/auditivos – Ele gosta de cantar e o faz com ritmo, embora "errando" as palavras; não reproduz corretamente determinadas configurações de fonemas: troca "Telesp" por "Teleps", "Hollywood(i)" por "Hohudi", "papel higiênico" por "paxiênico", o que não impede que seja compreendido pelo balconista da venda, como quando d. Violeta pede que ele vá comprar o cigarro "Free pequeno, e ele volta trazendo o maço, direitinho". Hermes conhece "tipos de carro" pelo nome, discriminando-os com interesse e precisão.

Informações de d. Violeta sobre condutas fóbicas e correlatas de Hermes – "Pegou trauma do cachorro; o cachorro avançou nele, ficou [ou fica] roxo." Tem medo de barata. Outro dia, entrou em pânico;

estava manipulando um pequeno inseto inerte, julgando-o morto, quando este subitamente voou em sua direção. Chora com freqüência. "Faz xixi na cama pra chamar atenção."

Outras informações – Hermes gosta de ficar sob o chuveiro, dentro de uma bacia; "Firmino, que é mais esperto", desaloja Hermes, toma-lhe o lugar, deixa-o chorando. Significativamente, uma canção que Hermes gosta de cantarolar diz: "Entrei de gaiato num navio".

Informações que forneci a d. Violeta – a) Hermes parece ter mesmo problemas auditivos, principalmente no ouvido direito, conforme a interpretação dos resultados do exame do CEMA feita por fonoaudióloga (Fani); é, no entanto, necessário e urgente fazer novo e melhor exame (v. item sobre encaminhamento médico); b) entrevistei-o e testei-o (15 de dezembro) e pude perceber que é inteligente, mas apresenta dificuldades de comunicação; c) ele precisa da ajuda dela e de outros profissionais – médico, psicólogo e, possivelmente, fonoaudiólogo; d) para que possa ajudá-lo, ela precisa ajudar-se; para que possa ajudar-se, precisa compreender-se; para que possa compreender-se, precisa de compreensão: é este o papel do psicólogo: compreendê-la para que se compreenda, podendo assim ajudar-se e ajudar Hermes.

Outras informações sobre Hermes – Completa 6 anos em 21 de março; sairá da creche depois de 15 de fevereiro, passando a freqüentar o pré-primário da Escola Santos Dumont.

Posição de d. Violeta quanto aos encaminhamentos médicos e psicológicos – Concorda em acompanhar Hermes à Santa Casa; receberá, por intermédio da creche, impresso próprio e ofício de encaminhamento feito por mim. Concorda também que eu continue os acertos com a Clínica Psiquiátrica da Penha visando ao encaminhamento de ambos para atendimento psicológico.

Considerações ulteriores à sétima entrevista

Sobre as informações de d. Violeta *quanto à* performance *verbal de* Hermes

Para além do possível valor diagnóstico das informações, o modo como d. Violeta as comunica revela uma atitude positiva para com o filho, na medida em que ressalta que as incorreções na reprodução de certos fonemas não o impedem de compreender e se fazer compreender.

Sobre condutas fóbicas relatadas

- Medo de cachorro e medo de barata contrastam com o pânico diante do vôo do inseto que Hermes julgava morto; ao contrário das duas primeiras situações, nesta última Hermes não estava passivo, mas exercia ativamente sua curiosidade.

- Isso sugere que ele talvez ative o seu sentido investigatório tão logo se sinta a salvo (como no caso em que o inseto é julgado morto) do objeto de sua fobia.

Sobre a canção que Hermes gosta de cantar

A seqüência da letra diz: "Entrei de gaiato num navio, entrei, entrei, entrei pelo cano". Não é possível saber se esta canção acompanha o hábito de ficar sob o chuveiro dentro de uma bacia ou se apenas alude a esse hábito, mas o fato de Firmino desalojar Hermes da bacia é congruente com a condição marginal de quem "entra de gaiato num navio". Não é possível, novamente, saber se Hermes simboliza tudo isso ao entoar a canção.[165] Uma coisa, porém, é segura: o simples fato de aventarmos essa possibilidade evidencia que tivemos, por intermédio de d. Violeta, dados que dão margem a isso. O que talvez seja mais significativo, portanto, é d. Violeta relatar não as falas de Hermes nas quais não vê nenhum sentido, mas, sim, aquelas em que uma outra forma de atenção prepara a possibilidade do sentido.

---

[165] Lembremos que, na época, esta era uma canção bastante popular, veiculada constantemente no rádio e na televisão.

David Calderoni

8ª Entrevista

Data: 12 de fevereiro de 1987
Horário: fim da tarde
Duração aproximada: 20 minutos

Precedentes – Soube, por meio de telefonema à creche em 11 de fevereiro, que d. Violeta havia voltado da Santa Casa sem que Hermes tivesse sido atendido, presumivelmente em função da perspectiva de uma espera muito longa. Entrei então em contato com o Hospital São Paulo por intermédio de relações pessoais familiares,[166] conseguindo que fosse marcado um horário especialmente para a avaliação otofonoaudiológica de Hermes. Havia também ultimado os contatos preparatórios para o encaminhamento de Hermes e d. Violeta à CPP (Clínica Psiquiátrica da Penha), através de conversas com duas psicólogas, Solange e Sandra, que lá trabalhavam.

Início – D. Violeta chegou cerca de meia hora atrasada. Demonstrava muita aflição e ansiedade, dizendo ter enfrentado problemas com a fechadura ou trinco da porta ao sair.

Comentário de d. Violeta sobre a Santa Casa – "Não tem lugar pior. Tem que esperar um mês. Fila e mais fila. Fui em cinco lugares, me mandavam de um lugar pro outro."

Ultimação dos encaminhamentos – Falei da possibilidade de atendimento no Hospital São Paulo e, ante o interesse de d. Violeta, combinamos um esquema para que ela pegasse na creche e na CPP informações quanto à data e horário, assim como ofício de encaminhamento. Passei o endereço do hospital; confirmei seu interesse no atendimento (para ela e o filho) na CPP, dando o endereço, horário, dia e nome da psicóloga (Solange) com quem ela se entrevistaria.

---

[166] O contato foi feito por intermédio do dr. Waldemar José Borges, meu sogro, que na época lecionava na Escola Paulista de Medicina/Unifesp, ligada àquele hospital universitário.

Informações de d. Violeta sobre a situação escolar e "médica" de Hermes – Ele foi matriculado na sala especial da Escola Santos Dumont ("Hermes não sabe *a* nem *b*"); a cirurgia foi suspensa até abril.

Término da última entrevista – Estando a creche na iminência de fechar, fomos interrompidos pela pajem que tomava conta de Hermes, a qual, irrompendo sala adentro, disse que precisava ir embora. Pedi mais dois minutos, nos quais repassei as coordenadas práticas dos encaminhamentos e expus mais uma vez a importância que via neles, tanto para Hermes como para ela.

Seqüência – Hermes e d. Violeta engajaram-se com firmeza no tratamento na CPP. Hermes acabou freqüentando uma classe normal, o que, profilaticamente, é muito conveniente. O atendimento no Hospital São Paulo resultou em avaliação mais completa e fidedigna do que a anterior, evidenciando pequena deficiência auditiva que não explicaria por si problemas de comunicação; assim, envolvem aspectos psicodinâmicos de modo mais acentuado do que aspectos orgânicos; o tratamento da afecção orgânica depende de terapêutica à base de medicamentos e, se esta falhar, de simples e segura intervenção cirúrgica.

Comentários – É muito significativo que Hermes só tenha podido participar de uma avaliação fonoaudiológica mais fidedigna e tranqüilizadora (quanto aos resultados) numa situação em que os profissionais envolvidos puderam despir-se da "assepsia médica" (isto é, frieza e exterioridade) em favor de uma conduta continente e calorosa. (Lembremos que foi por intermédio de meu sogro que se deu o atendimento.) Ou seja: o diagnóstico que estabeleceu uma extensão bem menor para a deficiência auditiva só pôde ser feito quando mudaram os vetores intersubjetivos da situação de exame, permitindo que Hermes conhecesse alternativa à lógica do não-entendimento/atendimento da situação do exame anterior.

Considerações ulteriores à oitava entrevista

Decorridos mais de sete anos desde a primeira visita à creche da Penha, outra é a minha visão sobre as implicações de uma possível afecção orgânica em Hermes. Isso será discutido mais adiante. Por ora, cabe apenas assinalar a extrema simplicidade da fórmula que incita a cooperação de Hermes: conforme a expressão lapidar de uma professora, "falando com carinho, ele faz".

Capítulo 5

A LINHAGEM INFAMILIAR
ANÁLISE E INTERPRETAÇÃO DAS RESPOSTAS DE HERMES
AO TESTE DE APERCEPÇÃO INFANTIL COM
FIGURAS DE ANIMAIS — CAT-A[167]

Breve notícia

Hermes não foi instado a "descrever" ou inventar uma história à vista de cada prancha, como instruem os autores do teste;[168] diversamente, o examinador ateve-se aos seguintes procedimentos: apontar certos elementos das pranchas com o dedo, esperando com isso obter informações sobre a apercepção de estímulos específicos; formular perguntas relativas à identidade, ao conteúdo e à forma desses estímulos; indagar sobre motivações e sentimentos das personagens quando postas em ação e tematizadas espontaneamente por Hermes.

Data da aplicação do CAT-A: 15 de dezembro de 1986
Horário de início: 9h30m
Duração aproximada: 60 minutos

Observações:

- a descrição das pranchas foi extraída do manual do teste;

- falas, ações ou suposições do examinador vêm entre colchetes.

---

[167] L. Bellak e S. Bellak, *CAT-A – Teste de Apercepção Infantil com Figuras de Animais*, São Paulo: Mestre Jou, 1981. Este livro contém as pranchas cujas imagens serão referidas a seguir.
[168] Cf. *op. cit.*

Hermes diante das imagens

Prancha 1
"Pintinhos sentados ao redor de uma mesa, na qual há uma enorme tigela de comida. Fora, de um dos lados, está desenhada, de modo indistinto, uma galinhona."

Respostas
[O que é isso?] [apontando]

Patinho.

[O que é isso?] [apontando]

Galinha.

[O que mais você vê aí?]

....

[O que é isso?] [apontando a tigela]

Isso é panela.

[O que tem dentro?]

Isso que [*tem?*] dentro.

Isso que [*tem?*] dentro.

[reagindo aos estímulos apontados]

Oínho.

Culézinha.

Mesa.

Comentário – Prancha 1
- A heterogeneidade das designações dos animais talvez indique ausência de integração dos pequenos (patinhos) em linhagem de descendência da grande (galinha).

David Calderoni

- Após incitação (O que tem dentro?), Hermes formulou um "dentro" na resposta – "Isso que [*tem?*] [*está?*] dentro"; indicaria essa resposta a posse da noção de continente?

Prancha 10

"Um cachorrinho atravessado sobre os joelhos de um cachorro adulto; ambas as figuras têm pouca expressividade fisionômica. As figuras estão colocadas na parte anterior de um banheiro."

Respostas

Cachorro.

Ele puxou o cabelo dele.

[Por quê?]

Esse.

[Gosta?]

Banheiro.

Porta [referindo-se à toalha].

Telhadinho [referindo-se ao botão de descarga].

Porta [referindo-se à tampa aberta da privada, que se assemelha ao espaldar de uma cadeira].

Língua [do cachorro].

[Por que ele está com a boca aberta?]

Esse.

[Ele gosta dele?]

Ele sentou na cadeira.

Comentário – Prancha 10

- Realização de ato agressivo de um personagem sobre o outro.

- Percepção de objetos próprios de um banheiro como partes de uma casa: toalha e tampa da privada apercebidos como portas; alavanca da descarga como telhadinho. Há que considerar possível infamiliaridade aos estímulos. Ocorreu-me a pergunta sobre o sentido da expressão "surdo como uma porta".

- Interpretação da pergunta do entrevistador "Por quê...?" como se fosse "Quem...?", o que se deduz pela resposta: "Esse".

- O fato de Hermes haver apercebido estímulos tais como "portas" e "telhadinho", alusivos a algum continente, talvez guarde relação com o fato de haver antes figurado uma ação agressiva.

Prancha 2

"Um urso puxa uma extremidade da corda, enquanto outro urso e um ursinho fazem força na extremidade oposta."

Respostas

Ele puxou assim.

O cachorro puxou esse.

[Esse aqui, o que é?] [apontando o terceiro ao fundo]

Coelho.

Dois cachorros e um coelho.

Ele puxou.

[Quem?]

Esse — [apontando a corda].

David Calderoni

Comentário – Prancha 2

- Uso de expressões demonstrativas – "esse", "puxou assim"–, como se a história fosse evidenciada pelas imagens mesmas.

- Colocação dos personagens interatuantes como segregados em um pólo ativo e um pólo passivo: "O cachorro puxou esse".

- Na pergunta, indicação da corda: "Ele puxou"; [Quem?]; "Esse" – [apontando a corda]. Hermes pode ter entendido "Quem?" como "O quê?"; pode ter se referido à corda desde o primeiro momento, sendo ela portanto o pólo passivo (isso ganha relevo se considerarmos a corda como o ser da relação).

- Identificação não convencional dos ursos maiores como cachorros, e do urso menor como coelho, reeditando a separação de linhagens entre grandes e pequenos, a exemplo do que acontecera nas respostas à prancha 1, quando opôs os patinhos à galinha.

Prancha 4

"Uma canguru com um chapéu na cabeça leva uma cesta com um litro de leite; em sua bolsa, leva um canguruzinho que está segurando um balão: um canguru criança, de maior tamanho, pedala uma bicicleta."

Respostas

[conserva-se em silêncio por mais de dois minutos]

[O que é isso?] [apontando o canguru sobre a bicicleta]

Bicicleta.

[E essa bicicleta?] [apontando a canguru maior]

Não é bicicleta, é girafa.

É o careca [apontando o canguru dentro da bolsa].

Círculo [apontando o balão].

Bolsinha.

Frieta [?].

Ele anda.

Comentários – Prancha 4

- Separação de gêneros entre os cangurus: bicicleta, girafa, careca. Ressalvar que o modo pelo qual o examinador apontou o canguru sobre a bicicleta pode ter sido impreciso, explicando-se talvez por isso a confusão de Hermes entre canguru e bicicleta.

- "Ele anda": apercepção de movimento na personagem com a qual Hermes possivelmente se identifica (o canguru criança que pedala uma bicicleta).

Prancha 5

"Um quarto escuro com uma cama de casal no fundo; em primeiro plano, um berço no qual estão deitados dois ursinhos."

Respostas

[O que é?]

Berço.

[E dentro?]

Berço.

[E aqui?]

Cama.

Comentários – Prancha 5

- Identificação e apontamento dos continentes – berço, cama.
- Não referenciação aos conteúdos respectivos, mesmo após incitamento.

Prancha 6

"Uma caverna escura com dois ursos desenhados de forma quase imperceptível na parte posterior; na frente, um ursinho está deitado no chão."

Respostas

[Mostra pra mim.]

Cachorro.

[Mostra pra mim.]

Gatinho.

Não é fogo.

É muro; não, é árvore.

Comentários – Prancha 6

- Traduz urso grande por cachorro e urso pequeno por gatinho, reeditando heterogeneidade de linhagens.
- Denega "fogo" que estaria queimando o "gatinho". Na hipótese de estar identificado com o gatinho, figuraria a si mesmo como objeto de agressão.
- Corrige sua percepção sobre figuras que contornam o continente: "É muro; não, é árvore. (Na prancha 10, havia atentado para a cadeira-continente, estímulo semi-esvanecido.)

210

- Estaria aqui sugerida uma excentrização da atenção, que, partindo das figuras, empresta-lhes sentido fóbico e busca reasseguramento nos perceptos de contorno/continente?

Prancha 7

"Um tigre com os dentes e garras à mostra avança sobre um macaco que, por sua vez, também salta no ar."

Respostas

[?!] [expressão interrogativo-exclamativa com o olhar]

É a leão com dente.

[Neste momento adentra uma funcionária da creche, trazendo num pratinho uma fruta descascada; dirigindo-se a mim a propósito da criança, comenta: "Ele é ruim de almoçar: chupa uma laranja!... Ele chupa sozinho".]

E na leão um índio.

Comentários – Prancha 7

- Identifica tigre como leão fêmea denteada, sugerindo imago materna agressiva e devoradora (atualizada em fantasias de ser devorado pela mãe), situando a oralidade num plano sádico-canibalístico. Numa impressionante e esclarecedora coincidência, irrompe na sala do teste uma pajem com uma laranja descascada, dizendo que "ele é ruim de almoçar". Parece essencial o fato de "chupar sozinho", a autonomia em relação ao ato de se alimentar sendo fundamental para garantir um caráter de bom objeto ao alimento.

- Identifica o chimpanzé a um índio dentro *da* leão, presumivelmente interiorizado pela devoração: "E *na* leão um índio".

Prancha 8

"Dois macacos adultos estão sentados num sofá, tomando algo em xícaras. Em primeiro plano, outro macaco adulto sentado num banquinho conversa com um macaquinho."

Respostas

Patinho.

A mão dele.

Orelha.

É um robô.

Esse.

É bruxa [confunde-a/assimila-a ao todo da figura].

[O que o patinho está ouvindo?]

Esse pescoço.

Comentários – Prancha 8

- Usa "patinho" para designar figuras de pequenos com que se identifica. "Patinho" tem mão. Reconhece orelha; porém, perguntado sobre o que o patinho está ouvindo, responde: "Esse pescoço".

- Demais figuras pertencem a gêneros diferentes do patinho: *robô*, *bruxa*.

- Parece que a nomeação da figura "má" ou "agressiva" – *bruxa* – assinala a ocasião em que a prancha desestrutura-se quanto à percepção parte-todo.

Prancha 9

"Uma sala na penumbra, vista através de uma porta aberta de uma sala iluminada. Na sala escura há um coelho sentado num berço de criança, olhando através da porta."

Respostas

É o coelhinho.

Tá dormindo no berço.

Na orelha.

[fala algo baixinho, ininteligivelmente]

É a parede.

É a porta.

Comentários – Prancha 9

- Identifica adequadamente o coelho. Diz que está dormindo, embora a figura se apresente sentada, ostensivamente desperta. Fala: na orelha, para a orelha (?), incompreensivelmente.

- Algumas associações: o coelhinho – Hermes – berço – orelha – dorme em si.

- Os limites do continente ("É a parede"; "É a porta") são, em certo momento, privilegiados por sua atenção.

- Da figura global, Hermes tematiza cinco elementos: coelhinho, berço, orelha, parede, porta.

Prancha 3

"Um leão de cachimbo e bengala, sentado numa cadeira; no canto inferior direito surge um ratinho num buraco."

Respostas

[virou a prancha, deixando o leão na horizontal ou como que deitado de costas]

É o cachorro [indicando o leão].

É a girafa [ratinho].

Comentários – *Prancha 3*

- A identificação não convencional do leão como cachorro e do ratinho como girafa pode ser explicada por duas hipóteses: a) Hermes considerou cada figura isoladamente, nomeando-as sem ter em vista a relação de tamanho entre elas; b) Hermes considerou as figuras em conjunto, supondo uma grande distância entre o leão e o ratinho, donde este último poder ser perspectivado como girafa; nesta hipótese, cabe indagar a razão de ter sido projetada essa distância.

- Considerando as respostas à prancha 4, note-se a semelhança entre canguru e girafa e entre rato e girafa: há nessas respostas uma correspondência analógica, um nexo morfológico; Hermes constrói uma linguagem singular que pode ser conhecida por outros, desde que se lhe compreenda a coerência própria.

Quadro sinótico das respostas ao CAT- A

Número e enredo da prancha, conforme ordem de apresentação	Ações encenadas ou sugeridas	Nome comum do animal	Posição na ordem de gerações	Designação dada por Hermes	Ação ou objetos reconhecidos por Hermes
P1: Pintinhos à mesa tendo ao fundo sombra de grande galinha	Comer ---------- observar	Pintinho -------------- galinha	filho/ pequeno (:criança) -------------- mãe/grande (:adulto)	patinho -------------- galinha	panela oínho culézinha mesa
P10: Um cachorrinho atravessado sobre os joelhos de um cachorro adulto, tendo ao fundo um banheiro	Bater -------------- apanhar	Cachorro -------------- cachorrinho	adulto -------------- criança	cachorro -------------- ?	puxar o cabelo -------------- ter o cabelo puxado
P2: Um urso disputa cabo-de-guerra tendo como oponentes um urso e um ursinho	medir forças mediante uma corda	ursos -------------- urso	adultos -------------- criança/ pequeno	Cachorros -------------- coelho	puxar "esse"
P4: Uma canguru, um canguruzinho na bicicleta e outro na bolsa vão ao piquenique	andar, mover-se, passear, viajar	canguru -------------- canguru -------------- canguru	adulta -------------- criança -------------- bebê	girafa -------------- bicicleta -------------- careca	ele anda
P5: Berço com dois ursi-nhos; cama de casal, ao fundo	cena primária	ursos	bebês		berço, cama
P6: Dois ursos adultos ao fundo de uma caverna; à frente, um ursinho; deitados	hibernação/ repouso/ [3° excluído]	ursos (plural) -------------- urso	adultos -------------- criança/ou pequeno	cachorro (singular) -------------- -gatinho	queimar (denegado): fogo (não)/ muro (não)/ árvore
P7: O embate entre um tigre e um macaco	lta/ devoração	Tigre -------------- macaco	adulto -------------- indetermina do	"a" leão ----------- índio	devoração (?)
P8: Cena familiar em que um macaco e uma macaca (adultos) conversam e tomam algo em xícaras, enquanto uma macaca (adulta) conversa com um macaquinho	cochicho entre adultos; admoestaçã o de mãe a filho	macaco -------------- macacos	filho/ criança /pequeno -------------- adultos	patinho -------------- bruxa/robô	patinho mão orelha robô esse bruxa pescoço
P9: Coelho no berço olha através de uma porta	ver/ ser visto	coelho	bebê/ criança	coelhinho	dormir [orelha: é a parede, é a porta]

David Calderoni 215

Percursos de leitura

1. Quanto à separação de linhagens
Em nenhum caso se deu a designação dos pequenos pela mesma categoria dos grandes.

Nas respostas à prancha 2, os grandes são designados pela mesma categoria: cachorros (Hermes diz: "Dois cachorros e um coelho").

2. Quanto à figuração da agressividade
Hermes designa como *cachorro* os ursos, o cachorro e o leão. Somente neste último caso, a designação de um personagem adulto como *cachorro* não é situada de forma explícita no contexto de uma ação agressiva ("puxar"; queimar – "Não é fogo"; "Ele puxou o cabelo dele"). Possivelmente isso guarda relação com a experiência de um mau encontro real. (Lembremos uma das informações de d. Violeta sobre condutas fóbicas de Hermes: "Pegou trauma do cachorro: o cachorro avançou nele, ficou/fica roxo".)

O único caso em que um animal exercendo ação reconhecida como agressiva não foi designado como cachorro ocorreu nas respostas à prancha 7. A resposta a essa prancha atribui o gênero feminino à personagem agressiva ("É *a* leão"), nomeia-lhe o instrumento corporal de ataque ("com dente") e presumivelmente refere a agressão como já realizada ("E *na* leão um índio"). Nesta última hipótese, o termo *devoração* descreveria o processo em causa, cujo resultado corresponde à *incorporação*.

3. Quanto à noção figura/fundo e à apercepção de continentes
Ao lado da incorporação, um outro risco parece ameaçar Hermes quando ele se defronta com uma figura hostil. Tal é o caso da "bruxa" [prancha 8]: ao nomeá-la, não sabia mais indicar no momento seguinte o que era figura e o que era fundo. Poderíamos aproximar esse efeito daquele verificado por ocasião do colorimento da casa e árvores rea-

Figura 6

lizado na presença de d. Violeta [fig. 6]. De fato, quando a figura e o fundo se tornam indistintos, perde-se a relação parte-todo (descontexturação) e, ao mesmo tempo, perdem-se de vista os contornos (incontinência).

Assim, compreende-se que, diante da prancha 10, depois de contar que o cachorro havia puxado o cabelo do outro personagem (que ele não nomeou), Hermes tenha apercebido porta e telhadinho no banheiro. Note-se que ele designou o banheiro por esse nome. É como se um espaço compartilhado tal como o banheiro – o objeto de civilização de que vimos falar Francastel – viesse a abrigar porta e telhadinho de fantasia construídos como antídoto ou guarida em face da agressão encenada.

Ainda a propósito das respostas à prancha 10, observe-se que, depois de referir a ação agressiva ("Ele puxou o cabelo dele") – que implica no mínimo dois personagens e uma relação –, Hermes dedicou-se a identificar estímulos isolados ("banheiro", "porta", "telhadinho", "língua", "esse"), para finalmente repousar numa ação solitária ("Ele sentou na cadeira"). A muito custo é recuperada a relação conteúdo/continente; nela, o continente é inanimado (ao contrário da leão que conteria o índio).

Nas respostas à prancha 5, em que a cama de casal ao fundo e o berço com os dois ursinhos em primeiro plano costumam ensejar respostas que refletem o fato vulgar de que "a criança interessa-se com o que se passa entre os seus pais na cama",[169] Hermes abstraiu completamente os conteúdos – tanto os perceptíveis ursinhos como os imagináveis habitantes da cama de casal. Apenas os continentes foram adequadamente identificados e nomeados. Ainda que admitíssemos que a ausência real do pai pudesse explicar o silêncio quanto ao interior da cama, não saberíamos entender a mudez sobre os ocupantes do berço, a não ser, talvez, que o conteúdo seja tão ameaçador que não caiba mencionar senão o continente.

Haveria nisso, como sugerimos antes, uma excentrização da atenção, a qual, tomando as figuras como ponto de partida, daria a elas um sentido fóbico e tentaria se reassegurar nos perceptos de contorno/continente? Recoloca-se a hipótese aventada nos comentários da prancha 6. E não por acaso: trata-se de prancha que apresenta dois ursos deitados bem juntos, e um terceiro, menor, destacado.

Na relação entre essa prancha e a prancha 5, as semelhanças são tão importantes quanto as diferenças; as primeiras fazem uma ponte que as segundas deslocam, permitindo o acesso a uma problemática antes incogitável. Semelhança: há em ambas as pranchas um par de ursos deitados e em contato físico. Diferença: nesta segunda, trata-se de ursinhos; na prancha 6, de ursões. Nesta, o perigo foi deduzido como uma possibilidade sem apoio positivo no discurso explícito de Hermes. Naquela, o terceiro excluído, em destaque, enseja o acionamento de um processo defensivo já evidenciado: a separação de linhagens (cachorro/gatinho). Encadeado a este – e eis aí a novidade importante –, outro procedimento defensivo se apresenta: a negação ("Não é fogo"), isto é, o reconhecimento de algo mediante a negativa de sua existência. Freud enfatizou a importância desse mecanismo: por meio do advérbio de negação, o sujeito se dá acesso a realidades ameaçadoras, cuja percepção ele não precisa mais simplesmente recusar. Freud considerou que o grau de liberdade psíquica assim conquistado é tão primordial, que situou *a negação* (*die Verneinung*) na própria origem da inteligência.[170]

---

[170] S. Freud, "A negação", in *Discurso*, n. 15, *op. cit.*, pp. 127-132.
[169] *Id.*, *ibid.*, p. 7.

218

O que Hermes coloca positivamente em cena através da negação? O (não-)fogo. Inicia-se uma dialética: o fogo negado dá lugar a outra coisa – "É muro" – que, mediante a negação da negação, dá lugar a uma terceira coisa – "Não, é árvore".

Qual a conquista simbólica neste movimento?

O fogo que queima é contido pelo muro que não queima, dando campo à árvore que oxigena. Contando com o dique inorgânico, há um percurso do letal ao vital.

4. Quanto a outros indícios de critérios aperceptivos singulares

Na apresentação da prancha 4, pergunto a Hermes "O que é isso?", enquanto aponto o canguru sobre a bicicleta. Como ele responde "Bicicleta", hesito entre supor imprecisão no modo como apontei e supor que Hermes tenha mesmo chamado o canguru de bicicleta. "E essa bicicleta, o que é?", pergunto para tentar daí tirar a prova real, apontando a canguru maior. "Não é bicicleta, é girafa", responde Hermes. Isso evidencia que ele organizou aperceptivamente a prancha como um sistema simbólico dotado de coerência interna. Além disso, foi capaz de afirmar seu ponto de vista diante do examinador; assim, o que antes se mostrou como uma dialética intra-subjetiva (fogo-muro-árvore), prenuncia-se agora como intersubjetiva.[171]

Visão diacrônica dos elementos diagnósticos

Na consideração dos dados que indicam a psicodinâmica de Hermes, é preciso atentar para o desenvolvimento cronológico da sintomatologia apresentada, visto concernirem a estruturas em movimento.

O primeiro elemento diagnóstico a enfocar diz respeito a uma informação transmitida por uma professora durante minha segunda visita à creche:

---

[171] Pode-se imaginar o passo seguinte num diálogo em que eu interpelaria Hermes: "Mas você chamou ou não chamou aquela outra girafa de bicicleta?" — o que suporia um contexto diferente da situação de teste.

No começo não havia diálogo: *Hermes repetia o que lhe falavam. Não brincava. [...] Não comia sozinho, não pegava num lápis.*

Se grifei a informação a que me referi, foi não somente para indicá-la, mas também para diferenciá-la das informações que a cercam – e para destacar um verbo nela: *repetir*. Apesar das aparências, penso que a ecolalia de Hermes não tenha a mesma ordem de significação que o não-dialogar, o não-brincar, o não-comer sozinho, o não-pegar num lápis.

Segundo o *Aurélio, ecolalia* quer dizer: "1. tendência a repetir automaticamente sons ou palavras ouvidas; 2. hábito ou mania de, falando e/ou escrevendo, aconsoantar as palavras". A mesma fonte ensina que *aconsoantar* significa "tornar consoante; fazer rimar".[172]

Essa trilha sugerida pelo dicionário nos encaminha ao que pode haver de positivo na conduta que estamos examinando. Ao modular sua expressão verbal em consonância com as circunstantes, Hermes manifesta, além da acuidade auditiva pressuposta, uma intenção de correspondência e uma busca de afinidade que ressoam a imagem proposta no Capítulo 2, a propósito da ativação de propriedades comuns fundando a comunicação entre singularidades. Refiro-me à *vibração por simpatia* – ao fenômeno que ocorre, por exemplo, quando uma voz faz vibrar um cristal –, com isso entendendo a ecolalia de Hermes como radicalmente afastada daquele cortejo de *nãos* autísticos. Para ser mais exato, minha idéia é que a ecolalia marca o processo de afastamento das condutas que se poderiam tomar por autísticas, assinalando a própria operação de abertura do que antes era isolamento e evitação do contato.

Para medir o passo diferencial dado aí por Hermes, é útil remontar ao que se relatou sobre o perfil de sua conduta ao entrar na creche:

---

[172] *Dicionário Aurélio, op. cit.*

220

Primeiro dia: gritava, dizia que iam bater nele, superisolado das outras crianças, chorava.

Orientando-nos numa marcha regressiva, talvez o que se dramatize nessa vivência tão traumática seja a própria situação de entrada no mundo:

> Eu estava morrendo de sono, meio sonâmbula, não sabia bem o que fazia, o Hermes não parava de chorar, esquentei óleo, derramei com a colher no ouvido, ele tentou desviar a colher com a mão, queimou a mão, fez a colher bater no ouvido, queimou a pele do ouvido [orelha], derramei o óleo, logo virei a cabeça pra que o óleo saísse, depois coloquei no ouvido esquerdo, mas já tinha dado tempo de esfriar um pouco, afetou mais o direito. Não percebi que estava quente.

Podem-se questionar as condições de inscrição desse episódio no aparelho psíquico de Hermes, considerando-se improvável ou impossível o registro mnêmico de uma vivência ocorrida aos quatro meses de vida. Porém, mesmo na hipótese de não ter sido registrada, isso não significaria que tal vivência tenha sido isenta de efeitos. Aqui, todavia, a discussão se torna ociosa, visto que a dinâmica do episódio se prolonga no tempo. Assim, se atentarmos para a presença determinante do psiquismo de d. Violeta naquela cena, talvez tenhamos acesso às condições de base pelas quais Hermes vem a ser incorporado a um roteiro ditado pela constância da (des)significação intolerável que o choro possui aos ouvidos da mãe, como se mostra a seguir:

> Em reunião com professoras, [mãe] pediu ajuda do psicólogo – "Não sei o que esse menino tem". Não sorri porque "senão ele chora mais".
> "Não agüento mais o *choro* na cabeça."
> "Gosto de falar com psicólogo."

David Calderoni

Numa passagem do *Projeto para uma psicologia científica*, Freud permite avançar a relação entre o grito da criança, a reação da mãe e a origem da comunicação:

> O organismo humano, em seus estágios precoces, é incapaz de provocar esta ação específica que só pode ser realizada com a ajuda exterior e no momento onde a atenção de uma pessoa dedicada se volte sobre o estado da criança. Esta última alertou-a pela presença de uma descarga que se efetua pela via das trocas internas (pelos gritos da criança, por exemplo). A via de descarga adquire, assim, uma função secundária de uma importância extrema: a da compreensão mútua. A impotência original do ser humano se torna, desse modo, a *fonte primeira de todos os motivos morais*.[173]

Comentando essa passagem, Monique Schneider extrai dela importantes conseqüências, que vão ao encontro da orientação de nossas considerações diagnósticas:

> Deduz-se desta análise que não se pode isolar, a não ser artificialmente, a possibilidade de uma descarga emocional de essência puramente fisiológica, ou seja, pura descarga automática. Quer queira, quer não, o fenômeno da descarga emocional se acha anexado ao circuito da comunicação, conferindo uma finalidade significante a uma conduta que no começo era apenas involuntariamente expressiva. [...] O outro não figura, assim, apenas como simples testemunha encarregada de sancionar a demonstração emocional da criança; faz mais: confere um sentido, exercendo desse modo uma ação decisiva sobre o desenvolvimento qualitativo da vida afetiva. A criança se verá infeliz, cômica, irresistivelmente engraçada antes de ter tido a possibilidade de procurar ser o que quer que seja. [...] É possível (o que abre questões que serão posteriormente retomadas) que aquilo

---

[173] S. Freud, *Projeto para uma psicologia científica*, *apud* M. Schneider, "Affect et langage dans les premiers écrits de Freud", in *Topique*, n. 11-12. Paris, PUF, 1973, p. 101. Tradução livre.

que se exprime, se sufoca ou se dissipa pela mediação da transcrição endereçada ao outro repercuta diretamente sobre o processo fisiológico subjacente ao afeto, favorecendo ou prejudicando uma evolução rumo a formas mais nuançadas e diferenciadas.[174]

A hipótese de que o choro traga para d. Violeta a ameaça de uma dessignificação se esclarece melhor mediante o que comentamos antes a respeito da cena da queima dos ouvidos:

> Na narrativa do derramamento de óleo quente, impressiona que, depois de descrever em detalhe o esquentamento do óleo e a queima da mão e da orelha do filho, d. Violeta declare: "Não percebi que estava quente". É como se estivesse em curso um ato em que o desligamento da audição de Hermes fosse concomitante a um desligamento de si mesma. Após a referência inicial ao choro ininterrupto da criança que desencadeia o gesto dela, é como se toda a seqüência da cena imergisse no silêncio (desligou a própria audição; desligou-se ao desligá-lo).[175]

Haveria um vínculo estreito entre o caráter dessignificante do choro, o duplo desligamento, o fato de que "cobra uma conversa com um psicólogo que lhe forneça solução" e as alcunhas aplicadas a Hermes: "desligado", "retardado".

Acompanhemos o fio do "retardado". Observei que se trata de uma categoria de caráter temporal. Se, do ponto de vista de d. Violeta, o desligamento de si e do filho teria se situado no plano da audição, talvez do ponto de vista de Hermes o desligamento tenha incidido no modo de ser no tempo. Os repetidos sustos de Hermes ecoariam a insistência de uma situação traumática, subjacente a acidentes estrepitosos: o grito do seio acotovelado, a quebra da mamadeira. Assim, quando chorava e gritava e dizia que iam bater nele, Hermes

---

[174] M. Schneider, "Affect et langage dans les premiers écrits de Freud", *op. cit.*, pp. 101-103.
[175] Renovo aqui meus agradecimentos a Betty Svartman, cujas observações propiciaram estes comentários.

David Calderoni

assimilava o novo meio da creche à lógica de relações de que vinha marcado. Do mesmo modo que os afetos estrangulados sequiosos por ressoar, a linguagem própria que nele queria se desenvolver conhecera as reações de uma interlocução madrasta:

> Formulação da queixa: "Ele [Hermes] não é normal, às vezes fala coisa que não tem nenhum sentido – 'a casa da abobra, mãe' –, daí eu bato. Não quero ver meu filho crescer e ficar um xarope. Firmino [o irmão caçula] é esperto, Hermes é atrasado".

À luz desses antecedentes, o sentido evolutivo da ecolalia sobressai como uma boa possibilidade.

Entretanto, se é possível reconstruir assim, por contraste com uma pré-história negativa, a ecolalia como primeiro momento de um progresso expressivo, é preciso observar que meu encontro com Hermes ocorreu já nos quadros de um outro momento:

> Hermes: "super-antena", atento aos meus movimentos; perguntado sobre sua idade, repetiu: Hermes... Hermes.

Ao retomar a idéia de que nessa resposta (que sob certo ângulo se apresenta como não-correspondente à pergunta) estaria em jogo a afirmação do próprio nome como fundação do ser no tempo, é preciso, também, referir a possibilitação desse movimento ao contexto institucional em que ele ocorreu. Pois o movimento de que aqui se trata constitui-se na articulação de pelo menos dois atos: um, relativo ao processamento e à emissão da resposta por parte de Hermes; outro, relativo à decisão de escutar um sentido (e não apenas um erro) em sua resposta.

Ora, a experiência desse entreato não se deu no isolamento de uma sala de testes, mas a céu aberto e à vista das agentes da creche, formando uma seqüência com a situação do exercício de cópia. Retomemos então, nesse sentido, uma observação do Capítulo 2, dedicado ao encontro com Hermes:

Ao enunciar as relações afetivas institucionais como *atualizadas* na "atividade psicopedagógica" de cópia, tem-se em vista que em tal ocasião o diagnóstico empírico não somente se manifesta, mas principalmente se põe à prova, não apenas se entremostra, mas sobretudo pretende se demonstrar.

Nesse extraordinário engajamento dos agentes, as relações afetivas cristalizadas no diagnóstico de debilidade mental e auditiva adquirem mobilidade, um dado saber se abre ao fazer de uma experiência. O tempo volta a correr no horizonte de Hermes.

É sobre o fundo de uma diferenciação temporal que se dá a relação em que o psicólogo pode respeitar o momento das agentes e estas, o de Hermes:

> Quando o psicólogo questiona a proximidade temporal entre o ato de instruir e o de exigir resposta, teria propiciado a instauração de uma medida que regula e diferencia o tempo das instrutoras e o tempo de Hermes: deixaria de imperar o fantasma de uma origem comum em que se indiferenciam os tempos – a posição avoenga –, passando a vigorar a proximidade e a distância instauradas por referência ao progenitor-irmão – a posição fraternal-genitora, em cujo âmbito o psicólogo apresenta-se como um tio entre tias.

Os progressos expressivos de Hermes, como vemos, encadeiam-se à transformação das relações institucionais, e a partir desse encadeamento será preciso perguntar: por que o diagnóstico passa pelo contradiagnóstico?

Deixando ao leitor e ao próximo capítulo o desenvolvimento dessa questão, retomo as considerações mais especificamente diagnósticas. Repassando o percurso já feito e fazendo-o avançar, podemos esquematizar nosso acompanhamento da evolução da linguagem de Hermes em quatro momentos:

Momento zero – Choro, grito, pânico, enunciação da crença de que vão bater nele, assinalando-se na entrada na creche a repetição traumática da entrada no mundo.

Primeiro momento – Modulação da expressão verbal em consonância com as circunstantes (ecolalia).

Segundo momento – Prática de responder diversamente do perguntado:

a) afirmando o próprio nome como fundação do ser no tempo;

b) realizando metáforas crípticas (isto é, que não obedecem a códigos de combinação e de seleção preestabelecidos);

Terceiro momento – Abertura ao discurso dialógico:

a) mediante uma dialetização intra-subjetiva ("não é fogo/é muro/ não, é árvore");

b) mediante uma dialetização intersubjetiva ("não é bicicleta, é girafa").

Recapitulados os passos, avancemos agora a partir do ponto correspondente ao item b do segundo momento, examinando um exemplo de metáfora críptica:

> Hermes designa como *cachorro* os ursos [P2 e P6], o cachorro [P10] e o leão [P13]. Somente neste último caso, a designação de um personagem adulto como *cachorro* não é situada de forma explícita no contexto de uma ação agressiva (na P2, "puxar"; na P6, queimar – "Não é fogo"; na P10, "Ele puxou o cabelo dele"). Possivelmente isso guarda relação com a experiência de um mau encontro real.

Tomamos a frase "João é um leão" como metáfora na medida em que subentendemos que a cópula (isto é, a combinação) de "João" e "leão" obedeceu à seleção de uma propriedade comum a ambos, tal como a coragem, por exemplo. Se desconhecêssemos esta última operação, não veríamos sentido na frase e tenderíamos a supor incoerência no código do emissor. Suponhamos agora a frase "Os ursos são cachorros". Se permanecêssemos desconhecendo que o termo *cachorros* designa entes agressivos, não podendo assim discriminar uma propriedade comum entre o personagem que num episódio real investiu contra Hermes e o personagem que este último apercebe como realizando uma ação agressiva na prancha, não divisaríamos o sentido possível da identificação metafórica dos ursos como cachorros.[176] Em que condição se encontra a metáfora antes de descobrirmos o seu código? Escondida para nós, aguarda, do ponto de vista de seu emissor, um receptor que encontre o seu sentido.

A noção de metáfora críptica designa, portanto, um fenômeno necessariamente intersubjetivo, sendo decisiva para a conformação, abertura e sociabilização da linguagem em desenvolvimento a conduta do destinatário da mensagem: recusa violenta ("'a casa da abobra, mãe' – daí, eu bato") ou espera/busca de sentido ("entrei de gaiato num navio") sendo exemplos extremos. O fato de que a tendência de d. Violeta seja passar do primeiro ao segundo tipo de recepção à medida que caminham nossos contatos confere um prognóstico positivo ao caso de Hermes. Exemplar também, nesse sentido, é o fenômeno que no comentário final da sexta entrevista designei como *audiometria materna*.[177]

Sobre a dialetização inter e intra-subjetiva que abre o discurso de Hermes ao diálogo, pouco teria a acrescentar. Talvez, apenas, uma pequena observação quanto a um detalhe da sentença "Não, é árvore". Trata-se da vírgula. Ao escrevê-la, procurei transpor para a linguagem escrita uma pausa feita por Hermes na enunciação de sua fala. O

---

[176] (Restando-nos talvez a hipótese de que a semelhança fisionômica entre os referidos animais salvaguardasse como erro de aproximação a coerência da identificação; nessa eventualidade, resvalaríamos do plano do sentido para o plano da competência cognitiva e/ou funcional.)

[177] À medida que avança o périplo aos hospitais, d. Violeta toma para si a realização de experimentos que resultam na dissuasão da suspeita de surdez – passa a achar "que o filho não é surdo, pois às vezes ela fala baixinho junto ao ouvido direito (o mais problemático): 'Você quer sorvete, Hermes?', e ele responde: 'Quero, mãe'".

breve silêncio que marca o intervalo entre os dois segmentos da sentença – "não/é árvore" – serve para articulá-los. O "não" resume um posicionamento diante da cadeia de movimentos lógicos à qual dá seqüência: negação ("não é [fogo]"), afirmação ("é [muro]"), nova negação ("não...") abrangendo os movimentos anteriores. O segmento "é árvore", resultante de todo o processo, consiste na afirmação final preparada pelo "não". Desse modo, a sentença "Não, é árvore" congrega os movimentos lógicos de afirmação e negação que antes vinham distribuídos em sentenças distintas. A vírgula, índice de intervalo, assinala a mediação temporal entre a negação e a afirmação. Seria, pois, condição da juntura dos distintos momentos lógicos. Indicaria a presença, em Hermes, da compossibilidade de tempos e de códigos que caracteriza o jogo da intuição refundadora.

Se concluímos que Hermes possui e utiliza recursos de simbolização evidenciados por seu desempenho lingüístico em desenvolvimento, não devemos, todavia, a pretexto disso, deixar de reconhecer e de mapear os percalços e falhas que apresente. É necessário, ao contrário, identificar as ameaças e os obstáculos colocados contra o seu progresso e interpretar a sua origem e natureza, a fim de formar uma idéia sobre a situação de seu psiquismo.

Com efeito, nas respostas ao CAT-A, impressiona a escassez de verbos de movimento e a total ausência de adjetivos.[178] A raridade dos verbos de movimento condiciona, por sua vez, a incipiência da função narrativa e o predomínio da função designativa, como se exemplifica nas respostas à prancha 9:

É o coelhinho.
Tá dormindo no berço.
Na orelha.
[fala algo baixinho, ininteligivelmente]
É a parede.
É a porta.

---

[178] Não se trata de caracterizar Hermes pelo que ele não tem, mas sim de tomar em conta os limites internos ao seu desenvolvimento. Como se verá, Hermes de algum modo possui o que não exibe.

228 O caso Hermes

É indispensável, neste ponto, examinar a questão dos eventuais limites expressivos determinados pela estrutura orgânica do aparelho cognitivo e funcional de Hermes. Segundo os ensinamentos de Norberto Rodrigues, diante de problemas de aquisição de linguagem temos de pensar em diferentes estruturas e funções envolvidas no ato da aprendizagem, em seu processamento e sua execução.[179] Esquematicamente, haveria cinco hipóteses a aventar no caso de Hermes:

- surdez (problemas no nível da sensação);

- agnosia acústica, isto é, audição sem decodificação, como quando se ouve uma língua estrangeira (problemas no nível da percepção);

- deficiência mental e/ou afasia (problemas no processamento central da linguagem);

- dispraxia (problemas na coordenação dos gestos articulatórios da fala);

- disartria (problemas na execução dos gestos articulatórios da fala).

Tais hipóteses levaram à formulação das seguintes considerações:

- havendo uma relação comprovada entre os mecanismos e estruturas neurológicas envolvidas na execução da fala e na execução do desenho, a *performance* de Hermes no desenho da figura humana descarta a possibilidade de disartria;[180]

- o grau de acuidade auditiva atestado pelas audiometrias[181] permite dizer que do ponto de vista funcional não há déficit, podendo Hermes ser considerado ouvinte;

---

[179] Para essa avaliação, busquei subsídios junto ao dr. Norberto Rodrigues, professor adjunto do Departamento de Distúrbios da Comunicação da PUC-SP, cuja ajuda muito agradeço, ressalvando entretanto que todos os eventuais erros são de minha inteira responsabilidade.
[180] N. Rodrigues, Neurolingüística dos distúrbios da fala, São Paulo: Cortez/EDUC, 1992, pp. 143-169. Essa obra apresenta a demonstração experimental, aclamada internacionalmente, da estreita correlação entre o movimento dos membros superiores e os órgãos fonoarticulatórios.
[181] Cujas circunstâncias de realização foram relatadas no capítulo precedente.

David Calderoni

- as produções gráficas e os dados do desempenho lingüístico de Hermes são incompatíveis com o perfil dos desenhos e falas das crianças que apresentam agnosia, dispraxia ou deficiência mental.[182]

Afastadas essas possibilidades de comprometimento, estaríamos diante de duas hipóteses: ou Hermes apresentaria uma afasia caracterizada como distúrbio orgânico de linguagem em nível de processamento central, ou apresentaria um transtorno psicodinâmico. A propósito da primeira hipótese, Jakobson ensina que a afasia implica, em graus variáveis de predominância, o desarranjo constante de dois aspectos da linguagem:

1. A combinação. Todo signo é composto de signos constituintes e/ou aparece em combinação com outros signos. Isso significa que qualquer unidade lingüística serve, ao mesmo tempo, de contexto para unidades mais simples e/ou encontra seu próprio contexto em uma unidade lingüística mais complexa. Segue-se daí que todo agrupamento efetivo de unidades lingüísticas liga-as numa unidade superior: combinação e contextura são as duas faces de uma mesma operação.

2. A seleção. Uma seleção entre termos alternativos implica a possibilidade de substituir um pelo outro, equivalente ao primeiro num aspecto e diferente em outro. De fato, seleção e substituição são as duas faces de uma mesma operação.[183]

---

[182] Lembramos as informações de d. Violeta quanto às condutas de Hermes envolvendo aspectos expressivos/auditivos: "Ele gosta de cantar e o faz com ritmo, embora 'errando' as palavras; não reproduz corretamente determinadas configurações de fonemas: troca 'Telesp' por 'Teleps', 'Hollywood(i)' por 'Hohudi', 'papel higiênico' por 'paxiênico', o que não impede que seja compreendido pelo balconista da venda, como quando d. Violeta pede que ele vá comprar o cigarro 'Free pequeno, e ele volta trazendo o maço, direitinho'. Hermes conhece 'tipos de carro' pelo nome, discriminando-os com interesse e precisão". Cf. Capítulo 4.

[183] R. Jakobson, "Dois aspectos da linguagem e dois tipos de afasia", in *Lingüística e comunicação*, São Paulo: Cultrix, s/d, pp. 39-40.

Verificamos no CAT-A (v. quadro sinótico) que Hermes utilizou um mesmo nome para designar animais diferentes – por exemplo, cachorro para designar tanto urso [prancha 6] como leão [prancha 3]. Verificamos também que utilizou nomes diferentes para designar o mesmo animal – por exemplo, índio para designar o macaco da prancha 7 e robô para designar o macaco da prancha 8. Significaria isso um total desarranjo das operações de combinação e seleção?

Aqui, convém pôr entre parênteses a noção de metáfora críptica, pois a espera/busca de sentido a que ela convida poderia desviar a atenção para o plano intersubjetivo, quando a problemática em exame diz respeito às condições estruturais internas da competência semiótica de Hermes. É preciso verificar se as hipóteses geradas pelo uso daquela noção compatibilizam-se com os resultados de uma análise estrutural.

Tentemos, pois, encaminhar a questão observando que os dois ursos adultos da prancha 2 foram designados como cachorros (no plural), ao passo que, na mesma prancha, o urso pequeno foi designado como coelho. Isso indica que o critério de combinação e seleção das designações intraprancha leva em conta o fato de os personagens pertencerem ou não à mesma geração.

Por outro lado, quanto à relação das designações interpranchas, nota-se que um mesmo animal pequeno – o ursinho da prancha 2 e o da prancha 6 – é designado por nomes diferentes, respectivamente coelho e gatinho. Também se observa que o único animal adulto que se repete em duas pranchas – os ursos, na prancha 2 e na prancha 6 – é designado nos dois casos como cachorros. Isso indicaria que o critério de substituição dos nomes entre as pranchas tem como regra a pertinência à classe dos pequenos. Quer isso dizer, então, que o tamanho físico seja o critério? Ora, se assim fosse, como se explicaria que em nenhum caso Hermes tenha se valido da forma diminutiva, que faz parte de seu repertório, para exprimir a diferença, apelando sempre para uma distinção quanto à espécie?

Se concluirmos, portanto, que não há, na distribuição das designações intra e interpranchas, um desarranjo total e constante das ope-

David Calderoni

rações de seleção e de combinação, mas, ao contrário, que a nomeação obedece a uma regra relativa à posição na ordem das gerações, concluiremos também que a discrepância entre as designações efetuadas e as esperadas não tem como fator constante de desvio uma regra formal e extrínseca referente a elementos do código lingüístico, mas, sim, uma regra imanente e qualitativa referente a elementos do código social. Não é então no âmbito dos processos neurais – mas no dos processos simbólicos – que devemos buscar o princípio do funcionamento lingüístico de Hermes.

Seria possível, no âmbito simbólico, compreender o sentido da escassez de verbos de movimento e da total ausência de adjetivos já assinaladas?

Procuremos encaminhar a questão tendo em conta a teoria de Freud segundo a qual o juízo de existência é secundário ao juízo de atribuição.[184] Em outros termos, o ato psíquico pelo qual se qualifica alguma coisa precederia aquele em que se reconhece alguma coisa como existente. A valer tal postulação, como entender que Hermes designe as coisas sem adjetivá-las? Talvez os juízos de atribuição, não encontrando lugar no seio da linguagem verbal, busquem outras vias de expressão.

Converge com essa hipótese o que se observou nas reações à prancha 8, quando a nomeação da bruxa desencadeia efeitos de descontexturação aperceptiva da relação figura-fundo. Se é certo que supusemos a partir desse efeito – e também com base na cultura das histórias e mitos infantis – que "bruxa" designava uma figura hostil, o fato é que Hermes não utilizou o termo de maneira explicitamente

---

[184] Conforme S. Freud, "A negação", *op. cit.*, p. 130. "A função do juízo tem essencialmente duas decisões a tomar: ela deve conferir ou recusar a uma coisa uma determinada qualidade e deve admitir ou contestar se uma representação tem ou não existência na realidade. A qualidade a ser decidida poderia originariamente ter sido boa ou má, útil ou nociva. [...] Como demonstrei em outro lugar, o ego-de-prazer originário quer introjetar em si todo o bom e pôr para fora todo o mau. [...] A outra decisão a ser tomada pela função do juízo, sobre a existência real de uma coisa representada (prova de realidade), é tarefa do ego-de-realidade, que se desenvolve a partir do ego-de-prazer inicial."

adjetiva. Assim, é possível pensar que a descontextura tenha representado a colocação em ato de um juízo de atribuição que não pôde ser suficientemente delimitado na forma verbal. A escassez de verbos de movimento encontraria também, nesta ordem de idéias, um possível princípio explicativo, na medida em que uma ação que não pode ser figurada em palavras tenderia então a ser atuada.

Embora esse raciocínio pareça-me legítimo como hipótese de trabalho, uma incerteza provém do fato de que o vocábulo *bruxa* funciona muitas vezes como categoria limítrofe entre o substantivo e o adjetivo. A ambigüidade incita a buscar outros apoios para a hipótese – e encontramos, efetivamente, em outro momento, um exemplo cabal de um juízo de atribuição que Hermes realiza por via motora:

> Mãe coloca Firmino como mais esperto, mais rápido.
> Hermes bate palmas para o irmão – idolatria.
> Firmino visivelmente mais estimulado pela mãe.
> Geralmente, na presença da mãe, Firmino imita sua atitude para com Hermes.

> Os filhos regulariam a apreciação recíproca tomando como modelo a apreciação da mãe. Contudo, é dito que Firmino assim procede "geralmente" – portanto, nem sempre – "na presença da mãe" –, o que indicaria que a pregnância do modo de relação ditado pelo modelo materno não se teria interiorizado e fixado de forma inamovível.

O aplauso, espécie de elogio gestual, exultação afetiva por excelência, não deixa de exprimir um juízo quanto à excelência do irmão – juízo elogioso exultante que converge com a apreciação com que a mãe distingue Firmino.

Por essa via oblíqua, indireta, ao investir aquele a quem a mãe também investe – numa atitude que a agente caracterizou como "idolatria" –, Hermes comunica-se com o afeto materno positivo por

David Calderoni 233

intermédio de um objeto idealizado comum, identificando-se através deste objeto com a mãe e, assim, enriquecendo-se daquilo que por via direta d. Violeta lhe nega.[185]

Enriquecendo-se? Mas essa adoração do irmão não caminha junto dos juízos depreciativos que a mãe dirige a ele, Hermes? Não seria, portanto, a adoração do irmão solidária do desvalimento de sua auto-imagem? Nessa hipótese, na medida em que d. Violeta funcione como reservatório de libido, a referência ao afeto com que investe o irmão estaria vinculada ao desafeto com que ela investe Hermes, reforçando nele uma representação de si desvalida ou, mais que isso, hostil a si mesmo.

Não obstante, sabemos que Hermes, revelando-se capaz de aplaudir o irmão, traz consigo aquilo que Melanie Klein denominou "bom objeto" – germe da formação e da coesão do ego e correspondente à "experiência de amor e carinhos maternos que a criança sente".[186]

Essa estratégia espontânea de resistência *ESB*arraria, entretanto, numa contradição interna dilacerante. Pois se a introjeção do amor da mãe tiver como contrapartida necessária a incorporação de sua hostilidade, tal lógica fará com que a cada germe de bom objeto capaz de conferir coesão ao ego venha a corresponder um germe de

---

[185] Contudo, se é verdade que o investimento tem por alvo não só representações, mas também objetos reais, o progresso afetivo que Hermes apresenta ao entrar na creche encontra um princípio explicativo na ruptura de um sistema familiar fechado de investimentos, os novos, variados e numerosos objetos de investimento que povoam a creche não sendo meros suportes de representações intrapsíquicas indiferentes à realidade ambiente: uma coisa é afirmar a relativa contingência do objeto, outra é postular que o comportamento dos objetos de modo algum informa o sentido das representações de que são fonte e referência parciais — esta última posição representando o pressuposto de uma teoria autista à qual a psicologia institucional é por natureza avessa. Na creche, mobilizam-se esquemas identificatórios que na casa tendiam a se cristalizar: com o novo meio, muda a duração e a qualidade da presença materna, Firmino pode proteger Hermes nessa nova condição, Hermes pode pedir socorro às tias, estas podem se apresentar para suprir funções maternas de zelo e acolhimento. O investimento das representações é inseparável do investimento dos objetos reais e tem na relação com estes uma condição essencial de sua abertura (enriquecimento) ou clausura (empobrecimento).

[186] M. Klein, "Notas sobre alguns mecanismos esquizóides", in *Os progressos da psicanálise*, *op. cit.*, p. 319.

234 O caso Hermes

mau objeto que o fragmenta. Ocorre-me a imagem da cabeça cheia de olhos, todos eles como a perguntar por qual viés alcançariam os rebotes do carinho da mãe, numa inquietação cissípara.

Sabemos que a hostilidade da mãe contra Hermes guarda relação íntima com o lugar identificatório na ordem de filiação que ela lhe reserva. Possivelmente esteja aí o fundamento do abismo de geração verificado no CAT-A. A lei de ferro que comanda o desencontro de espécies pautado pela posição na ordem de gerações parece derivar da separação de linhagens efetuada por d. Violeta, segundo a qual Firmino pertenceria à descendência matrilinear e Hermes, à patrilinear. Que recursos teria Hermes para elaborar esta ordenação?

Examinemos melhor como se dá a separação de linhagens realizada por d. Violeta.

[2ª Entrevista – 15/9/86]

> *Identificação de Hermes ao pai* – Referindo-se ao modo introspectivo de Hermes ficar nervoso, d. Violeta disse que ele "é igual ao pai, emburrado, pra dentro", apontando também a semelhança física entre ambos. Em contraposição, comparou Firmino consigo mesma, encontrando em comum o jeito de ser "pra fora" e de revelar nos traços fisionômicos pertencer a uma comunidade étnica: "Ele é mais como a gente, cabeção, nordestino".

[3ª Entrevista – 29/9/86]

> *Identificação de Hermes ao pai* – A seu ver, Hermes é frio, indiferente ao sofrimento dela, contido nas emoções, guarda rancor, "igualzinho ao pai", espiritual e fisicamente ("tem covinhas igual ao pai"). Firmino é igual a ela, "pra fora", não guarda rancor, tem "cabeção de nordestino, coitadinho".

O que impressiona é que d. Violeta não diga que esse ou aquele filho tenha "puxado mais" a esse ou aquele genitor. Longe de tal noção compositiva, que implicaria uma proporção, menor embora, de participação do outro genitor no produto conjunto que é o filho, d. Violeta usa repetidamente a palavra "igual(zinho)". É verdade que, com relação a Firmino, insinua uma única vez uma noção menos indiferenciante – "Ele é mais como a gente...". Mesmo aqui, porém, é possível pensar que esteja em jogo o seguinte "raciocínio": Eu sou semelhante aos nordestinos; Firmino é igual a mim; Firmino é semelhante aos nordestinos. Ainda que se admita outra possibilidade, há de todo modo, sobretudo em relação a Hermes, razões para supor que esteja em jogo um não-reconhecimento de que os filhos são fruto de ambos os pais.[187]

Não obstante, estou seguro de que em d. Violeta não está ausente, de modo absoluto, a noção de que o filho é gerado na relação sexual dos pais. Esse conhecimento, porém, conviveria com aquele não-reconhecimento, sem se afetarem. A valer essa ordem de idéias, na base da não-integração de linhagens manifestada por Hermes nas respostas ao CAT-A haveria um mecanismo grave; cumpre entender sua natureza antes de indagar se Hermes disporia de algum recurso para metabolizar seus efeitos.

Existe uma noção freudiana destinada a designar esse mecanismo, mas, infelizmente, ela nos foi legada em estado de particular inacabamento. Trata-se da *recusa* (Verleugnung). A fim de introduzi-la no contexto de nossa problemática, acompanharei a elaboração conceitual proposta por Bernard Penot em seu magistral *Figuras da recusa*.[188]

Segundo Penot, "o modelo freudiano inaugural da recusa refere-se à percepção [por parte do menino] da ausência de pênis na mulher",[189] entrando aqui em jogo um processo em dois tempos:

---

[187] Devo a Márcia Arantes este assinalamento fundamental.
[188] B. Penot, *Figuras da recusa: Aquém do negativo*, Porto Alegre: Artes Médicas, 1992.
[189] *Id.*, *ibid.*, p. 16.

236 O caso Hermes

1. não-admissão da percepção da ausência de pênis ao contemplar a vagina;

2. admissão posterior dessa percepção, contabilizada como confirmação da ameaça de castração ("poderei perder o meu pênis do mesmo modo que as meninas já o perderam").

Penot escreve: "É a partir deste segundo momento, que pode se instaurar o modo de relação que o sujeito manterá com aquilo que Freud escolheu chamar de *a castração* e, portanto, o acesso que cada um poderá ter à simbólica da diferença [dos sexos] e à da ausência".[190]

Somente em 1925, em *Algumas conseqüências psíquicas da diferença anatômica entre os sexos*, Freud especificará a questão da ausência de pênis desde a perspectiva da menina:

> De início, ela julgou e decidiu. Ela viu aquilo, sabe que não o tem e quer tê-lo. [...] A esperança de obterem, um dia, apesar de tudo, um pênis, e deste modo, se tornarem semelhantes aos homens, pode ser mantida até uma época incrivelmente tardia, tornando-se motivo de atos estranhos, que, sem isso, seriam incompreensíveis. [...] É, então, o processo que gostaria de descrever como recusa (*Verleugnung*) que entra em cena; ele não me parece nem raro, nem perigoso para a vida mental da criança, mas nos adultos introduz uma psicose.[191]

Penot entretanto observa:

> Porém, esta caracterização da recusa da realidade, como primeiro momento da reação psicótica, será consideravelmente relativizada na continuação da obra de Freud, ao mesmo tempo que, a partir de 1927, ele propõe a clivagem do ego como um dado (tópico) essencial

---

[190] *Id., ibid.*, p. 17.
[191] S. Freud, *Algumas conseqüências psíquicas da diferença anatômica entre os sexos, apud* B. Penot, *op. cit.*, pp. 18-19.

da problemática da recusa. [...] Logo se percebe que não se trata mais tanto, para ele, de considerar a recusa como recusa *de* alguma coisa (o que levaria a uma forma de negação), mas, pelo contrário, como uma relação de rejeição *entre* duas partes clivadas do ego que não se admitem mutuamente [...].[192]

Desse modo, como estabelece Freud em *O fetichismo* (1927), neste quadro psicopatológico, por exemplo, conviveriam sem litígios duas crenças perfeitamente contraditórias, derivadas da manutenção e simultâneo abandono da idéia de que as mulheres possuem pênis. Na medida em que as teorias sexuais infantis forneceriam as categorias, os esquemas e os motivos de toda a atividade de simbolização e de pensamento, a recusa-clivagem implicaria a coexistência de lógicas heterogêneas e antagônicas, cavando um hiato no trânsito das representações e ameaçando a função de ligação (Bindung), consubstancial ao ego.

A gênese da recusa radicaria nas mensagens parentais afetadas por uma falha, uma não-ligação ou uma simbolização insuficiente – expressões equivalentes para denotar um mesmo processo. A primeira tarefa do psiquismo infantil consiste em interpretar as disposições psíquicas daquela de cujos cuidados depende. Se a mãe não reconhece, por exemplo, a castração, isso tenderá, sob formas diversas, a repercutir como obstáculo ao processo de subjetivação da criança, entendendo-se por isso o modo pelo qual esta conquista o exercício do pensamento e o reconhecimento do próprio desejo. Tendo isso em conta, Penot enuncia o cerne do argumento de *Figuras da recusa*:

Uma certa falta de simbolização, através das mensagens parentais, de dados que afetam fortemente a criança, seria determinante na incapacidade duradoura desta em tratá-los de outra forma, senão pela recusa. [...] Chegamos, pois, ao próprio nó da questão sugerida pelo título desta

---

[192] B. Penot, *Figuras da recusa, op. cit.*, pp. 23-24.

238 O caso Hermes

obra: a da infiltração do sujeito por figuras mal "psiquizadas", que emanam de sua percepção de certas mensagens (inconscientes) dos pais. Em todo caso, parece que um trabalho psíquico insuficiente, por parte dos pais, é susceptível de aferrolhar, radicalmente, em certos pontos, a atividade de pensamento de seu rebento.[193]

Tendo tratado brevemente da origem e da natureza do mecanismo operante na separação de linhagens, investiguemos agora de que meios Hermes disporia para elaborar a recusa. A propósito dos recursos de simbolização evidenciados por ele, lembremos as respostas à prancha 6 ; como vimos, verifica-se ali o exercício da negação ("não é fogo"), no qual, diz Freud,

> o conteúdo da representação ou do pensamento reprimido pode abrir caminho até a consciência, com a condição de ser *negado*. A negação é um modo de tomar conhecimento do reprimido, na realidade já é um levantamento da repressão, mas naturalmente não a aceitação do reprimido. [...] Como é tarefa da função intelectual do juízo afirmar ou negar conteúdos de pensamento, as observações precedentes nos conduziram à origem desta função. [...] Por meio do símbolo da negação, o pensamento se liberta das limitações da repressão e se enriquece de conteúdos de que não pode prescindir para o seu desempenho.[194]

Se a separação de linhagens implica uma recusa, se esta implica uma falha na simbolização e se Hermes demonstra possuir o mecanismo básico desta última, por que manifesta a separação de linhagens na mesma ocasião em que aparenta dispor do que poderia saná-las?

Poderia de fato? Consultemos Penot:

---

[193] *Id., ibid.*, p. 34.
[194] S. Freud, "A negação", *op. cit.*, p. 129.

David Calderoni

O que parece essencial é que a atividade de pensamento destes sujeitos jamais consegue tratar estas representações estranhas recorrendo à (de)negação, nem tampouco através do recalcamento (= *Verdrängung* = *repressão*). Ambos os processos se tornam invalidados radicalmente, na medida em que a representação traumática é o local não só de uma inquietante condensação imaginária, mas também de uma não-ligação de sentido (um não-julgamento). [...] Como Freud destacou, por muitas vezes, o fenômeno da recusa-clivagem não consiste em apagar esta ou aquela representação desagradável do campo da consciência, como faz o recalcamento. Pelo contrário, é a significação particular, que nela está implicada, que permanecerá "invalidada" no jogo da mentalização. [...] Portanto, é capital compreender que uma não-ligação deste tipo depende de uma ordem de processo fundamentalmente estranha à que está ligada à negação, porque esta é, ao contrário, apresentada por Freud como o protótipo da operação do trabalho da simbolização.[195]

Isso não significa que Penot não sugira um caminho para levantar a recusa:

Nestes casos, tudo irá se passar, na prática, como se estes pacientes deixassem a algum "outro" – especialmente, a seu analista – a tarefa de pensar por eles o impensável, e articular o incompatível. [...] Isso pode ser considerado como uma necessidade neles, conforme as próprias condições através das quais todo ser humano deve aceder a uma capacidade de lidar com um jogo de pensamento simbolizado.[196]

Ora, no episódio antes qualificado como "a conquista do tio", melhor talvez do que um analista, a própria mãe demonstra dispor de recursos reparatórios, os quais ela oferece ao filho encenando com Hermes o acolhimento contra a ameaça do tio temido. Como assina-

---

[195] B. Penot, *Figuras da recusa*, *op. cit.*, pp. 34-35.
[196] *Id.*, *ibid.*, pp. 33-34.

240   O caso Hermes

lamos, o espaço ficcional aí criado com o pacto oferecido ao filho e ao tio, a função de mediação, os efeitos reais de remissão de uma fixação fóbica – tudo isso aponta para uma capacidade de simbolização que se estende da mãe ao filho e se abre ao terceiro. D. Violeta possui e exerce o seu engenho instituinte.[197]

Nessa situação, a própria fonte da falha repara sua função traumática, poderíamos dizer. Mas como saber se os efeitos estruturais dos traumas passados já não se teriam inscrito indelevelmente? Com efeito, em nenhuma resposta às pranchas do CAT-A, Hermes designa um grande e um pequeno de maneira a permitir que se incluam numa mesma espécie. A recusa-clivagem parece perpetuar-se com uma constância inamovível. Outro seria o caso, outra seria a brecha, se existisse ao menos uma ocasião em que Hermes não separasse as espécies.

E tal ocasião existe. Não nas respostas ao CAT-A, mas na designação das figuras centrais do desenho da figura humana de Hermes. Ali, ele as identificou como "homem" e "menino".

Como teria isso sido possível? Talvez porque a figura da recusa gravite num tempo-espaço próprio, delimitado pelo traço circunscritor. Esse traço recurvo é como se fosse uma cunha entre tempos distintos. Pois a recusa da diferença só pode ser assimilada à recusa da falta enquanto nos situamos na dimensão da lógica fálica, em que só há *um*. A recusa da diferença é recusa do novo que pode ser engendrado pela relação (sexual). É recusa do tempo. O traço circunscritor, cu-

---

[197] Trabalhando Freud via Monzani, divisei na possibilidade de inverter a direção da série traumática de *Além do princípio do prazer* o indício da própria direção da cura, que partiria de uma situação de abolição simbólica e chegaria ao prazer do jogo em que a criança simboliza o que poderia traumatizá-la. Se foi possível, no caso de Hermes, aventar uma série traumática, formada por uma seqüência de episódios originados na relação com a mãe e marcados pelo grito em eco, pelo choro, pela agressão física, pelo susto, pela dor, pela fratura, enfim, do invólucro da significação (lembramos os nexos estabelecidos entre a cotovelada no seio e a quebra da mamadeira), foi possível também saber da presença de um sentido de investigação em luta para ganhar terreno às interdições fóbicas, como evidenciou o episódio do "inseto redivivo". Uma curiosidade que se mostra assim resistente e viva aponta a condição de ancoragem para que se tornem efetivamente reparatórios eventos tais como o da "conquista do tio".

nha intertemporal, é como uma grande vírgula. Numa linguagem indireta, as vozes do silêncio compossibilitam tempos e códigos.

*

Eu apontava a Hermes o que ver, no CAT. Estávamos sozinhos, entre quatro paredes. As pranchas caíram no chão, se baralharam. Uma urgência me tomou, não as reordenei. Senti medo, em mim, no ar. Por soltas que fossem, era preciso incitar suas palavras, talvez inaudíveis, talvez impossíveis, antes que o tempo fechasse.

A sabedoria das tias já me tinha dito e redito: "Quando destacado do grupo se retrai", "No grupo [H.] se solta mais; quando observado individualmente, se retrai".

O evitamento inicial do contato físico e social deu lugar à retração quando ele foi destacado do grupo, como se Hermes, tendo conquistado uma possibilidade de pertencer ao grupo e de se integrar com seus coetâneos, quando posto à parte desse coletivo apelasse a modos de conduta característicos da situação inicial de isolamento – modos enfeixados pelo termo "retração".

Momentos depois de haverem as tias demonstrado a inermidade de Hermes no exercício da cópia, eu o capto antena – mas até aí o elo essencial não se objetivara –, peço-lhe que faça o desenho da figura humana e ele produz traços e figuras incomensuravelmente mais complexos do que aqueles que não reproduzia. As tias tomaram parte na montagem da nova situação: "Pede pros colegas fazerem também", elas sugeriram, e acatei.

Daquela hora festiva, a pipa da figura 9 testemunha o tema comum relativo a uma fabricação conjunta de véspera.

Diferentemente do tempo do CAT e do exercício de cópia, nesse tempo do livre-fazer, nesse tempo do desenho, Hermes produziu e indicou as condições pelas quais pôde se reconhecer como pertencendo à mesma espécie de um grande. O tempo volta a correr sob suas mãos.

Haveria muito a percorrer, como o contraste entre o hábito de d. Violeta banhar-se comos filhos, à guisa de "satisfazer plenamente a curiosidade sexual" deles, e Hermes haver hachurado o púbis da mulher – único *ESB*oço de vestimenta em todo o desenho –, ou, ainda, a localização da proto-escritura da mulher indicando que Hermes teria interpretado corretamente a orientação de certas mensagens maternas: a de serem dirigidas a um outro. Prossegue o Desenho da Figura Humana de Hermes, obra aberta.

Capítulo 6

Psicologia institucional, psicologia política
Balanço do itinerário deste trabalho e de suas aberturas

Lançando um olhar retrospectivo, percebo agora que as análises do Programa de Trabalho na Área Psicológica materializavam uma intuição teórica que procurava interpelar o fenômeno psíquico levando em conta a forma social onde se dá. Procurando num projeto de trabalho pensar e repensar uma prática institucional em que o objeto era psicológico, encaminhava-me assim rumo à questão do objeto da psicologia institucional. O caso Hermes constitui a materialização prática e teórica dessa reflexão. Ao fim e ao cabo, é preciso indagar sobre a transformação que esse objeto sofreu em seu percurso reflexivo. Para tanto, começaremos por remontar ao campo da psicologia institucional para situá-lo no contexto em que iniciamos com ele o nosso itinerário.

O campo da psicologia institucional e o seu objeto

Muitas são as práticas e as teorias que reivindicam o título de *psicologia institucional*. Não vem ao caso compará-las; aqui se trata simplesmente de apresentar aquela de que partimos.

À época da idealização do Programa, informou-nos de maneira decisiva a proposta formulada por Marlene Guirado e Maria Luisa Sandoval Schmidt.[198] Retomando elementos da psicanálise (Freud, Pichón, Bleger, Lacan), da análise institucional (Lapassade) e da análise das instituições concretas (Guilhon), as autoras oferecem parâmetros para um verdadeiro programa de psicologia institucional, como proposta de compreensão e de intervenção. A proposta consiste em analisar o cotidiano das instituições, isto é, intervir investigativamente *naquilo que fala* e *naqueles que falam* o dia-a-dia institucional, falar que carrega um desconhecimento e um reconhecimento das relações que envolvem e comunicam sujeitos, grupos e instituições. Ainda segundo o meu entendimento do que propõem as autoras:

- o *objeto* da psicologia institucional consiste nas relações imaginárias e simbólicas com que grupos e sujeitos se representam discursivamente quem são e o que fazem, reeditando *modelos de relação* primitivos e inconscientes *crivados pela vivência dos lugares institucionais* em que esses modelos se rearticulam e reatualizam;

---

[198] M. Guirado e M. L. Sandoval Schmidt, "Psicologia institucional: em busca da especificidade de atuação do psicólogo", in M. Guirado, Psicologia institucional, São Paulo: Editora Pedagógica e Universitária, 1987, pp. 70-77. ("Vinculada ao exame dos textos de Guirado e Schmidt, arrolados na bibliografia, a formulação de modos de intervenção nas relações afetivas dos agentes da creche no âmbito da psicologia institucional deve levar em conta os espaços de interação até agora utilizados – visitas de supervisão, reuniões com professora e diretoras, atendimento aos casos de crianças apresentadas como psicologicamente problemáticas. Estamos num primeiro momento de reflexão a esse respeito. Leliane [Melro Valença Hernandez], aquela de nós que já se dedicou à leitura do texto de Schmidt e Guirado que aborda a especificidade da atuação do psicólogo nas instituições, considera que, dentre as várias alternativas ali expostas, atinentes à função e ao lugar do psicólogo face à instituição, não existe uma receita pronta e perfeitamente adequada ao que buscamos, mas sim valiosos elementos para refletirmos nessa busca" (Anexo 2 da dissertação O caso Hermes, *op. cit.*, p. 12). Depois de Leliane Hernandez, outros de nós leríamos o referido texto. A importância dele se estende daqueles dias a estas linhas, uma vez que permite ainda hoje reencontrar as balizas do nosso percurso.

David Calderoni

- o *método* da psicologia institucional é dito *método clínico*, operando pela *interpretação* – entendida como a formulação de hipóteses sobre conteúdos inconscientes – e pela *dissociação instrumental* – postura técnica que visa regular a proximidade/distância do psicólogo face ao *objeto*, de modo a permitir "um mínimo de pertença ao imaginário da instituição", sem ser por este tragado e indiscriminado;

- o *objetivo* da psicologia institucional como intervenção investigativa é discriminar aspectos indiferenciados dos vínculos instituídos, explicitar e desestereotipar o modo de relação com os conflitos, estabelecer na legitimação do vivido um corte que faz pensar, propiciar que os agentes retomem para si o que foi alienado imaginariamente nos outros, nos grupos, na burocracia, na instituição, instaurando a capacidade de instituir novas relações;

- o *âmbito* de atuação da psicologia institucional é *a articulação de posições institucionais em conflito*, da qual advêm os distúrbios de que se afetam os sujeitos porquanto *constituídos nas* e *constitutivos das relações institucionais*.

Tendo ao fundo esses parâmetros, repassemos os problemas do nosso trajeto rumo aos horizontes e aberturas entrevistos.

O objeto e o objetivo

Marlene Guirado e Maria Luisa S. Schmidt, ao avaliar a contribuição de Guilhon para delimitar o objeto da psicologia institucional, escrevem:

Nota-se, em sua definição [de instituição], uma *ênfase* na reprodução do instituído. Isto é possível exatamente porque se reconhece a ordem estabelecida como natural e autêntica, e porque se desconhece o caráter instituído desta ordem assim como sua capacidade de instituir novas relações.[199]

Compartilho quase inteiramente dessas considerações. A diferença que tenho em face delas prende-se a um detalhe que, não obstante, gera conseqüências na ordem da teoria e da prática. Onde está "ênfase" leia-se "focalização exclusiva" e ficará clara minha posição. Assim, diria a propósito de Guilhon: nota-se, em sua definição, uma focalização exclusiva na reprodução do instituído. Sendo a teoria instância de reconhecimento, sua exclusão do instituinte decreta o desconhecimento da liberdade, tornando-a estranha ao ser da instituição.

Decorre daí uma tensão entre o objeto e o objetivo da psicologia institucional. Assim como não haveria elementos a partir dos quais se poderia instaurar a capacidade de instituir novas relações se a instituição se esgotasse no movimento de sua própria reposição, do mesmo modo não se compreenderia por que meios seria possível alcançar o instituinte se a transferência institucional consistisse na mera reedição de modos de relação primitivos e inconscientes crivados por um institucional que é também pura reprodução – a menos que se considere que tais modos de relação inconscientes contenham uma potência transformadora capaz de redimensionar a instituição, de maneira a impregná-la de um sentido instituinte.

Aqui, entretanto, avançar na via da pura especulação teórica não parece ser o mais fértil. Assinalado um problema de base, acredito que acompanhar o desenvolvimento da tensão entre o objeto instituído e o

---

[199] *Id., ibid.*, p. 73; grifo meu. A aludida definição guilhoniana de instituição encontra-se, por exemplo, na seguinte formulação: "Se definirmos como instituição uma estrutura de práticas institucionalizadas, isto é, que tendem a se reproduzir e se legitimar, definindo portanto uma instituição como estrutura, ela não poderá existir senão na prática dos atores concretos que a constituem, praticando-a" (J. A. Guilhon Albuquerque, "Elementos para uma análise da prática institucional", *op. cit.*, p. 72).

objetivo instituinte ao longo dos achados mais práticos deste estudo seja o melhor caminho.

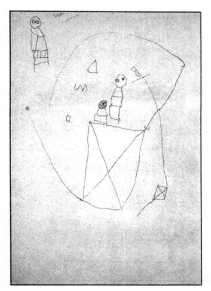
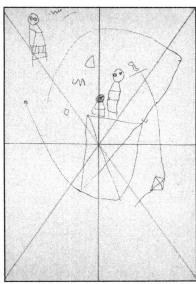

Figura 1   *Figura 2*

Flagrantes de método

Voltemos então aos desenhos de Hermes.

Impressiona-me particularmente a passagem da figura 1 à figura 2 e, desta, à figura 3. O que muda de uma para outra?

Talvez ajude, na resposta, relatar como procedi. Não precisei sobrepor nenhum traçado para perceber que "Hermes desenhou três figuras humanas [fig. 1]". Quando, a seguir, quis distingui-las quanto à posição, necessitei traçar eixos horizontal e vertical de referência: "Desenhou primeiro as duas alinhadas ao eixo central vertical, 'apoiando-as' sobre uma grande pipa no centro da folha, e situou a terceira no quadrante superior esquerdo da mesma [fig. 2]". Note-se que os eixos permitiram

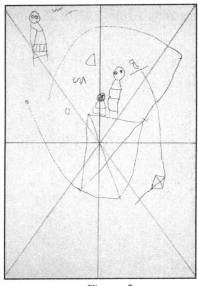

Figura 2

ressignificar a localização das figuras por referência umas às outras em função da posição na folha, como quando se indica que duas figuras estão apoiadas na pipa, situada no centro da folha.

Já a localização da pipa menor trouxe um problema: seria possível, é verdade, indicar sua posição situando-a simplesmente no quadrante inferior direito – até porque esse expediente já fora usado para localizar a terceira figura humana, que foi situada no quadrante superior esquerdo. O problema é que a pipa menor não habita o seu quadrante da mesma maneira que o triângulo, por exemplo, habita o dele. O modo que tem a pipa menor de ocupar o espaço do seu quadrante parecia muito mais próximo do modo da terceira figura. Entre estas duas últimas, procurei imaginar um outro eixo capaz ao mesmo tempo de propor e revelar um modo específico de relação: "Uma pipa menor foi desenhada numa região que corresponde aproximadamente à alcançada pela diagonal imaginária descendente, traçada a partir do ângulo superior esquerdo em direção ao ângulo inferior direito da folha, em cujo quadrante a pipa menor foi situada". Porém se manteve oculta, nessa descrição, a preocupação com a terceira figura, embora ela fosse determinante da operação de seleção do eixo diagonal – o que, de certa forma, lembra o fenômeno que visei ao propor a noção de metáfora críptica.

Mas a linha diagonal como que apenas *ESB*arrava na cauda da pipa, não acontecendo coisa muito diferente com relação à terceira figura. E, embora Euclides ensine que a linha não ocupa lugar no espaço, digamos que o plano das figuras desenhadas por Hermes demandava ser perpassado pelo espaço dessa linha. E não de qualquer modo, mas em cheio: "e isso de modo mais exato se for considerado o quadrilátero da folha obtido pelo reenquadramento do desenho em função dos pontos extremos dos traçados [fig. 3]".

Ora, não haveria aí um engano? Sim, pois a diagonal "em cheio" não é a diagonal que apenas "*ESB*arrava". Não obstante, é como se a primeira realizasse a intencionalidade perceptiva da qual a segunda era uma aproximação inicial.

Assim, do mesmo modo que o cruzamento das linhas imaginárias na figura 2 define o centro geométrico da folha, as novas linhas sobrepostas à figura 3 instituem um novo centro no desenho, segundo os limites traçados na própria operação em que se fez. Não se trata de opor este segundo centro ao primeiro como um dado perceptual poderia opor-se a um dado geométrico: tal como o da figura 2, o centro alcançado na figura 3 não deixa de ser inteiramente geométrico, variando apenas o âmbito dos seus limites circunscritores. Isso não significa afirmar um relativismo que os faria em última instância equivalentes, pois a meu ver, comparado à figura 2, o reenquadramento da figura 3 surge como mais próximo do que seria a verdade do desenho. Mas então é preciso perguntar: com base em que critério?

Veritas index sui, diz Espinosa. Ao propor a idéia de que, longe de uma medida exterior que daria a adequação entre o intelecto e a coisa, o próprio objeto traz a sua verdade, Espinosa afirma que a

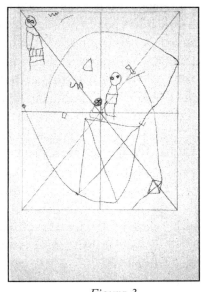

Figura 3

verdade é índice de si e do falso. Ora, o ato de traçar sobre o desenho as linhas imaginárias, como o próprio termo o indica, consistiu numa atividade imaginativa voltada... para o quê? "O plano das figuras desenhadas por Hermes demandava ser perpassado pelo espaço dessa linha", disse há pouco. Assim como as percepções, as idéias mantêm entre si relações afetivas. Despertar no inerte o que se move ou despertar-se para a verdade do objeto? Questão de ponto de vista, poderíamos dizer – introjeção, metáfora do amor. Se a verdade é imanente ao objeto e se as linhas imaginárias nos aproximam da verdade do desenho, este se afigura, portanto, como um objeto instituinte das novas relações envolvidas nessas linhas, na imaginação delas e no ser que as imagina. Pela imaginação, comunico-me de corpo e alma com quem desenhou.

Como encarar a função de continência atribuída ao traço circunscritor? Como saber a finalidade a que Hermes a destinaria – conscientemente ou não? O que Hermes desejou no traço?

Inspirado pela geometria genética que vicejava na Holanda de seu tempo, Espinosa postula que, diferentemente, por exemplo, da descrição do círculo – "a figura cujos pontos são eqüidistantes do centro" –, definir o traço circunscritor significa conceber o seu modo de produção – donde o círculo consistir para ele na "figura formada pelo giro de um segmento ao redor de um ponto central". Mas em que Espinosa nos ajuda a descobrir respostas para essas questões?

> Depois de Spinoza, admite-se que perceber um círculo não pode ser nada além de reconstruir intelectualmente o círculo. Na realidade, apreendemos uma fisionomia do círculo que nos fornece sua curvatura sem implicar sua formação intelectual. O círculo é uma certa maneira de pôr à prova nossa relação geral com o espaço tal como é fundada pelo olhar que fixamos sobre as coisas. Tem sua própria maneira de tratar com os laços que temos com as coisas; essa é sua fisionomia.[200]

---

[200] M. Merleau-Ponty, *Merleau-Ponty na Sorbonne*, Campinas: Papirus, 1990, p. 291.

Compreender a significação dessa discordância de Merleau-Ponty leva a uma região na qual a teoria do conhecimento articula-se à ontologia, como mostra a nota de Marilena Chaui:

> A consciência constituinte é um resultado do processo do conhecimento e não um dado inicial já constituído e que se desdobra em modos singulares, como em Espinosa. Para este a Substância Infinita emerge desde o princípio constituída por infinitos atributos infinitos que irão modificar-se em manifestações finitas – um desses atributos é o Pensamento, do qual nosso intelecto finito é um modo.[201]

De fato, para definir o círculo à maneira de Espinosa, é necessário possuir a noção de rotação. Por conseguinte, é forçoso admitir que a gênese concreta da definição intelectual espinosana não se esgota na própria definição. Do mesmo modo, para propor a idéia de que o traço circunscritor figuraria uma função de continência e de defesa, apoiei-me num campo de experiência que radica na percepção que tenho do meu corpo próprio. Isso não significa que tal campo refira-se exclusivamente a uma observação que parte de mim e em mim mesmo se consuma. Bom exemplo é dado pela pesquisa da neonatologista Ruth Guinsburg:[202] sensível à dor de seus pequenos pacientes, ela observou que o sofrimento dos prematuros é significativamente aliviado ao se colocar dentro da isolete uma fralda, por exemplo, enrodilhada em torno ao bebê. A dor é um buraco que, se não for cercado, toma o mundo inteiro.

Estou convencido de que a discordância de Merleau-Ponty com relação a Espinosa remete a uma tensão interna ao pensamento deste último. Com efeito, se Deus determinasse todas as coisas de modo absoluto, que espaço seria dado à ciência? A interrogação merece ser

---

[201] M. Chaui, "Nota do tradutor", in M. Merleau-Ponty, "O filósofo e sua sombra", *Merleau-Ponty*, Os Pensadores, São Paulo: Nova Cultural, 1984, p. 259.

[202] R. Guinsburg, *Dor no recém-nascido prematuro intubado e ventilado: Avaliação multidimensional e resposta à analgesia com fentanyl*, tese de doutoramento, Depto. de Pediatria da Escola Paulista de Medicina, São Paulo, 1993.

252 O caso Hermes

melhor explicitada. Assim, vemos Espinosa afirmar no Livro I da *Ética* que, "dada a natureza divina, deve necessariamente concluir-se tanto a existência quanto a essência das coisas", pois "Deus não é somente causa eficiente da existência das coisas, mas também da essência delas" e que, portanto, "as coisas particulares não são mais que afecções dos atributos de Deus, ou, por outras palavras, modos pelos quais os atributos de Deus se exprimem de maneira certa e determinada".[203]

Não obstante, ainda no Livro I, observamos, um pouco adiante, Espinosa enunciar a seguinte proposição:

> Qualquer coisa singular, ou por outras palavras, qualquer coisa que é finita e tem existência determinada, não pode existir nem ser determinada à ação se não é determinada por outra causa, a qual é também finita e tem existência determinada [...], e assim indefinidamente.[204]

Espinosa anota imediatamente o problema colocado para articular essa proposição com a citada anteriormente, chegando à afirmação de que "o que é finito e tem existência determinada não pode ter sido produzido pela natureza absoluta de um atributo de Deus, pois o que resulta da natureza absoluta de um atributo de Deus é absoluto e eterno".[205]

A solução que procura dar a este impasse implica, a meu ver, uma completa reviravolta ontológica, na qual ocorre a abertura para a ciência:

> Por conseguinte, [o que é finito e tem existência determinada] deve resultar de Deus, ou de algum atributo seu, enquanto é considerado como afetado por algum modo, pois nada existe além da substância e dos modos, e os modos não são senão afecções dos atributos de Deus.

---

[203] B. Espinosa, *Ética, op. cit.*, Parte I, p. 102 (proposição xxv, demonstração, escólio e corolário).
[204] *Id., ibid.*, p. 103 (proposição XXVIII).
[205] *Id., ibid.*, p. 104 (demonstração da proposição XXVIII).

Ora, isto [= um tal modo] também não pode resultar de Deus ou de qualquer atributo seu, enquanto é afetado por uma modificação que é eterna e infinita; por conseqüência, deve resultar, ou por outras palavras, ser determinado a existir e a agir, de *Deus ou* de *algum atributo dele, enquanto é afetado por uma modificação que é finita e tem existência determinada.* [206]

Ou seja: o nexo infinito de causas finitas (*infinitus causarum nexus*) afeta a Substância Infinita. Isso leva Joaquim de Carvalho a argumentar que

> a existência das coisas finitas não é inerente à respectiva essência, e, por conseguinte, a sua existência, a sua ação e o encadeamento delas não têm em si mesmos explicação cabal. [...] o *infinitus causarum nexus* não exclui a ciência experimental, dado que as coisas finitas têm, além da realidade que resulta da natureza de Deus, a singularidade determinada pelas relações espaciais e temporais, a qual lhes confere, de algum modo, existentividade peculiar.[207]

Sobressaem dessa operação conceitual dois infinitos: Deus e o nexo de causas. Isso se ratifica e evidencia ainda mais na seguinte passagem do Livro II da *Ética*: "A idéia de uma coisa singular, existente em ato, tem por causa Deus, não enquanto ele é infinito, mas enquanto é considerado como sendo afetado pela idéia de uma outra coisa singular existente em ato, idéia de que igualmente Deus é causa, enquanto é afetado por uma terceira, e assim até o infinito". [208]

Culminando todo um movimento conceitual de relocação de fundamentos, no Livro V da *Ética* destaca-se claramente uma ontologia assentada no modo singular finito. Espinosa está longe de desconhecer este deslocamento:

---

[206] *Id., ibid.*; grifo meu.
[207] J. Carvalho, Nota 113, in B. Espinosa, *Ética, op. cit.*, Livro I, p. 103.
[208] B. Espinosa, *Ética, op. cit.*, Parte II, p. 140 (proposição IX).

254   O caso Hermes

Efetivamente, embora na primeira parte [Livro I] eu tivesse demonstrado de uma maneira geral que tudo (e, conseqüentemente, também
a alma humana) depende de Deus quanto à essência e à existência,
essa demonstração, no entanto, se bem que legítima e subtraída ao
risco da dúvida, não afeta, todavia, a nossa alma da mesma maneira
como quando isto mesmo se deduz da própria essência de uma coisa
singular, que nós dizemos depender de Deus.[209]

[...]

Foi isto que eu me propus demonstrar a respeito da alma, enquanto
se considera sem relação à existência do corpo. Por aqui e ao mesmo
tempo pela *proposição 21* da Parte I e por outras se vê que nossa
alma, na medida em que compreende, é um modo eterno de pensar,
que é determinado por um outro modo eterno de pensar, e este ainda
por um outro, e assim até o infinito, de maneira que todos eles
simultaneamente constituam a inteligência eterna e infinita de
Deus.[210]

Ora, se a alma do homem, coisa singular, é situada no Livro V
como constituinte de um atributo infinito de Deus, isso contrasta com
a afirmação do Livro I segundo a qual "as coisas particulares não são
mais que afecções dos atributos de Deus". Diversamente de procurar
conciliar Espinosa com ele mesmo, trata-se de interpretar o sentido
dessa tensão. Tal tarefa é realizada, no âmbito de uma leitura política,
por Antonio Negri em seu livro *A anomalia selvagem*,[211] cujo
argumento é sintetizado por Marilena Chaui:

[...] o ser infinitamente infinito (substância, Deus, Natureza
Naturante) existe em si e por si e é causa de si ou potência infinita de
existência e ação, manifestando-se espontaneamente em seres sin-

---

[209] *Id., ibid.*, Parte V, p. 295 (escólio da proposição XXXVI).
[210] *Id., ibid.*, p. 297 (escólio da proposição XL).
[211] A. Negri, *A anomalia selvagem: Poder e potência em Espinosa*, Rio de Janeiro: Ed. 34, 1993.

David Calderoni

gulares finitos que são seus modos. Os seres humanos são modos finitos do infinito e são imanentes a ele por suas potências de existir e agir. Na tradição interpretativa, afirma-se a derivação dos modos finitos a partir da essência infinita do ser, através de seus atributos essenciais infinitos. Negri propõe abandonar essa tradição interpretativa fazendo com que a potência dos modos finitos concretos (apetite e desejo) funde a potência infinitamente infinita do ser ou da Natureza.

[...]

A metafísica panteísta, que vai de Deus (a substância una-única infinitamente infinita) aos modos finitos (os seres singulares existentes na Natureza, entre os quais os seres humanos), constitui a primeira filosofia de Espinosa, abandonada pelo filósofo por uma ontologia materialista na qual o ser infinitamente infinito é pensado e compreendido não a partir de sua *essência* (como no panteísmo renascentista e no cartesianismo), mas de sua *potência infinita* para existir e agir e, mais do que isto, tal potência resulta da potência dos seres finitos, isto é, é produzida pela ação dos seres finitos e é conhecida pela ação (experiência e práxis) dos seres humanos. Em outras palavras, a totalidade substância-modos ou Deus-Natureza, ou infinito-finito é constituída pela potência de existir e de agir dos seres finitos singulares imanentes à potência infinita do ser absoluto: Natureza e/ou Deus é a ação das coisas singulares finitas e práxis humana.[212]

Também no nosso itinerário cabe destacar implicações políticas da orientação de Espinosa. Contudo, não se trata, aqui, de redimir um primeiro por um segundo Espinosa. A tensão, trabalhada e transformada, permanece presente e atuante no ponto de chegada da *Ética*. Para observá-lo, atentemos ao fato de que, na proposição XL exposta acima, que pertence ao quinto e último livro da *Ética*, a afirma-

---

[212] M. Chaui, "O desafio filosófico de Espinosa", in *Folha de S. Paulo*, 9/1/94, caderno Mais!, p. 11.

ção do papel constituinte do modo finito singular se dá: a) como modo eterno de pensar; b) sem relação com o corpo.

Eternidade para Espinosa não significa um infinito de tempo, mas, sim, identidade de existência e essência, isto é, ausência de tempo. Ora, um corpo está necessariamente preso à duração e à imaginação. Logo, como se vê no corolário da proposição XL, esse pensamento constituinte é concebido como radicalmente transcendente ao tempo, ao corpo e à imaginação: "Com efeito, a parte eterna da alma é a inteligência, pela qual somente se diz que nós agimos; aquela, porém, que nós demonstramos que perece, é a própria imaginação, pela qual somente se diz que nós sofremos".[213]

Por tudo o que foi dito ao retraçarmos o caminho da interpretação do desenho, sem a atividade imaginativa toda interpretação permaneceria tão ininteligível quanto o círculo espinosano para alguém privado da noção de rotação. (E isso num sentido amplo e profundo: dissemos antes que *sentido* é "palavra cujo sentido pede circunscrição".)

Interpretamos o traço circunscritor como suprindo uma função materna de continência. A relação entre continência e sentido pode ser buscada a partir de Frege, como nos dá a ver o professor Luís Henrique dos Santos:

> [...] Frege estabeleceu a distinção entre *sentido* e *significado* dos sinais. O significado seria o objeto denominado ou denotado pela expressão; já o sentido conteria o modo de apresentação pelo qual o sinal fornece seu significado. Por exemplo: seja a, b e c as linhas que ligam os vértices de um triângulo com os pontos médios dos respectivos lados opostos; nesse caso, o ponto de intersecção de a

---
[213] B. Espinosa, *Ética, op. cit.*, Parte V, p. 297 (corolário da proposição XL).

e b é o mesmo que o de b e c. Disso resultam diferentes designações para o mesmo ponto e essas designações ("ponto de intersecção de a e b" e "ponto de intersecção de b e c") indicam diferentes modos de apresentação e, conseqüentemente, a afirmação contém conhecimento efetivo. Desse modo, pode-se dizer que as duas expressões ("ponto de intersecção de a e b" e "'ponto de intersecção de b e c") têm o mesmo significado, mas diferem quanto ao sentido. Analogamente, "estrela da manhã" e "Vênus" têm o mesmo significado, mas diferem quanto ao sentido. Devido a essa diferença, a afirmação "Vênus é a estrela da manhã" transmite conhecimento verdadeiro, ao passo que "Vênus é Vênus" não o faz, a saber, o conhecimento de que a estrela que aparece pela manhã é a mesma que aparece à tarde.[214]

Interessa destacar que a informação gerada no fenômeno de sentido seja concernente, no exemplo acima, à variação do ser-no-tempo. Ao interditar os "modos de apresentação" de Hermes constituídos por suas locuções peculiares ("'a casa da abobra, mãe' – daí eu bato"), d. Violeta o exclui do mundo do sentido no mesmo ato em que obstrui o seu caminho próprio para habitar o tempo.

Se o traço circunscritor supre uma função materna de continência e, ao mesmo tempo, de defesa, é porque a figura contra a qual essa defesa é erguida, não só não exercia, como ameaçava aquela função de continência – condição de circunscrição, de sentido.

A projeção explosiva/implosiva, danificando a circunscrição (ou o continente), compromete a condição do sentido. De três maneiras:

- altera a essência (ou forma);

- diminui a potência (ou poder de existir);

- entrava ou inibe a existência.

---

[214] L. H. Santos, "Frege – Vida e obra", in *Peirce-Frege*, Os Pensadores, São Paulo: Nova Cultural, 1989, p. 75.

Haveria também, conforme propusemos no Capítulo 3, uma espécie de projeção que, no mesmo movimento em que dá a ver a explosão/implosão, trabalha para reparar os seus efeitos. Esta seria a projeção expressiva, potência de afirmação e de resistência tornada linguagem.

A forma pela qual a projeção explosiva/implosiva se manifesta imediatamente revela aquelas três maneiras pelas quais se compromete a condição do sentido. Tal é o caso do fenômeno de descontexturação, em que se desestrutura a relação figura-fundo. O vínculo intrínseco entre descontexturação e incontinência compreende-se pelo fato de que *figura* é uma imagem ou um corpo enquanto dotados de contorno.

Estamos falando de um fenômeno que se polariza entre Hermes, de um lado, e, de outro, as tias (do exercício de cópia) ou a mãe (que bate quando não entende). É preciso avançar nas reflexões a propósito dos mecanismos dessa estranha forma de comunicação.

As duas identificações

A respeito da situação do exercício de cópia, dissemos que, no ato mesmo em que lhe tomavam a mão, as tias estariam identificadas a Hermes. Pudemos também dizer que se identificaram com o ponto de vista dele quando lhe dirigiram a mensagem – "A tia vai sair" – que selou o movimento do contradiagnóstico. Assim, a identificação erigiu-se como noção aplicável à caracterização tanto de uma relação de exclusão como de uma relação de inclusão.

Tentamos explicar a primeira forma de identificação a Hermes mediante a idéia de que ela passava por uma identificação com o modelo a copiar, no qual, por sua vez, identificamos um avatar do Grande Recognitor.

Percebe-se que o uso repetido daquela noção tende a esvaziá-la de sentido conceitual. Buscando então uma ferramenta teórica mais atilada, descobrimos em Freud uma distinção entre identificação enriquecedora e identificação empobrecedora. Esta, por seu turno, nos levou a duas categorias que implicam já um avanço conceitual. Assim, no caso do exercício de cópia, enquanto o sentido da identificação depende do seu objeto, mediante o resgate da noção de identificação empobrecedora fomos conduzidos a um conceito que contém em si uma referência a um tipo de vínculo específico: a incorporação, a qual implica um modo de interiorização que, em diferentes momentos, caracterizamos como intrusivo, assujeitador e terrorífico. Aplicado o exercício de cópia, o conceito permite divisar a especificidade do processo ali tematizado.

Encontramos também, a partir de Ferenczi e através de Abraham e Torok, qual conceito derivar da noção de identificação enriquecedora: a introjeção.

Se Abraham e Torok forjaram na incorporação um conceito oposto ao de introjeção como modo de interiorizar, permanece, no entanto, uma assimetria entre os campos operatórios subsumidos pelas duas categorias. Isso porque o movimento da introjeção, além do seu aspecto centrípeto – atinente à interiorização –, envolve também um aspecto centrífugo – pois, no dizer de Ferenczi, "o mecanismo dinâmico de todo amor objetal e de toda transferência para um objeto é uma *extensão* do ego, uma introjeção".[215]

Ora, vimos que Ferenczi opõe à introjeção, justamente no eixo desse aspecto centrífugo, a projeção, na medida em que esse último mecanismo implica não uma extensão do ego, mas sim uma exclusão do objeto. Por isso mesmo, no entanto, a projeção revela-se inapta para captar os processos vinculatórios que estão em jogo no campo geral dos mecanismos de identificação, cujo interesse para a orientação desta pesquisa advém do fato de esses mecanismos apontarem para as relações entre o intra e o intersubjetivo. Deve haver uma forma de identificação que passe pela projeção.

Encontramos apoio para o desenvolvimento desse raciocínio em Melanie Klein:

---

[215] S. Ferenczi, "O conceito de introjeção" [1912], *op. cit.*, p. 182; grifo meu.

Isso conduz a uma forma particular de identificação que estabelece o protótipo de uma relação objetal agressiva. Sugiro para esses processos a expressão "identificação projetiva". [...] essa identificação de um objeto com as partes odiadas do eu contribui para a intensidade do ódio dirigido contra outras pessoas. No que diz respeito ao ego, o excessivo destaque e expulsão no mundo externo o enfraquece consideravelmente [...].[216]

A identificação projetiva e a incorporação seriam, ambos, fenômenos empobrecedores do ego e, portanto, opostos à introjeção. De que modo se articulariam?

A hipótese que proponho é a de que a incorporação designaria um provável efeito da identificação projetiva sobre o psiquismo atingido por esse mecanismo. Nessa linha de argumentação, admitamos, na situação do exercício de cópia, que a tentativa de controle de Hermes pela tia traduza uma tentativa de controle desta sobre as partes de seu próprio ego com relação às quais o fracasso e a decorrente frustração tragam uma contrariedade íntima, uma conveniência econômico-afetiva que a leve a transferir, para o modo de relação com Hermes, o modo de relação com essas partes de si odiadas e odientas. Identificando-se projetivamente a Hermes, a tia tenderia a provocar nele a incorporação do projetado, ou melhor, a partir do projetado, já que é impossível uma coincidência entre as vivências de ódio que deflagram nas tias a projeção e as vivências de Hermes acarretadas pelo impacto motor/cognitivo/afetivo do projetado, havendo necessariamente uma defasagem entre uma coisa e outra. Assim, à projeção explosiva da mãe, poderia corresponder uma projeção implosiva do filho. Haveria, então, não uma igualdade de conteúdos, mas uma semelhança de formas entre a condição geradora da identificação projetiva da tia e o possível efeito disso sobre Hermes: a produção de incorporações,

---

[216] M. Klein, "Notas sobre alguns mecanismos esquizóides" [1952], in *Os progressos da psicanálise, op. cit.*, p. 322.

David Calderoni

isto é, de interiorizações intrusivas no ideal do ego a encadear intra e intersubjetivamente identificações empobrecedoras.

Disse que as tias tenderiam a *transferir* para Hermes o modo de relação com as partes odiadas de si. Isso significa estender o conceito de transferência num sentido não abrangido pela assimilação que Ferenczi faz desse fenômeno com o amor objetal.

Tenderei a ter ódio de quem me aproxima do objeto do meu temor, se sinto que a potência desse alguém é menor ou igual à minha. Se percebê-la como superior, tenderei ao medo. O ódio leva a medir forças, a agredir ou a dominar; o medo leva à fuga, à paralisia ou à servidão. Na transferência que se dá no trânsito entre o ódio e o medo residiria então o campo de afetos gerados na identificação projetiva.

Aqui, precisamos ter cuidado especial com as simplificações. Não se pode reduzir ao ódio e ao medo a complexa dinâmica afetiva das tias na situação do exercício de cópia. Nunca é demais sublinhar que, na medida mesma em que eram não somente funcionárias acossadas pelo fantasma da incompetência, mas tias mobilizadas para suprir funções maternas de zelo e acolhimento, havia amor em jogo. Fosse de outro modo, não se compreenderia a participação ativa das agentes na passagem da cópia ao desenho livre – seja quando, atentas às condições propiciatórias da desinibição de Hermes, sugeriram-me que pedisse também aos colegas dele o desenho da figura humana, seja quando enunciaram a instrução-decreto segundo a qual "Hoje é desenho livre".

Temos assim a presença do medo da morte e do desejo de vida articulando-se de maneira complexa. Poderíamos pensar, por exemplo, que a ambivalência afetiva presente na situação do exercício de cópia tenha ocorrido sob um regime em que o medo da morte predominava sobre o desejo de vida. Seríamos assim levados a pensar em dois campos afetivos simultaneamente antagônicos e idênticos a si mesmos, contrapondo-se e compondo-se num puro jogo de forças. Mas, se repararmos bem, a relação entre ambos não pode ser simplesmente extrínseca: o medo da morte traz dentro de si o desejo de vida, sem cuja presença não haveria nada a temer. E mais: a recí-

262 O caso Hermes

proca não é simetricamente verdadeira. Se é verdade que o desejo de vida motiva o medo da morte, para que haja medo e desejo deve haver vida e não morte. Como disse Vinicius de Moraes, a morte é angústia de quem vive. O desejo de vida é ontologicamente anterior e superior ao medo da morte. Podemos reconhecer isso em nossa experiência afetiva: nunca sentimos o medo da morte sem ter bem presente o desejo de vida, mas há muitas ocasiões em que exercemos o desejo de vida tendo o medo da morte como que sob um fundo de ausência. (Tal é, pois, minha experiência. Se generalizo indevidamente, o leitor dirá.)

Essas considerações foram feitas à luz de um dos critérios pelos quais Espinosa distingue as formas políticas: serem fundadas no medo da morte ou no desejo da vida.[217] Não obstante, as mesmas considerações permitem explicar por que aqui não é o caso de acompanhá-lo quando postula, como Chaui mais uma vez nos dá a ver, o desdobramento necessário dos afetos que presidem à fundação do corpo político:

> Eis por que, no *Tratactus politicus*, indagando se é possível impedir que um regime político descambe para a tirania, Espinosa responde negativamente. A causa instituinte de um corpo político, sendo causa imanente, desdobrará seus efeitos necessários que não fazem senão exprimi-la. Se tirania houver, já estará presente, ainda que secreta e invisivelmente, no movimento da fundação política e suprimi-la significa destruir sua causa e fundar uma política inteiramente nova. É, pois, no instante da fundação política que o embate entre o medo e a esperança é decisivo: se o corpo político nascer do medo da morte, nascerá da impotência e da fraqueza de seus fundadores e exprimirá essa condição para sempre; ao contrário, se nascer da esperança de vida, nascerá da potência e da força de seus fundadores, exprimindo sua instituição em suas instituições.[218]

---

[217] M. Chaui, "A questão democrática", in *Cultura e democracia*, São Paulo: Cortez, 1989, p. 153.
[218] M. Chaui, "Sobre o medo", In S. Cardoso et al., *Os sentidos da paixão*, São Paulo: Companhia das Letras, 1987, pp. 74-75.

David Calderoni

Penso que essa posição de Espinosa, segundo a qual haveria afetos puros encadeando-se irreversivelmente nas relações de poder, guarda um vínculo essencial com o lugar que, como vimos, o filósofo reserva ao tempo e à imaginação. Sem o tempo e sem a imaginação não é possível nem ciência experimental nem refundação política. O que segue buscará evidenciar isso.

A questão da ciência experimental intuitiva

Não sendo factível uma leitura que detenha a verdade de Espinosa, e tampouco sendo possível ou desejável considerá-lo idêntico a si mesmo, entendo que se possa, ainda uma vez nele, encontrar apoio para a teorização do método que viemos desenhando:

> [...] o método para a interpretação da Natureza consiste essencialmente em considerar primeiro a Natureza como um historiador e, após ter reunido os dados certos, concluir com definições das coisas naturais [...][219]

Ressalta imediatamente nessa passagem a presença do tempo – há a ciência de um historiador em ação – e, também, num filósofo para quem o supremo genêro de conhecimento consiste na intuição, a surpreendente presença da indução como análise. Chaui explica:

> A indução espinosana assemelha-se à "leitura de essência" de Husserl: funda-se nas variações efetivas de casos múltiplos considerados no curso da investigação experimental. Evidentemente, para Espinosa essas essências, por serem reais e não matemáticas nem imaginativas, não são produzidas por uma ficção idealizante. As essências objetivas exprimem essências formais existentes.[220]

---

[219] B. Espinosa, *Tratado teológico-político*, apud M. Chaui, "Linguagem e liberdade: O contradiscurso de Baruch Espinosa", in *Da realidade sem mistérios ao mistério do mundo*, São Paulo: Brasiliense, 1983, p. 26.

[220] M. Chaui, "Linguagem e liberdade: O contradiscurso de Baruch Espinosa", *op. cit.*, p. 26.

264 O caso Hermes

Merleau-Ponty esclarece o paralelo entre Espinosa e Husserl, ao mesmo tempo em que mostra as implicações metodológicas da indução para a psicologia:

> A indução, partindo dos fatos e os coligindo, é o método da psicologia empírica, assim como da física ou das ciências da natureza; evidentemente, porém, esta indução permanece cega se, por outras vias, não conhecermos interiormente a consciência que esta indução visa a determinar.
>
> Por conseguinte, a fim de compreendermos verdadeiramente aquilo que sabemos a respeito do homem, é mister combinar a indução com o conhecimento reflexivo que de nós mesmos podemos obter enquanto sujeitos conscientes. A isto Husserl chama psicologia eidética. Segundo ele, toda psicologia empírica deve ser precedida de uma psicologia eidética, isto é, de um esforço reflexivo, através do qual, no contato com nossa experiência própria, elaboramos as noções fundamentais de que a psicologia se serve a cada momento.[221]
>
> [...]
>
> Chegamos então à idéia de que, se a psicologia eidética é uma leitura da estrutura invariável de nossa experiência, leitura feita sobre exemplos, também a psicologia empírica, que procede por indução, é uma leitura da estrutura essencial de uma multiplicidade de casos. Somente que seus casos são reais e não imaginários. A única diferença que afinal encontramos, entre o processo indutivo, no que possui de legítimo, quando levado ao que tem de verdadeiramente essencial, e o processo da psicologia eidética, está em que um aplica aos exemplos um procedimento de variação imaginário, enquanto o outro procede por variações efetivas, considerando casos múltiplos verdadeiramente realizados.[222]

Interroguemos, à luz desse método, a nossa experiência concreta, rumo ao objeto da psicologia política.

---

[221] M. Merleau-Ponty, *Ciências do homem e fenomenologia*, São Paulo: Saraiva, 1973, p. 33.
[222] *Id.*, *ibid.*, p. 47.

A questão do engenho instituinte

Da passagem do exercício de cópia ao desenho livre, Hermes e seus "tios" participaram sem exceção, cada qual desempenhando funções decisivas: senão, como o desenho livre poderia ter ocorrido, se as tias não me sugerissem que pedisse o desenho também aos colegas de Hermes? Antes disso, como o desenho poderia ter tido lugar, caso o psicólogo, malgrado a desencorajadora demonstração de inaptidões patrocinada pelas tias, não houvesse intuído ("super-antena") que a coisa não era bem assim, ou mesmo se houvesse condenado vigorosamente o procedimento das tias no exercício de cópia, ao invés de interrogá-las sobre os tempos de Hermes, os tempos do sentido? Como o processo poderia ser metabolizado por Hermes e pela creche, se não fosse confirmado a partir do dispositivo que as tias, depois, montaram – "A tia vai sair, você faz sozinho"? Mas, sobretudo: como a passagem ao desenho livre poderia ocorrer se Hermes não houvesse feito o desenho (e que desenho!)?[223]

Nesse recorte se delineia, em síntese, o movimento cuja interrogação constitui o objeto deste estudo: tendo o diagnóstico de Hermes sido acompanhado de um contradiagnóstico institucional, quais revoluções operaram, no plano das sociabilidades, no decorrer do processo conjunto que permitiu reverter a exclusão da criança, transformar o modo pelo qual era percebida e encaminhar um saber positivo sobre o seu psiquismo?

Pode-se dizer que algo se decide no processo em exame – pois, de fato, os eventos foram decisivos; mas daí a localizar numa vontade individual ou coletiva o motor e o princípio da transformação ocorrida significa introduzir como medida do processo algo como a imagem do

---

[223] E que desenho! Uma obra tal que as próprias relações institucionais puderam ser lidas nele (que se pense na mão extirpada, na mulher apartada, na proto-escritura); os efeitos dos traumas mais fundos, estampados no rosto (vimos: os múltiplos olhos); as aptidões gráficas, demonstradas de sobra; e, ao mesmo tempo, mais de uma cena foi montada. Cenário de cenas em movimento e de figuras em relação, cujo motivo comum, interpretamos, consistiria nas vicissitudes do corpo próprio em luta por integrar-se no mundo do sentido, traçando a sua história.

indivíduo burguês que, num ato de vontade puramente intelectual, senta-se à mesa de chá e, enquanto um estado de guerra campeia lá fora, prudentemente assina um contrato social. Se houve aqui uma revolução no plano da socialidade, certamente não será atribuível a um sujeito que prevê, delibera e age a partir de uma posição de exterioridade. Ao mesmo tempo, não se pode dizer que cada sujeito não tenha estado aqui engajado desde o mais fundo de sua potência desejante. Assim como antes dissemos que o desejo de vida é incomensurável ao medo da morte, sendo-lhe anterior e superior, talvez nesse mesmo sentido se possa dizer que a revolução de que aqui se trata retire sua força e orientação do fato de ser um retorno ao princípio mesmo de toda socialidade, a saber, a liberdade.[224]

Se, neste sentido, trata-se de uma reconquista, o caso de Hermes, por outro lado, traz consigo, de saída, todo o peso da alienação instituída, à vista da qual parece nunca ter havido nada que não fosse servidão ao medo da morte. Que coisa é esse princípio de realidade que se apresenta não no prolongamento, mas no avesso do princípio do prazer? Quais as suas faces? Como revertê-lo?

Recorro aqui a uma citação longa, porém imprescindível, de Renato Mezan; do seu cabimento e da sua importância, falarei em seguida:

> Há problemas sérios, porém, a serem considerados pelos leitores atuais de Melanie Klein que não querem simplesmente repetir o que ela escreveu. Um destes problemas é o do estatuto da realidade. Em muitas de suas obras, ela concebe a fantasia inconsciente como algo que "deforma" a realidade: por exemplo, a criança pode ter pais relativamente benignos, mas a agressividade dela, ao ser projetada nestes pais, os fará aparecer como seres terríveis, perseguidores e cruéis. Neste caso, a "realidade" seria que os pais são até afáveis, porém as imagos internas destes pais, "deformadas" pela fantasia,

---

[224] Imprescindível para essas considerações foi a leitura do precioso trabalho de S. Cardoso, *A crítica da antropologia política na obra de Pierre Clastres*, tese de doutoramento apresentada ao Depto. de Filosofia da FFLCH da USP, São Paulo, 1990.

David Calderoni

serão sumamente aterradoras. A partir de notações como esta, é fácil imaginar que a psicanálise tenha por função adequar as representações inconscientes "deformadas" à "realidade", mostrando por exemplo que os pais não são tão terríveis etc.

[...]

Uma via de saída para evitar este risco – que, repito, é muito presente e real nos textos kleinianos –seria prestar atenção a uma de suas idéias mais interessantes, a de que a realidade psíquica e a realidade "exterior" se constituem de modo paralelo e simultâneo para a psique da criança. Isto lembra a tese de Spinoza, segundo a qual a ordem e a conexão das idéias reproduz a ordem e a conexão das coisas; mas como Melanie Klein não dispõe da noção de Deus, que em Spinoza garante este paralelismo, ela recorre a uma elaborada descrição do modo pelo qual os diferentes aspectos da vida interna se integram ao mesmo tempo e pelos mesmos mecanismos através dos quais a realidade dita "externa" vem a fazer sentido para a psique infantil.

[...]

O mediador entre a realidade psíquica e a realidade "externa" é, segundo Klein, constituído pelas fantasias concernentes ao corpo materno e ao corpo da própria criança, cujas partes, pela via do simbolismo, vêm a se constituir em "pontes" através das quais se processa o investimento libidinal e cognitivo do mundo "externo".[225]

Assim como o primeiro Deus de Espinosa precisa ser revolucionado pelo nexo infinito de causas formado pelos modos finitos singulares, é preciso questionar a idéia da constituição simultânea da realidade externa e interna e o paralelismo que ela subentende. Somente dessa maneira, acredito, será possível erodir o fundamento de uma concepção ortopédica da realidade.[226]

---

[225] R. Mezan, "Visitando a velha senhora", in J.-M. Petot, MELANIE KLEIN II, São Paulo, Perspectiva, 1992, pp. 204-205.
[226] A questão pede desenvolvimentos que extrapolam a circunscrição deste estudo; de todo modo, remeto o leitor às considerações acerca da apresentação da polêmica Le Guen/Lacan, no Capítulo 3.

268 　　　　　　　　　　　　　　　　　　O caso Hermes

A questão da assimetria e da defasagem entre o real e o imaginário comparece também a propósito do fundamento econômico-afetivo da abertura à liberdade. Para delinear a problemática que entrevejo, evoco o momento da *Massenpsichologie* em que Freud procura repensar a questão do enriquecimento por meio da noção econômica de investimento.[227] Por que não terá conseguido, por essa via, fazer avançar a questão? Laplanche & Pontalis franqueiam o caminho para uma possível resposta:

> O uso do termo "investimento" não deixa nunca de conter uma ambigüidade que não é dissipada pela teoria analítica. É entendido a maior parte das vezes num sentido metafórico: acentua então uma simples analogia entre as operações psíquicas e o funcionamento de um aparelho nervoso concebido segundo um modelo energético. Quando se fala de investimento de uma representação, define-se uma operação psicológica numa linguagem que se limita a evocar, de forma analógica, um mecanismo fisiológico que poderia ser paralelo do investimento psíquico (investimento de um neurônio ou de um engrama, por exemplo). Em contrapartida, quando se fala de investimento de um objeto, opondo-o ao investimento de uma representação, perde-se o suporte da noção de um aparelho psíquico como sistema fechado análogo ao sistema nervoso. Pode dizer-se que uma representação está carregada [ou seja, investida] e que o seu destino depende das variações dessa carga, ao passo que o investimento de um objeto real, independente, não pode ter o mesmo sentido "realista". Uma noção como a de introversão (passagem do investimento de um objeto real a investimento de um objeto imagi-

---

[227] "Economicamente, não se trata de empobrecimento ou enriquecimento; é mesmo possível descrever um caso extremo de estar amando como um estado em que o Ego introjetou o objeto em si próprio. Outra distinção talvez esteja melhor talhada para atender à essência da questão. No caso da identificação, o objeto foi perdido ou abandonado; assim ele é novamente erigido dentro do Ego e este efetua uma alteração parcial em si próprio, segundo o modelo do objeto perdido. No outro caso, o objeto é mantido e dá-se uma hipercatexia [= superinvestimento] dele pelo Ego e às expensas do Ego." S. Freud, *ESB*, V. XVIII, p. 144.

David Calderoni

269

nário intrapsíquico) põe bem em evidência esta ambigüidade: a idéia de uma conservação da energia na ocasião dessa retração é muito difícil de conceber.[228]

A razão pela qual Freud não consegue fundamentar a questão da identificação enriquecedora mediante a noção de investimento radica, a meu ver, no fato dessa noção estar cingida ao que se convencionou chamar de princípio de conservação da energia libidinal, segundo o qual haveria uma espécie de balança entre a libido do ego (isto é, investida no ego) e a libido de objeto (isto é, investida no objeto), de tal modo que a uma certa medida de libido investida num dos pólos corresponderia o mesmo tanto de desinvestimento libidinal do outro pólo. Ora, a identificação enriquecedora consiste justamente num fenômeno em que o investimento de um objeto é acompanhado por um investimento (e não por um desinvestimento) do ego, que assim amplia as suas propriedades.

Diante disso, penso o seguinte:

- as propriedades que enriquecem o ego dizem respeito ao aumento da sua potência de amar e trabalhar (e nisso, sem deixar de me inspirar em Espinosa, acredito-me estritamente freudiano);

- sob a égide do princípio de conservação da energia libidinal, as propriedades adquiridas pelo ego excluem e drenam as propriedades do objeto; portanto, esse princípio implica que a relação objetal ou intersubjetiva se dê sob regime concorrencial entre propriedades privadas;

- ao indicar, como salientamos, que a via para avançar a compreensão e a extensão do conceito de identificação em direção ao de empatia, "mecanismo pelo qual ficamos capacitados para assumir qualquer atitude em relação a outra vida men-

---

[228] J. Laplanche & J.-B. Pontalis, *Vocabulário da psicanálise, op. cit.*, p. 332.

tal", consiste em buscar seu fundamento no "reconhecimento da posse de uma propriedade comum", Freud sugere um outro paradigma econômico para pensar as situações em "o ego enriqueceu-se com as propriedades do objeto, 'introjetou' o objeto em si próprio, como Ferenczi [1909] o expressa";[229]

- assim, a passagem da identificação empobrecedora à identificação enriquecedora (ou introjeção) implicaria, no plano das relações objetais e intersubjetivas, a passagem de um regime concorrencial de propriedades privadas para um regime cooperativo de propriedades comuns que proporcione o aumento da potência de amar e trabalhar.

Um regime concorrencial de propriedades privadas é em tudo conforme à lógica expropriativa das instituições monopolistas que divisamos a partir de Guilhon:

De um lado, nós temos sempre um agente que é portador de um objeto valioso da instituição; de outro lado, temos uma clientela que por definição é carente de um determinado objeto que ela deveria ter.[230]

[...]

o objeto de uma instituição é institucionalizar (re/produzir e re/conhecer) uma relação de clientela, isto é, produzir clientes para seus agentes e produzir agentes para seus clientes; o objeto institucional [...] não é nem coisa nem valor, são *relações sociais*, tais como a relação pedagógica, a relação terapêutica, a relação de paternidade, etc., sempre produzidas e legitimadas no âmbito de uma instituição. Relações que podem ser resumidas na *relação de clientela*: eu sou a necessidade da tua carência; tu tens o que eu preciso.[231]

---

[229] S. Freud, "Psicologia de grupo e análise do ego", *ESB*, V. XVIII, p. 139.
[230] J. A. Guilhon Albuquerque, "A instituição na compreensão sociológica", in *Seminário Psicologia e Instituição, op. cit.* Cf. Anexo 1 da dissertação *O caso Hermes, op. cit.*, p. 88.
[231] *Id., ibid.*

Definir-se como instituição é, portanto, apropriar-se de um objeto. Nestes termos [...], o processo de apropriação desse objeto é permanente, como processo de *desapropriação* dos indivíduos ou de outras instituições, no que concerne ao objeto em questão.[232]

Tendo encontrado no pressuposto da conservação da energia libidinal o princípio metapsicológico que rege a economia das identificações empobrecedoras, indagaremos: qual pressuposto sociopolítico identificaria essa ação institucional[233] que, como observamos, não altera, mas subtrai, não transforma, mas confisca as propriedades dos atores individuais ou coletivos sobre os quais se abate?

Gérard Lebrun oferece uma resposta: "Se x tem poder, é preciso que em algum lugar haja um ou vários y que sejam desprovidos de tal poder. É o que a sociologia norte-americana chama de teoria do 'poder de soma zero': o poder é uma soma fixa, tal que o poder de A implica o não poder de B".[234]

Penso, pois, que ao regime concorrencial de propriedades privadas que se apóia na identificação empobrecedora corresponda, como regime de investimento afetivo, o medo da morte.

Por outro lado, vimos que quando a professora dirige-se a Hermes dizendo "A tia vai sair", ela está adotando como perspectiva o ponto de vista da criança e, nesse mesmo movimento, está atribuindo a Hermes um ponto de vista.

Simultaneamente, ao designar-se como *tia,* algo mais se estabelece no plano da comunicação: uma relação de parentesco implica, como disse Freud, "o reconhecimento da posse de uma propriedade

---

[232] J. A. Guilhon Albuquerque, "Elementos para uma análise da prática institucional", *op. cit.*, p. 70.

[233] Consideramos que não se trata da lógica de toda e qualquer instituição, mas somente das que merecem ser qualificadas como monopolistas, cujo lógica Guilhon muito bem traduziu, ao dizer que "a instituição é sempre idêntica a si mesma, pois sua identidade se realiza na perenidade de seus fins". J. A. Guilhon Albuquerque,in "Objeto institucional: Um equívoco bem-sucedido", *op. cit.*, p. 62.

[234] G. Lebrun, *O que é poder*, São Paulo: Abril Cultural & Brasiliense, 1984, p. 18.

comum". Encaminha-se assim uma identificação enriquecedora. *Tia* é uma representação que está muito longe de funcionar como mero objeto de um sistema fechado de investimentos intrapsíquicos. E isso na medida mesma em que tal representação está longe de ser indiferente às ações do objeto real que lhe dá suporte.

O ato interpretante que se dá no endereçamento da mensagem "Hoje é desenho livre", sendo um lance que espera, do outro, um outro lance em contrapartida, do qual derivará a medida da verdade do que ele pressupõe assim como da eficácia do que propõe – do fazer de Hermes dependendo verificar-se que "Hoje é desenho livre" –, tal ato interpretante consiste num saber que se constrói por experimentação.

A experiência aparece, então, seja como o campo dos encontros nos quais nascem as intuições – consubstanciadas em hipóteses, pressupostos abertos –, seja como o campo em que essas intuições, enformando dispositivos propiciatórios da atividade essencial do outro, retornam ao campo dos encontros, alargando-o sob a forma de experimentos.

Quando a professora diz a Hermes "A tia via sair", uma transformação nas relações internas de poder já teria se verificado nela: em contraste com as relações vigentes no exercício de cópia, o objetivo da ação pedagógica não mais foi buscado por meio de sua presença, mas, sim, de sua ausência. Procuremos entender qual movimento de poder acompanha essa tia que sai da sala à luz de uma sentença de Cícero: "Sou portador de três pessoas: eu mesmo, o adversário e o juiz".[235] Tendo em conta o adágio, é possível pensar que a "tia" pôde anunciar sua saída de cena não só por considerar que sua presença inibiria Hermes, mas antes de tudo porque sua identidade, perante seus próprios olhos, abrigava uma "pluralidade de pessoas psí-

---

[235] "Unus sustineo tres Personas; Mei, Adversarii, et Judicis." Cícero apud T. Hobbes, Leviatã, *op. cit.*, p. 101.

[236] Tendo em conta que "a personalidade constitui-se e diferencia-se por uma série de identificações", Freud considera que "o fato da identificação autoriza talvez um emprego literal da expressão 'pluralidade das pessoas psíquicas'". Cf. J. Laplanche & J.-B. Pontalis, *op. cit.*, p. 296.

quicas",[236] algumas das quais, encarregadas de figurar potências autocondenatórias e antagonistas – "o adversário e o juiz" –, já teriam sido vitoriosamente dobradas ao diálogo na sua cena interna. Assim, na relação da tia com suas próprias exigências e ideais, uma contrariedade tirânica dá lugar a uma diferença dialógica: eis o que se pode entender como efeito do levantamento da repressão. Este não suprime o conflito, mas muda o modo de relação com ele.

A "tia" que se vai leva consigo a norma exterior que descentra: heteronomia que sai, autonomia que entra. E aquela que anuncia que vai sair torna-se mais ampla do que a tia-heteronomia; afirma-se princípio da própria ação ("vai sair") e, afirmando que o outro também o é ("você faz"), deixa a Hermes a autodeterminação ("sozinho") – "deixar" não significando relapso, mas abertura, abertura ao outro que faz a coisa por si só. E a coisa feita refaz o nome do seu fazedor: outro Hermes, Hermes-Outro readquirem-se no ato.

O reconhecimento da diferença entre os sujeitos condiciona-se pelo reconhecimento da diferença interna a cada sujeito. É por visar o outro como uma potência de autonomia – imaginando-o diferenciável de como as evidências o apresentam – que foi possível conformar o espaço institucional para que abrigasse essa autonomia.

A autonomia de um sujeito passa, portanto, pela autonomia do outro, sem se confundirem. É na dimensão simbólica do tempo como instauração da diferença que se conquista a liberdade na instituição – juntura e passagem entre o possível e o necessário; suspensão, mobilização e reinvenção dos nexos causais que, de si a si e de um a outro, abrem os sujeitos para os sujeitos.

Em suma: quando a "tia" saiu, a posição das agentes instrutoras transformou-se pela inclusão, no horizonte de sua ação, da possibilidade de um outro autônomo, e o "objeto valioso" – o bem-educar – transfigurou-se na medida em que, nesse processo pedagógico, a prática deu lugar à práxis.

A instrutora deixou de ter de ser possuidora exclusiva do poder de instruir.

A criança deixou de ser, por definição, carente desse poder.

A lógica do "poder de soma-zero" deu lugar a uma relação multiplicativa de poderes na qual o sentido do objeto institucional, ao contrário de excluir um dos termos da relação – a criança –, nutriu-se de sua autonomia para subverter aquela lógica, deixando sem suporte o esquema das posições institucionais disjuntivas e complementares.

Pode-se, portanto, afirmar que a propriedade de que as agentes se enriqueceram no movimento interpretante pelo qual passam do exercício de cópia ao desenho livre concerne à instauração de uma relação de apropriação que desimplica domínio e exclusão.

Isso nos dá a entender, com Piera Aulagnier, que

> o ato de interpretar se define [...] pela nova relação que ele põe entre um efeito e sua causa [...] e pela transformação que a apropriação desta nova relação opera na organização do espaço psíquico, [transformação que consiste na] alteração da relação entre o Eu e o espaço psíquico exterior à sua jurisdição.[237]

Se entre o efeito – o não-aprendizado de Hermes – e a sua causa – a impermeabilidade de Hermes aos ensinamentos – é possível instaurar uma nova relação, isso se dá à medida que essa impermeabilidade deixa de ser entendida exclusiva ou preponderantemente como causa física ou orgânica, passando a incluir na sua determinação o modo como as instrutoras se presentificam para Hermes e o presentificam para si mesmas na ação pedagógica.

A intuição que funda esse movimento interpretante e se propaga singularmente de sujeito a sujeito terá sido um ato de poder, se com Marilena Chaui, entendermos *poder*

---

[237] Piera Aulagnier, "Le travail de l'interprétation", in *Coment l'interprétation vient au psychanalyste*, Paris: Aubier-Montaigne, 1977, p. 16, *apud* R. Mezan, *Psicanálise, judaísmo: ressonâncias*, Campinas: Escuta, 1987, p. 163.

como a maneira pela qual uma sociedade, refletindo sobre si mesma, decide o campo do necessário e do contingente, do possível e do impossível, do sagrado e do profano, do visível e do invisível, do justo e do injusto, do legal e do ilegal, do legítimo e do ilegítimo, da sua relação com o tempo, com o espaço, a contradição, o conflito e a harmonia.[238]

Assim, é justo pensar que, no espaço social deste episódio, o ato de interpretação que redefiniu o campo do visível e do invisível no plano das representações e o campo do possível e do impossível no plano dos fazeres tenha constituído um ato de poder.

---

[238] M. Chaui, "O ceticismo sobre a Constituinte", in L. R. Salinas Fortes e M. Meira do Nascimento (orgs.), *A Constituinte em debate*, *op. cit.*

Posfácio
Argüição oral da dissertação de mestrado
apresentada ao IPUSP em 24/06/1994

David Calderoni resume inicialmente o estudo

Bem, a melhor forma de introduzir o trabalho é através do seu título: *O Caso Hermes: a dimensão política de uma intervenção psicológica em creche — um estudo em psicologia institucional.* O que significa esse título e onde nele podemos encontrar o ponto de partida da questão que tem atravessado o meu trabalho?

O objeto que está em jogo nesse trabalho não é propriamente o atendimento de uma criança, embora em grande parte o seja. Não se trata também de um estudo que se esgotaria na dimensão de um diagnóstico institucional. É no entrecruzamento da problemática da criança e da problemática da instituição que se encontra o cerne da questão.

Em 1986, quando eu era um psicólogo trabalhando como funcionário da prefeitura, uma criança de 5 anos me é apresentada como débil mental e surda pelos funcionários da creche municipal que me convocaram a vê-la. Chegando à creche, me deparo com uma situação bastante complexa em que as agentes querem demonstrar a razão pela qual acreditam que a criança pudesse ser débil mental e surda.

E como é que elas procedem para fazer essa demonstração? Elas me chamam para que presencie o desempenho da criança num exercício psicopedagógico, como lá na creche é chamado. Esse exercício consiste na feitura de uma cópia: a criança tem à vista um determinado modelo, contendo traços de figuras geométricas, e é solicitada verbalmente pela pajem e pela professora que estão ao seu lado, na minha presença, a fazer aquela cópia.

O que ocorre é que a criança não atende essa instrução; então, a professora toma-lhe a mão e vai dizendo para ela, enquanto conduz com sua mão a mão da criança: – ... pra baixo... pra cima... pr'esse lado... pro outro... – como que decalcando o desenho que ela deveria fazer, reproduzindo o modelo exposto diante dela.

A criança nem assim consegue reproduzir o modelo por iniciativa própria. Em decorrência disso, é deixada ali de lado e como que uma nova cena se inicia – nova cena em que, tendo a criança ao fundo, agora se trata da interpelação que as agentes me fazem: ' – *Olha, você é a autoridade que tem de nos dizer o que está acontecendo aqui e como é certo proceder* ' – traduzo aproximadamente assim o que me dizem. É um momento muito difícil, porque me sinto como que posto contra a parede.

O que eu faço nesse momento é, em primeiro lugar, dizer que eu não sei exatamente o que está acontecendo, que eu não posso nem julgar a criança, nem julgar a competência delas, mas que talvez a única coisa que eu pudesse sugerir, à guisa de nós pensarmos juntos o que está ocorrendo, é que talvez estivesse havendo muito pouco intervalo entre o ato em que elas davam a instrução e o ato em que exigiam a resposta da criança, de modo que ela não tinha chance de se manifestar, ainda que fosse para errar.

Então, de certa forma, ao proceder assim, as agentes estariam como que antecipando as provas confirmatórias da incapacidade da criança. (Isso comento agora, mas não é algo que tenha dito a elas.)

Essa cena se dá no contexto de um projeto mais amplo de atuação junto às creches municipais. Eu estava propondo um trabalho psicológico que tinha apenas como uma de suas modalidades o psicodiagnóstico de crianças em creche. De todo modo, eu estava lá para fazer o psicodiagnóstico e é assim que as agentes me encaravam.

Eu fiz uma leve observação: "– *Que tal dar tempo ao tempo da criança..., mas olha, não sei bem se é por aí ou se não é...*" Então, eu disse: "– *Bem, vamos fazer o seguinte: eu gostaria de ver um desenho feito por que essa criança*" – e aí, como depois percebi, ocorreu já uma resposta à minha proposta de que nós pensássemos juntos o que estava acontecendo – isso porque interveio um pensamento da professora diante da minha intenção de, naquele momento, conduzir Hermes a uma sala em que estivéssemos a sós. Como fizesse menção de armar um dispositivo em tais moldes, a professora se contrapôs, dizendo: "– *Não, olha, não faz assim não. Não vai dar certo. Pede para todas as crianças fazerem junto.*" Eu acatei a sugestão e se deu um momento até bastante festivo quando pedi que as crianças desenhassem a figura de uma pessoa.

Na verdade – não sei se todos podem ver ali o desenho – Hermes não desenhou apenas uma pessoa. Não só desenhou três figuras humanas identificáveis, como fez uma série de traçados que, de certa forma, revertiam na prática a suposição de inabilidade de que ele era objeto momentos antes, não só por demonstrar ser capaz de fazer esses traçados, mas, mais ainda, por ser capaz de, em vez de reproduzi-los, espontaneamente produzi-los.

Percebi imediatamente que era um desenho bem significativo e que cabia analisar – aliás, demorei mais ou menos sete anos analisando esse desenho, tinha muita coisa mesmo aí – mas, num primeiro momento, só tive o impacto da coisa e acredito que não tenha sido só eu que teve o impacto da coisa.

Se nós dermos o nome de diagnóstico empírico a essa suposição, a esse juízo pelo qual as agentes chegavam à conclusão de que muito provavelmente a criança era débil mental e surda, nós podemos considerar que o ato pelo qual Hermes realizou esse desenho produziu a demonstração de que na verdade não era bem assim, porque ele demonstrou que numa outra situação foi capaz de esbanjar as aptidões que não lhe creditavam. Então, a gente pode considerar, por contraste ao diagnóstico empírico, que este espanto diante do desenho de Hermes inaugure o movimento do contradiagnóstico.

Mas eu diria que o contradiagnóstico só viria a se configurar de modo mais acabado num outro movimento que passou pela iniciativa das agentes: um belo dia, elas aparecem na Delegacia Regional de Serviço Social da Penha e apresentam um traçado perfeitamente compatível com qualquer criança da idade de Hermes. Era um desenho relativo ao mesmo exercício que num primeiro momento tinha servido como indicação de que a criança tinha problemas. Então, pergunto a elas: *"– Puxa, foi o Hermes que fez isso?"* *"– Sim, foi ele mesmo"*, me respondem. Volto a perguntar: *"– Mas o que vocês fizeram para que isso se tornasse possível?"* E então, concluindo o movimento prático do contradiagnóstico, responde a professora: *"– Foi muito fácil; cheguei para ele e disse simplesmente: 'Hermes, hoje é desenho livre, a tia vai sair, você faz sozinho sem usar borracha.' Saí e, quando voltei, o desenho estava lá, produzido."*

Nessa curta apresentação, em que se trata de estabelecer um pano de fundo mínimo para que se possa acompanhar depois a conversa com a banca, cabe observar inicialmente que existe uma discrepância muito grande entre a situação inicial do exercício de cópia e essa situação final do exercício livre.

Nós podemos observar sob vários aspectos essa diferença. Gritantemente, a diferença logo se estabelece se nós tomarmos a instrução que a professora deu à criança no momento do exercício de cópia: *"– ... pra baixo... pra cima... pr'esse lado... pro outro..."* – como que se dirigindo à criança numa linguagem de máquina, supondo paroxisticamente uma quase total incapacidade para o sentido – e contrastarmos com isso o que elas dizem depois: *"– Hermes, hoje é desenho livre, a tia vai sair, você faz sozinho sem usar borracha."* Nessa última instrução, a agente atribui a Hermes uma capacidade de pensamento e de linguagem incomensurável àquela que era atribuída a Hermes pela mesma professora num primeiro momento, naquela nsituação do exercício de cópia.

David Calderoni

Então, o meu argumento é o seguinte: se o contradiagnóstico significou efetivamente a reversão do movimento de exclusão da criança, a transformação do modo pelo qual ela era percebida e a obtenção de dados através dos quais se pôde encaminhar um saber positivo sobre o seu psiquismo, então nós podemos considerar que nesse contradiagnóstico uma nova sociabilidade entra em jogo. Uma nova sociabilidade que diz respeito tanto à relação que as agentes passaram a manter com a criança, quanto à que passaram a manter com o psicólogo. Diria também que essa revolução na sociabilidade se deixa apreender pelo modo de relação com o saber e com a verdade que se pôs em jogo na passagem da cena do exercício de cópia à situação do exercício livre, na medida em que adveio um saber e uma verdade em que elas não estavam à mercê de uma autoridade exterior – o psicólogo que daria a medida da competência delas e da inaptidão do garoto –, mas, ao contrário, tratava-se de uma situação em que elas se engajaram ativamente na produção e na verificação de um saber.

No curto espaço que me era reservado, procurei tecer um panorama inicial, e eu acredito e espero que a partir das conversas, dos debates, seja possível ir desdobrando o resto.

Sérgio Cardoso[1]

Quero começar agradecendo o convite para participar dessa apresentação de tese e exprimindo minha satisfação de ter lido esse trabalho de David Calderoni. Eu já conhecia dois outros trabalhos seus, sobre os quais pudéramos conversar, tempos atrás. Já então, nesses contatos, podia-se apreciar a seriedade intelectual, o desejo de compreender, o desejo de saber que sustenta e mantém seu trabalho de investigação. Dito isto, passo diretamente ao comentário da tese.

---

[1] O Prof. Dr. Sérgio Cardoso é docente do Departamento de Filosofia da Faculdade de Filosofia, Ciências Humanas e Letras da Universidade de São Paulo.

Não partirei de pontos determinados. Tentarei um comentário geral sobre sua direção e sentido. Depois, David poderá retomar meu comentário e nos dizer se cheguei a alcançar meu intento de maneira satisfatória.

Em primeiro lugar, faço algumas considerações sobre o título da tese: *O Caso Hermes*. Pois trata-se aqui de um *Caso*. O que significa isto? Na tradição das investigações relativas aos fenômenos psíquicos, falar em "caso" é assinalar uma pretensão bem definida. Um caso, nesse terreno, apresenta-se sempre como ocasião de uma revelação, como o elemento ou matéria que permite a construção e apresentação de um aspecto fundamental de uma elaboração teórica. Pensemos, por exemplo, nos *Casos* – paradigmáticos – relatados, ou melhor, construídos por Freud. Além de veicularem a gênese de um determinado conceito ou um aspecto particular da teoria, eles nos dão também uma figuração, uma imagem, dos conhecimentos instituídos – que adere a eles e baliza, a partir de então, os limites do espaço de interrogação que eles abrem. Pois, um caso – e também o caso particular proposto por este trabalho – define os traços fundamentais do objeto construído pelo trabalho teórico e abre um campo de pensamento que não se confina ao que foi efetivamente pensado pelo autor: ele é objeto de pensamento enquanto pensado e enquanto, ao mesmo tempo, dá a pensar. O *Caso Hermes*, como todo bom caso, suscita também no leitor, em seus vários aspectos, o desejo de pensar com seu autor.

Mas para compreendermos bem a ambição destes "criadores de casos", podemos aproximar suas produções dos mitos. Os mitos fazem algo parecido: são representações figuradas de uma realidade dada que, no entanto, os excede, lhes permanece exterior. Já o Caso, por sua vez, quer ser a figuração do próprio pensamento, nos dá a coisa pensada, a materialização imaginativa de uma reflexão que dele não se separa, que ganha forma nele e, assim, faz surgir algo novo, em vez de apenas expressar uma realidade virtualmente suscetível de outras expressões. É esta a ambição que, tacitamente, sustenta o

David Calderoni

Caso Hermes. Ele pretende configurar de maneira nova, o terreno de intervenção e da prática da psicologia institucional. É muito o que nele está em jogo: a abertura de um campo destinado à intervenção e práticas psicológicas no interior da trama mesma das instituições sociais, ou ainda, assinalar no âmbito do espaço oferecido à reflexão da sociologia uma dimensão psicológica. Pois, aqui, o psicológico não mais aderirá a indivíduos – considerados costumeiramente o objeto próprio da psicologia, enquanto condição ou resíduo das investigações sociológicas – mas instala-se no nível mesmo do grupo social enquanto este se revela capaz (ou não) de agir como sujeito (no sentido psicológico desta expressão).

Não se trata, no *Caso Hermes*, de observar as relações de um indivíduo com os demais elementos do grupo em que se inscreve, nem o conjunto das relações recíprocas dos indivíduos. Não temos, antes, um indivíduo natural ou psicológico dado, cuja ação se somaria a de outros para resultar num certo produto "social". Também não temos indivíduos psicológicos que interiorizariam e reproduziriam as relações sociais – reproduzindo-as ou sendo produzidos num ponto determinado do sistema de relações, como pensa, por exemplo, a antropologia estrutural. Evita-se, assim, o lugar-comum do debate da sociologia: partir do indivíduo ou partir do social ou, ainda, da ação recíproca indivíduo/sociedade, tomados como instâncias distintas ligadas por laços causais ou regras estruturais. Por nenhum destes caminhos – evitados pelo autor – chegaríamos a detectar uma instância psicológica nas próprias instituições sociais. Trata-se para David Calderoni de apreender uma instituição que não se apresente como conjunto das relações entre seus elementos, nem como coisa social, mas que, aquém dos indivíduos, faça ela própria, através deles, o papel de sujeito. Enfim, trata-se de encontrar na instituição, como que entre os indivíduos, uma instância de atividade que opera através deles como "ação institucional". Por isso, abre-se aqui um espaço novo de investigação – como que entre a Psicologia e a Sociologia – um campo de Psicologia Social.

2. Mas por que caminhos esta tese delimita este terreno? Seu ponto de partida é de uma extrema particularidade, um caso determinado, uma questão pontual. Parte da narração de sua própria experiência, da história de uma investigação tópica, em cujos meandros vai se revelando o terreno recortado por suas questões. No final das contas toda reflexão imbrica-se em uma história, a história dos desdobramentos do trabalho do autor, como psicólogo, nas atividades educacionais da Secretaria Municipal da Família e do Bem-Estar Social (depois, Secretaria da Educação e do Bem-Estar Social) de São Paulo, nos anos de 1982 a 1987. Seu problema inicial é, justamente, o da especificidade do trabalho do psicólogo, numa situação institucional de indiferenciação das funções de diferentes profissionais. As atividades de pedagogos, assistentes sociais, enfermeiros, psicólogos e até professores de educação física tornam-se muito homogêneas, praticamente indiferenciadas no seu teor burocrático-administrativo, num contexto em que tudo parece sugerir, de início, que a instituição não comporta outro tipo de intervenção: trata-se de uma instituição burocrática que parece moldar por seu próprio caráter, de maneira inexorável, todo tipo de atuação. É sob a rubrica da "cooperação multiprofissional" que a indiferenciação se instala, sendo, portanto, a partir dela, que se colocará a questão da especificidade das práticas do psicólogo no interior da instituição – o ponto de partida desta tese.

É com o conceito de sociabilidade sincrética, construído por Bleger, que David Calderoni busca inicialmente compreender sua inscrição nesta instituição que reivindica a "cooperação multiprofissional" como definidora da atuação de seus agentes. Uma sociabilidade sincrética estabelece-se sobre um fundo indiferenciado de transitividade das práticas, de tal modo que a instituição faz seu papel sem que haja uma verdadeira particularização da intervenção dos agentes. No entanto, se este conceito permite alguma determinação do pólo da instituição, não ilumina a compreensão do objeto específico do psicólogo, o pólo dos diversos agentes – pensados (a partir de formulações de Marlene Guirado) como sujeitos afetivos, implicados em uma rede de relações afetivas, comumente abordada através do instrumental fornecido pela psicologia e pela psicanálise, aplicado à interpretação das práticas discursivas diversas (e complementares) estabelecidas entre os membros da instituição. Ora, já o próprio termo instituição, que engloba tais sujeitos afetivos – e que surge para o sociólogo como um determinado conjunto de práticas que tendem a se reproduzir pela reprodução das condições que as põem em movimento e do papel conferido aos agentes empenhados na sua efetivação – parece impedir a compreensão destes atores como verdadeiros sujeitos. Esse é o impasse inicial enfrentado pela investigação: a instituição torna seus agentes reprodutores de relações portadoras ou indutoras de afetos, mas os destitui da condição de sujeitos, capazes de iniciativa e autonomia de ação. Enfim, a definição mesma da instituição, na perspectiva do sociólogo, confina os agentes no papel da reprodução burocrática da empresa, desestabilizando o terreno próprio de constituição de uma autêntica psicologia (que se torna uma investigação subsidiária da sociologia, ou elemento de uma sociologia alargada – a antropologia – capaz de compreender a complexidade dos registros que integra também a tipologia dos afetos suscitados pelos diferentes tipos de relações).

O impasse a que se vê acuado o psicólogo institucional pode, então, ser formulado com alguma clareza: pede-se a ele – ou melhor, ele pede a si mesmo, no intento de desempenhar seu papel específico – algo que ele não pode empreender de sua perspectiva própria, algo que a instituição – definida pelo sociólogo – torna, se não impossível, ao menos prescindível; pois, o próprio sociólogo ou o agente do centro de poder da instituição surge como capaz de – pela boa ordenação das relações institucionais – corrigir as disfunções afetivas que elas produzem, dispensando, pois, a intervenção específica do psicólogo (e de qualquer profissional específico, empurrando a todos para a vala comum da "cooperação multiprofissional".)

3. Acompanhemos, porém, o caminho tomado pelo psicólogo institucional para a solução deste impasse. Ele encontrará seu caminho nas brechas encontradas nas tentativas de produzir o funcionamento "normal" da instituição, ou dito de outro modo, na incapacidade crônica da instituição de funcionar sem tropeços, segundo os cânones imaginados da sua normalidade. A instituição é feita para reproduzir suas práticas, mas isto nem sempre acontece – ou ainda: isto nem sempre pode acontecer pelas tensões e contradições inscritas na própria ordem da instituição. Ela não pode, no limite e em grande parte dos casos, cumprir – pacificamente – suas funções.

Então, o que se observará aqui é um questionamento da própria teoria sociológica da instituição, como vai aparecer no final do trabalho, ou seja, a idéia de que o sociólogo não pode pensar que a instituição se esgota no seu movimento de reprodução. Há algo mais nela a ser levado em conta, e é nessa brecha que vai entrar a possibilidade de trabalho do psicólogo institucional.

Ora, esse caminho da reprodução – que de alguma maneira faria desaparecer a especificidade do psicológico nas relações sociais – é evitado por David. Por isso ele é bem sucedido no seu trabalho.

Até aqui me restringi ao social; mas eu vou comentar também a dimensão política dessa constituição de um determinado campo de investigação e de intervenção específica do psicólogo institucional. Aparentemente, para os cânones das ciências sociais, nós não temos aqui política – a política abarcaria as relações de dominação etc. No entanto, aqui se recupera a política ou o sentido político dessas relações, por um outro viés, extremamente pertinente, segundo me parece.

Por que meandros ou por que caminhos você, David, determina ou mesmo institui seu objeto? No início, o leitor pode estranhar, digamos, o ponto de partida, a forma de encaminhamento da questão, porque ela é extremamente pontual. Esse trabalho parte da narração de uma experiência, da história de uma investigação; porque é nela, nos seus meandros, que esse objeto pôde ser constituído e não de outra forma — e veremos o porquê: seu objeto não é constituído teoricamente, mas por uma intervenção no funcionamento regular da instituição, donde o sentido político aqui adquirido pela Psicologia Institucional.

Parte-se de uma história, a história do trabalho do psicólogo na Secretaria Municipal da Família e do Bem Estar e depois da Educação e do Bem Estar Social, e da questão prática a que ele consegue dar uma resposta extremamente bem sucedida. Porém, a questão inicial, que é importantíssima, é justamente a da especificidade do seu trabalho como psicólogo, ou do trabalho do psicólogo, visto que a experiência que ele encontra é a da indiferenciação da figura do psicólogo num grupo que comporta assistentes sociais, pedagogos, enfermeiros e até professores de educação física, todos postos em atividades, no final das contas, burocrático-administrativas, ainda que tais atividades possam se aproximar, ou não, das especialidades desses agentes. Eles se inscrevem em atividades burocrático-administrativas, porque tudo sugere, ou parece sugerir de início, que a instituição só comporta esse tipo de intervenção: ela é uma instituição burocrática que parece moldar de maneira inexorável todo tipo de intervenção de seus agentes – configurando-as, pois, como burocrático-administrativas. Estas atividades se realizam sob a rubrica da cooperação multiprofissional e não se questiona a distinção das diversas especialidades – como, no seu caso, a do psicólogo.

Então, é sob a rubrica da cooperação multiprofissional que David, municiado por Bleger, enfrenta nesse primeiro momento as formas de uma sociabilidade sincrética, que é o conceito através do qual ele consegue pensar essa sua inscrição na instituição – sociabilidade sincrética porque estabelecida sobre um fundo indiferenciado de transitividade das práticas em que os agentes não se particularizam – é a instituição que faz o seu papel, sem que haja uma diferenciação da intervenção dos agentes.

Portanto, o problema que imediatamente se põe a partir dessa indiferenciação é o da busca da compreensão das formas de articulação entre o individual e o social – ou, mais precisamente, no caso, entre o psicológico e o institucional. Esse é o problema posto no ponto de partida, já que se visa aqui o indivíduo como sujeito psicológico. Mas, logo, David encontra uma outra grade interpretativa para sua situação a partir das indicações de um seminário de Marlene Guirado: tenta pensar essa articulação do individual e do social na instituição através do conceito de sujeito afetivo e de relações afetivas, que aparecem como devendo ser compreendidos e abordados com o instrumental da Psicologia e da psicanálise referido a práticas discursivas postas no interior da instituição – práticas discursivas que são distintas e complementares entre os diversos participantes da instituição.

Na análise dessas relações afetivas são, assim, utilizados os instrumentos da psicologia e da psicanálise referidos às práticas discursivas dos diferentes agentes da instituição. Essa análise de discurso vai se transformar, no David, depois de um longo percurso, em crítica – como para os cientistas sociais ou politólogos que empreendem a análise de discursos – a crítica da "ideologia".

O problema inicial, no entanto, torna-se muito mais intrincado quando David tenta pensar essa instituição que engloba um conjunto de relações afetivas. Porque o termo instituição, que engloba esses sujeitos afetivos, surge para o sociólogo como um determinado conjunto de práticas que tendem a se reproduzir, reiterando seja as finalidades visadas por essas práticas, seja o papel dos atores que entendem realizar esses fins (fins definidos como "supressão de carências", segundo a interpretação de Guilhon Albuquerque mobilizada por David).

Ora, o que acontece então? O próprio termo instituição – e esse é o impasse inicial do trabalho – parece impedir a compreensão e a existência de um registro de sujeitos afetivos. Por quê? Porque eles reproduzem...; a instituição torna os seus agentes reprodutores de alguma coisa já dada e, portanto, os destitui da condição justamente de sujeitos: eles não são capazes de iniciativa, eles não são capazes de inovação e, assim, aparecem pela própria definição do termo instituição, dada pelo sociólogo, como confinados ao terreno da reprodução burocrática da instituição, o que destitui a possibilidade da Psicologia. O trabalho do psicólogo se torna impossível dadas as características, dadas as próprias determinações sociológicas da instituição.

Percebe-se, então, o tipo de problema que você vai ter. E posso, assim, fazer uma pergunta; justamente sobre essa noção de sujeito afetivo.

O problema inicial é o impasse; espera-se do psicólogo uma intervenção que ele não pode fazer, que a instituição parece tornar impossível.

Bem, a brecha para a solução desse impasse vem da observação/atenção ou do acolhimento/enfrentamento, por parte do psicólogo, das tensões que ele vive ou dos impasses que ele começa a apreender como assinalados na própria possibilidade de funcionamento da instituição. Em outras palavras: a instituição é feita para reproduzir as suas práticas e, no entanto, isso nem sempre acontece – mas não é "nem sempre acontece" por deficiência dos agentes, mas porque não pode acontecer, por tensões e por impasses produzidos pela própria instituição. Ela não pode, no limite, em grande parte dos casos, cumprir as suas funções.

Então, o que se impõe aqui é um questionamento da própria teoria sociológica da instituição, como vai ocorrer no fim do trabalho, ou seja, a idéia de que o sociólogo não pode pensar que a instituição se esgota no seu movimento de reposição. Enfim, há algo mais aí para ser visto, e é nessa brecha que vai entrar a possibilidade de trabalho do psicólogo institucional.

Ora, no caso, já que o psicólogo David se inscreve agora numa situação bem determinada (o grupo de psicólogos da Delegacia Regional do Serviço Social da Penha, em meados de 1986), é esse impasse que vai ser observado, atendido, acolhido e enfrentado como condição mesmo de sobrevivência da figura do psicólogo. A ocasião surge, eu cito, *"durante uma atividade psicopedagógica padrão"*. No movimento de reprodução da instituição surge, então, um quase nada, que poderia ser perfeitamente ignorado pela instituição. Aliás, tenho a impressão de que aí está a beleza do trabalho: as instituições vivem essas tensões, esses impasses diariamente, e algo que passou centenas de vezes desapercebido, de repente é destacado – com perspicácia e ainda obstinação – e decifrado nas suas significações.

Esse impasse poderia ser qualquer um. Nós poderíamos ter um caso com outro nome. Por acaso, é o *Caso Hermes* – por acaso, na medida em que surge aí um sujeito para acolher, para atender a essa tensão e a esse impasse que a instituição vive e que tende a negar, como mostra a primeira parte do trabalho.

Então, um quase nada, uma criança incapaz de seguir uma atividade banal no interior de uma creche vai permitir ao psicólogo instituir um campo de observação, e também, de alguma maneira, legitimar o seu próprio espaço de atuação no interior da instituição.

Um quase nada, uma criança incapaz de reproduzir, como David nos mostrou, uma seqüência de traços copiados de um modelo. Enfim, uma criança que não aprende e, conseqüentemente, eu cito, *"uma professora que não ensina"*, uma instituição que não cumpre suas finalidades. O que se vê, então, é que quando essa ocorrência banal não é negada, não é obscurecida, mas é enfrentada e compreendida e interpretada, ela vem desestabilizar o funcionamento "normal" da instituição, o funcionamento burocrático da instituição, e institui um outro saber, reflexivo, sobre a própria instituição. E é esse enfrentamento, essa busca da compreensão, da interpretação, que o David vai chamar "uma postura compreensiva e interpretativa" que nos encaminha para o sentido prático-reflexivo da atuação do picólogo.

Esse quase nada, esse fato banal vem, então, transformar a articulação e a comunicação entre os agentes institucionais envolvidos nessa prática, visto que, a partir dele, buscando compreendê-lo, eles vão deixar de operar pela reiteração das práticas-padrão e se obrigar a reelaborar o sentido das suas intervenções na instituição. Surge, portanto, o trabalho dos atores no interior da instituição como uma atividade, agora, não mais reprodutora de um sentido externo, dado, mas como produtora ela própria de sentido, conforme anuncia já, com uma lucidez muito grande, o próprio Programa de Trabalho elaborado nos meados de 1986, antes de David passar à reflexão teórica sobre o *Caso Hermes*.

Então, em que consiste este trabalho? Eu mostrei esse percurso para ver se eu compreendi bem o seu trajeto, para assinalar justamente a idéia da constituição desse campo novo e a imbricação entre o Caso e o objeto prático-teórico que é instituído. Passa-se de uma prática cega a uma interpretação reflexiva, como diz o David, que reativa a capacidade de compreensão dos atores sobre suas próprias práticas; passa-se da conservação repetitiva para a inovação, da passividade à atividade – e é, então, nesse sentido, que vai ter lugar, se eu bem entendi, o termo Política do seu título. Da passividade à atividade, eis aí a oposição originária da ordem política, não só no plano da Psicologia. A oposição originária de interpretação da ordem política é o par atividade-passividade, que subjaz ao par dominante-dominado, poderoso-impotente, e assim por diante. Porque o que se trata de fazer aqui – e é nisso que eu acho a referência ao político posta no título do trabalho extremamente pertinente – é a passagem da referência com que a instituição burocrática trabalha, o par pluralidade-unidade ou múltiplo-uno, que designa o social e o sociológico, para a oposição passividade-atividade, que é o par que permite pensar o domínio político.

Ora, trata-se aqui de buscar no interior da instituição uma interpretação reflexiva sobre a prática dos agentes que permite que esses agentes passem da passividade para a atividade, ou seja, esta atividade faz deles, querendo-se ou não, stamente sobreagentes políticos.

Agora, o interessante é perceber que esses agentes se tornam políticos – é nisso que, para mim, o seu trabalho é extremamente elucidativo –, ou só podem se tornar políticos, mediante a mobilização do psicológico. Não podemos ignorar o registro psicológico da intervenção, sem o que nós não temos aqui a instauração da política, pois é por ela que surge o pólo da atividade.

Eu acho que o grande interesse do seu trabalho é mostrar que a dimensão política no interior das relações sociais e institucionais não pode prescindir da referência ao psicológico. A lição não é da política para a psicologia, ao contrário. Aqui a lição se reverte: é a política que deve à psicologia, porque os impasses da oposição individual-social são nela elaborados de uma outra forma, em um outro registro.

A possibilidade de compreender a – e de intervir na – trama das representações instituídas na creche, como diz o 'Programa', permite passar para o par passividade-atividade: pois se observa a transformação do burocrata-ator em agente, sujeito (é o que permite questionar a oposição proposta pela sociologia entre agente e cliente, entre agente e paciente). Com isso, a Sociologia das Instituições pode se tornar uma Política das Instituições, no sentido mais adequado. Daí, então, o David poder dizer : "....se com Guilhon – que é quem lhe forneceu o instrumental sociológico para refletir sobre essa passagem – *apenas os efetuadores da ação institucional merecem ser chamados de agentes, quando se pretende incluir os clientes entre os sujeitos dessa ação, impõe-se que os mesmos sejam reputados agentes ao mesmo tempo e na mesma relação em que aparecem como clientes*."

Em outras palavras (e tentando fazer o autor da tese menos modesto do que ele é aqui), trata-se justamente de recusar a polaridade com que o sociólogo está trabalhando. Pois, para que haja sujeito, para que haja um registro de observação propriamente psicológica, o "cliente" tem que, também ele, ser considerado como agente. Surge nítido, portanto, o princípio, no sentido mais denso da palavra, da intervenção do psicólogo que procura o seu papel e a sua função. Qual é esse princípio? É o ato mesmo do psicólogo – mesmo privado ainda de uma dimensão teórica – de afastar a operação com o par agente-cliente, abrindo a brecha para que os atores que guilhon qualificaria como clientes surjam como agentes. A ação do psicólogo é a de suscitar ou criar sujeitos concomitantemente psicológicos e políticos.

David Calderoni

A Psicologia, no seu interesse específico que é a reflexão sobre os sujeitos afetivos, no seu interesse em alcançar sujeitos, encontra o terreno da Política, e também o da Ética. E eu acho que o David percebe isto muito bem, pois ele assinala expressamente essa relação. O texto se refere ao tratamento de atores e clientes como agentes como sendo *"um importante princípio ético e metodológico dos procedimentos que deram lugar ao Caso Hermes"*. Por que a Ética entra aí? Porque a Ética é o lugar da reflexão sobre a ação e a inter-relação dos agentes. Há uma articulação necessária entre a apreensão do sujeito psicológico e a Ética e a Política; pois, elas constituem o domínio da ação e da inter-relação dos sujeitos.

Mas se a articulação entre estes domínios fica bem estabelecida, resta aida um problema: poderíamos considerar que opera aí um sujeito genérico que se realiza como sujeito ético buscando agir (bem), que se realiza como sujeito político passando da passividade à atividade; porém, o psicólogo não se ocupa de um sujeito genérico, busca um sujeito afetivo. Ou seja, postulamos aqui, o princípio de articulação dos três domínios (que, como se viu, não podem ser desarticulados), mas, embora a articulação de base, a articulação fundamental esteja estabelecida e não possa ser ignorada, como é que nós vamos agora, heuristicamente, definir novamente domínios específicos para a investigação do psicólogo, do político e do investigador da Ética?

O que é preciso lembrar agora é algo que o David deixa lá no começo, ao mobilizar uma reflexão de Marlene Guirado: a idéia de que a especificidade desse sujeito é que ele é um sujeito afetivo. Mas o que os afetos teriam a ver com a capacidade de interrogação, reflexão e decisão supostas pela Ética e pela Política? O que é que são esses afetos? Por que o agente é um sujeito afetivo?

David busca responder a isso recorrendo a Espinosa, apontando a relação estreita entre as operações afetivas e intelectuais do sujeito. Há uma relação estreita entre esses dois registros, visto que é pelo ato de interpretar os afetos − no caso de Espinosa, distinguindo-os das causas externas − que o homem se torna ativo, se torna sujeito;

294   O caso Hermes

quando ele compreende e interpreta a passividade afetiva é que ele se torna sujeito. Deste modo, poderíamos dizer que o sujeito afetivo coincide de novo com o sujeito ético e político.

Mas isto talvez não satisfaça o psicólogo, tenho certeza de que o próprio David não fica satisfeito com essa resposta – e não basta lembrar a definição 2, da parte 3 da Ética, relativa ao afetos – *"entendo por afetos as afecções do corpo..."*[2] – para responder a essa questão. Enfim, esta definição não basta para se chegar à noção de sujeito afetivo e, portanto, resolver a articulação do psicológico e do social assinalada pela expressão "relações afetivas", proposta por Marlene.

Você faz uma pergunta, logo de início, e é ela que é, talvez, a pergunta fundamental: ...como terá procedido Marlene para orientar-se em sua prespectiva de investigação, crivada por algo tão escorregadio como o afeto? Enfim, o que é o afeto?

Ora, a definição de Espinosa aqui não resolve esse problema. Assim, quando consderamos o balanço que você faz no capítulo final (quando você volta à definição que Marlene e Maria Luisa dão do objeto da Psicologia Institucional) parece que a questão do afeto ainda não está bem esclarecida.

Na Psicologia Institucional, segundo a definição que você toma delas, o que está em causa são as representações das relações imaginárias e simbólicas. Trabalha-se com representações. O que está então em causa na Psicologia Institucional são as representações das relações imaginárias e simbólicas do que são e do que fazem os grupos e os sujeitos neles inscritos. São as representações imaginárias e simbólicas dos sujeitos inscritos nos grupos [3].

---

[2] "Por afetos entendo as afecções do corpo, pelas quais a potência de agir desse corpo é aumentada ou diminuída, favorecida ou entravada, assim como as idéias dessas afecções".Espinosa, B. "Da Origem e da Natureza dos Afetos" in *Ética* (in *Espinosa* – Os Pensadores) São Paulo: Abril Cultural, l983, Parte III, p.176 (Definição II).

[3] Eis o texto em referência: "o objeto da Psicologia Institucional consiste nas relações imaginárias e simbólicas com que grupos e sujeitos se representam discursivamente quem são e o que fazem, reeditando modelos de relação primitivos e inconscientes crivados pela vivência dos lugares institucionais em que esses modelos se rearticulam e reatualizam".

Ora, essa definição é realmente excelente, porque ela repõe no meu entender a instituição no horizonte da ação – são as representações imaginárias e simbólicas dos sujeitos, ou seja, a instituição é posta como produção de sentido. A instituição é pega exatamente onde deve ser, no horizonte da ação e da produção de sentido e não na mera reprodução do instituído.

Ora, onde é que encontramos isso – ação e produção de sentido, ou produção de sentido na ação? Nós vamos detectá-las nas representações imaginárias e simbólicas dos atores, como o texto assinala muito bem. Mas a ênfase nas representações do sentido e das suas práticas ainda parece deixar de lado a questão do afeto. O que é o afeto? Essa é minha pergunta – que eu sei que é muito mais ampla do que se poderia responder nesta ocasião. De qualquer modo, como ficam os afetos...?

David

Eu respondo.

Sérgio

Ótimo!

Então, voltando à questão: nós temos uma articulação extremamente bem posta entre Ética, Política e Psicologia; nós botamos o dedo no lugar em que essa articulação, no caso da Psicologia, deve ser tomada; ou seja, nas representações dos atores, na medida em que essas representações nos referem ao sentido das ações. No entanto, trata-se de representações. Cadê o afeto? Essa é a minha primeira pergunta.

Para finalizar eu vou fazer um comentário extremamente breve, um pequeno comentário do *Caso Hermes* para fazer mais uma perguntinha.

David

Claro!

Sérgio

Essa, na verdade, é a pergunta que diz respeito à tese, enquanto tal...

David

Essa primeira pergunta sobre o afeto, não é?

Sérgio

Esta outra se refere à articulação mesma do teu objeto. Agora vou fazer um pequeno comentário sobre o procedimento ou o instrumento dessa constituição, que é a passagem, metodologicamente configurada, no caso da Psicologia, do diagnóstico empírico ao contradiagnóstico. Eu tenho a impressão de que a sua proposta metodológica é inovadora – é uma criação metodológica. Eu queria fazer um pequeno comentário sobre este modo de instituição do objeto.

Porque eu não tenho mais tempo, eu vou ler.

O caso que materializa as condições da intervenção psicológica institucional, no sentido em que foi contornado por você, chega à equipe que se propõe uma prática reflexiva dentro da instituição, que vai renovar essa prática, com um diagnóstico claro (e eu te cito: *"eles apelam aos psicólogos supervisores da equipe menor para que intervenham em um caso de uma criança – o Hermes – que apresentaria sinais de surdez e de debilidade mental"*). Isso aparece duas vezes, posto desta maneira. Assim, nós temos um diagnóstico empírico, não reflexivo, de dupla deficiência – auditiva e de capacidade mental. Bem..., sem comentários: aqui, a idéia de debilidade mental, é propriamente um diagnóstico empírico, um passe-partout [4]

---

[4] "chave que serve em todas as portas, chave-mestra, chave-mãe; chave comum a vários inquilinos (...)." *Dicionário Editora de Francês-Portugês*. Porto Editora: Porto, 1991, p. 530.

que diz tudo e quase nada. Dupla deficiência que, como demonstrará a complexa operação do contradiagnóstico constituída pelo David, em vez de sinalizar a condição efetiva da criança, condensa relações afetivas institucionais em um ponto de tensão e mesmo de impasse das práticas cristalizadas e repetidas na creche. Esse ponto é o Hermes, é o *Caso Hermes*, que condensa essas relações afetivas institucionais que podem ser reveladas pelo diagnóstico. Quer dizer, o diagnóstico é o ponto de partida, por isso que se impõe a análise de discurso.

É aqui que surge posto, digamos, esse caso concreto, esse objeto na sua concretude de diagnóstico; e é aí que surge a fina arte interpretante, que encontramos na tese. Como eu disse antes, há aí um verdadeiro virtuosismo interpretativo que reflete sobre a prática do psicólogo através do exercício refinado de análise desse caso, que instaura uma prática nova e mostra as condições fundamentais e originárias dessa prática nova.

Agora, o mais interessante no contradiagnóstico apresentado é que se trata de uma operação que é simultaneamente – e eu insisto aqui no simultaneamente – como o avesso e o direito de uma só coisa. Essa operação do contradiagnóstico é simultaneamente desmontagem do discurso estabelecido e construção de um novo; mas de tal modo que evita a posição ou a constituição de um diagnóstico substitutivo para o diagnóstico empírico, para se tecer nas malhas mesmas e com os mesmos fios, ou nas brechas, do diagnóstico anteriormente constituído.

Por isso, mais uma vez, é que o David insiste em chamar esse trabalho de político, porque ele não ocupa o lugar da ciência, substituindo ao diagnóstico empírico o diagnóstico da teoria. Não é isso que é feito, não é feito um novo diagnóstico, é feito um contradiagnóstico – isso é o que me parece a coisa mais importante desse método. Porque não se trata de uma construção científica que se opõe à *empiria*, mas de uma reflexão dos próprios elementos presentes na prática empírica, que ao se enxergarem – nós poderíamos dizer, pela quebra quase que amorosa, por parte do David, das resistências afetivas dos agentes – se transformam, condensando-se em novas relações. Ou seja: não precisa haver teoria; temos uma condensação, na própria malha da primeira interpretação, de um novo diagnóstico. Não é um diagnóstico externo, é um deslocamento da interpretação no interior da própria rede dos interpretantes disponibilizados pela instituição.

Esse eu acho que é o grande achado da idéia de contradiagnóstico: não há um novo diagnóstico comandado por uma teoria; há uma transformação dos agentes, há transformações que o próprio psicólogo não é capaz de apreender inteiramente; elas se dão quase que como um objeto-aí, quase que como coisa. E o próprio psicólogo-político não se dessolidariza em qualquer momento da rede de relações em que ele se vê implicado, mostrando, a cada passo, que o trabalho se faz em primeiro lugar sobre as próprias significações dadas, visto que ele está tão enredado nelas como os outros atores – por isso que ele não faz um diagnóstico externo –, com uma ínfima descolagem que é aquela da introdução, nessa malha, da intenção de refletir. Esta é a única descolagem. A intenção de refletir precisa ser introduzida, ela não se produz por si só. É essa intenção reflexiva que de alguma maneira é posta, então, pelo psicólogo.

Tudo, de início, antes dessa intervenção, mesmo as oposições aos termos do diagnóstico empírico, é determinado pela lógica férrea do próprio diagnóstico – o diagnóstico surge quase como coisa que circula entre os agentes segundo as suas diferentes perspectivas, segundo a sua posição no interior da instituição.

Ora, no caso do diagnóstico, as relações institucionais são polarizadas na oposição entre o agente institucional, portador do bem dispensado pela instituição, e a clientela carente da instituição.

Aqui, há uma observação a fazer sobre a sociologia da burocracia. O instrumental teórico que Guilhon oferece a você, ainda que apoie sua interpretação, na verdade tenho a impressão de que ele empobrece bastante a Sociologia das Instituições. O que eu me pergunto é se em algum momento não seria mais produtivo buscar a linha clássica, mais crítica, da Sociologia das Instituições ou da Burocracia, que é a linha weberiana ou a da crítica hegeliano-marxista das instituições burocráticas. Eu tenho a impressão de que ela refinaria mais o seu instrumental teórico.

É verdade, porém, que, embora o instrumental mobilizado não seja tão eficiente quanto o destas duas tradições, no entanto, a oposição possuidor-carente ou agente-cliente já permite a você caracterizar o impasse institucional diante daquele ser aparentemente destituído, que deveria cumprir um papel de cliente, um papel de demanda, e que não o faz – que não o faz e se põe diante da instituição como não-carente, como não-cliente. Esse é o grande insight que permite a você no *Caso Hermes* fazer a virada da mesa: ele é não-cliente e não-carente, quando deveria ser; ele deveria poder/querer aprender e não pode/não quer fazê-lo, configurando, portanto, um pólo – e aí o Guilhon ajuda efetivamente – de não-legitimação das práticas da instituição.

Ora, essa observação deveria desestabilizar por si só a atribuição de uma autoridade soberana da instituição sobre agentes e clientes, visto que há a possibilidade na instituição de alguém que a esvazia de legitimidade, de alguém que não obedece. Isso por si só critica a definição que vem do Guilhon, de que se tem uma autoridade soberana da instituição sobre agentes e clientes. É tosco trabalhar apenas com a idéia de reprodução, supor que a instituição possa ser soberana sobre agentes e clientes. Ora, há uma dissimetria fundamental na oposição agente-cliente que esta sociologia não explora. Ela deveria trabalhar com a oposição, mas assinala uma soberania da instituição sobre ambos os pólos, como se ambos tivessem o mesmo estatuto.

Ora, o cliente não está, como o agente, imediatamente submetido à instituição – isso é claro; de modo que basta o mais frágil dos clientes para desestabilizar a instituição. Já o agente não pode fazê-lo, pois ele, por definição, aceita as regras da instituição. Ou seja, o cliente não está imediatamente determinado pela instituição como o agente; tanto que ele pode reconhecê-la ou não, ainda que por passividade, ainda que passivamente. É assim que o poder dos agentes, na medida em que desejam ser reconhecidos, encontra um limite – como você mesmo diz, eu estou citando, – um limite em Hermes, que não se adequa, que resiste.

Então, há uma dissimetria fundamental que não é explorada pela teoria a que você está se referindo, ao passo que se você tomasse a tradição weberiana ou a tradição marxista, você já começaria com esse problema, de alguma maneira, meio resolvido.

Assim, a minha pergunta aqui é a seguinte: o sentido político da intervenção do *Caso Hermes* não está dado, antes até da resistência do Hermes, pela própria possibilidade da existência no interior da instituição de um pólo de resistência, de um pólo que não é subsumido pelas regras da instituição imediatamente como os agentes?

Na passagem do diagnóstico para o contradiagnóstico não se trata de uma tomada de posição teórica – pois, claramente, isso ela não é. O importante para mim é ver se essa passagem – como eu acredito que você pense – se dá na instituição como movimento prático-reflexivo da própria instituição, o que, portanto, indicaria que a instituição tem autonomia em relação à ação específica do psicólogo.

David

Tem.

Sérgio

Basicamente, é isso aí. Mas eu queria fazer só um outro comentário sobre o desenho. Faço, então, só esta última observação.

Do ponto de vista do projeto mesmo da tua tese – que é muito bem sucedida nos aspectos fundamentais da construção teórica proposta – eu tive um problema em relação ao papel conferido ao *Caso Hermes*. É o seguinte: pergunto-me se não bastaria você mostrar que Hermes é agente no interior da instituição para que o seu problema teórico estivesse resolvido. Você como que oscila entre o mínimo requerido para a compreensão do caso – bastaria uma análise do desenho para a questão Hermes estar resolvida – e o máximo de interpretação, um *acharnement* interpretativo, o máximo de provas da subjetividade do Hermes, o que talvez não fosse necessário. E você vai tão longe nisso que cria algo como um mito Hermes – não há mais ícone ou paradigma, mas mito, visto que já não se tem mais os dados empíricos necessários para acompanhar a sua interpretação. Um mito bem sucedido, mas é um mito, e um mito em alguma medida talvez dispensável para as questões fundamentais do seu trabalho.

Bom, então era isso, desculpem-me por ter demorado tanto.

(Você estava entre o mínimo e o máximo, e você resolve fazer o máximo, não é? – como se fosse necessário...)

Marlene Guirado

Você tem então vinte minutos para comentar o comentário do Sérgio, como ele diz.

David

Quanto? Vinte minutos? Tá bom: vinte minutos não é nem o mínimo, nem o máximo...

[risos]

Sérgio

Você vê, de minha parte creio que temos muita coisa para conversar – mas veja aí, não estou cobrando nada, nesse sentido...

David

Sérgio, olha... Em geral, nessas ocasiões de defesa de dissertação ou de tese, se costuma proferir palavras formais de louvor aos membros da banca. Eu estou muito à vontade, depois da sua fala, agora vejo que felizmente decidi não fazer nenhuma referência aos membros da banca antes de minha primeira fala, acho que foi muito bom não ter feito isso, porque a partir do que você colocou é muito fácil, ficou escancarado o valor da tua presença.

Evidentemente, você, eu diria, no curto tempo que teve para fazer o que fez, estabeleceu muito mais do que o fio condutor de uma leitura atenta, você me propiciou a oportunidade de avançar a reflexão, você me dá como retorno desse trabalho que me consumiu oito anos a certeza de que ele chegou lá.

Eu não tenho palavras suficientes para te agradecer por isso. E eu vejo essa ocasião de agora como mais um elo, dentre os contatos que nós tivemos, em que sempre, sempre esteve em jogo uma aliança em torno da verdade, em torno do saber, em torno do pensamento.

Não são poucas as questões que você me oferece. A minha fala vai ser bastante compassada, bastante cheia de silêncios, porque se trata de refletir nos interstícios que houver entre cada uma das articulações que você vai fazendo e que escoram as questões que você vai me propondo.

Você ia formular uma questão, você anunciou uma primeira questão que no entanto não se delineou como uma interrogação formalmente detectável; então se trata agora de, através do contexto em que você fez menção a essa questão, tentar identificá-la, ver se você concorda que era essa a questão, e passar às considerações a propósito da mesma. Então, você dizia que no desenho se quebra a reprodução – não, você não dizia isso, isso foi o que eu coloquei aqui –, você dizia que o viés da Sociologia era tal que tomava a instituição e tomava o social pela vertente da reprodução. Eu anotei aqui: "no desenho se quebra a reprodução". Acho que é possível aos que estão aqui presentes já apreenderem aquilo a que estou me referindo, porque justamente na situação do exercício de cópia se trata de reproduzir e no desenho se trata de produzir. E, evidentemente, qualquer que seja o valor, de mito ou de ícone, que se queira atribuir a isso, eu acredito que basta olhar o desenho para ver que se está diante de uma produção singular – portanto, de um sujeito.

Então, esse movimento pelo qual se quebra o viés que você considerou próprio e distintivo da Sociologia, que seria o da reprodução, é realizado pelo movimento prático – e não do psicólogo, nem dos agentes, mas da criança.

Era uma questão que você me formularia, sobre o sujeito afetivo, em que medida esse sujeito afetivo pode efetuar a passagem da perspectiva reprodutiva à perspectiva produtiva...

Sérgio

Na verdade, a minha pergunta é mais se o objeto dessa desconstrução, desse contradiagnóstico, são as relações, se são as representações mútuas dos atores na instituição; é a questão da relação – representação e afeto – cadê o sujeito afetivo? Era mais por aí.

David

Então qual é a questão?

Sérgio

Se são as representações, como é que nós pensamos a relação dessas representações mútuas dos agentes? Onde estão os afetos?

David

Onde estão os afetos. Então...

Sérgio

Por que que essas relações são afetivas?

David

Tá. Eu vou precisar começar do seguinte: você disse em certo momento: *"nem sempre acontece a reprodução na instituição"* – e eu teria entrado na brecha de uma ocasião em que não acontece a reprodução. Eu diria o seguinte: na minha opinião, no meu prisma, **nunca** acontece a reprodução, **nunca**, em momento algum. O que acontece é a produção de uma imagem segundo a qual teria havido a reprodução. E a produção dessa imagem é obra de uma abstração imaginária. No imaginário está o âmbito em que o afeto pode reverter o viés reprodutivo.

Então, eu vou tentar fazer uso do retroprojetor para tentar concretizar o mais praticamente possível para todos aquilo de que se trata. Se eu ficar aqui eu atrapalho a visão? Não?

Bom, quando eu me deparei com esse desenho aqui [fig.1], num primeiro momento eu me perguntei o que é que estava aqui em jogo, de que maneira as figuras estavam arranjadas no espaço e de que maneira eu poderia descrevê-las, mas, nesse ato de descrever, já de alguma forma ir significando alguma coisa a respeito delas. Então, eu reparei que as duas figuras primeiramente desenhadas, que o Hermes designou como menino e como homem, estavam, me parecia, alinhadas ao eixo central vertical – mas isso era olhômetro, eu não sabia se era ou não. Então eu resolvi fazer um traçado sobre isso [fig.2]. Agora, nós temos essa mesma figura, a figura não vai mudar, apenas o que vai acontecer é uma sobreposição de eixos, justamente, imaginários – eu friso imaginários, porque o caminho da resposta está por aí. Estão vendo, é a mesma figura e eu confirmei que, de fato, estas duas figuras centrais estavam alinhadas a um eixo central vertical, não é certo? Daí, conforme eu fui descrevendo as outras figuras, me parecia que havia alguma relação especial entre o lugar que essa figura ocupava, que seria de uma pequena pipa, pipa menor, como eu chamei, e esta terceira figura humana, como me parecia – eu digo me parecia porque o Hermes não a designou, o Hermes disse: menino, homem, mas não nomeou essa terceira figura, mais complexa estruturalmente do que as outras.

Então, quando eu fiz esse traçado aqui eu falei: bom, de fato, parece que os vetores de força do desenho de alguma forma correspondem ao que essa minha operação imaginária pôde produzir, me parecia que havia uma relação de diagonal entre essa pipa menor e essa terceira figura humana. Mas, ainda assim, não me parecia que a coisa estivesse muito bem centrada, o desenho pedia uma precisão melhor desses mesmos vetores imaginários; me pareciam algo que se encaminhava rumo a uma verdade do desenho – eu uso a palavra verdade no sentido forte aqui – mas ainda não estava muito...

David Calderoni 305

Então, tentativamente eu fui caminhando, caminhando, e eu pude, mantendo as diagonais, chegar a alguma coisa que se aproximava mais da verdade do desenho.

Então, novamente, vou colocar uma terceira transparência no retroprojetor [fig.3], novamente nós vamos ter a mesma figura mantida, só que com uma mudança nos eixos imaginários que estão, em colorido, traçados sobre ela. Vocês podem observar? Está todo mundo vendo? O que é que nós temos aqui? Nós temos que aquela intenção perceptiva que buscava, de alguma forma, uma correspondência entre o lugar ocupado por esta terceira figura e a pipa, de alguma forma se realiza – não sei se vocês concordam comigo – nessa outra diagonal. E como que essa outra diagonal foi produzida? Simplesmente passando dos limites da página, aos limites ditados pelos pontos extremos do próprio desenho que o Hermes fez, quer dizer, um novo quadro foi criado. Então, nós temos aí o quê? Uma operação imaginária, também – não é verdade?

Nós estamos acostumados, no entanto, a considerar o imaginário como algo oposto ao real e o real como algo atinente à ordem da verdade; me parece que aqui existe uma operação imaginária que vai ao encontro de um certo real. É um movimento do psicólogo? É um movimento do psicólogo. No entanto, a condição de que ele fosse feito, de que ele fosse realizado, é que houvesse uma verdade do objeto mesmo por cujo suporte a verdade e a eficácia do procedimento imaginário do psicólogo pôde sobressair, pôde se realizar também.

Então, eu disse que se tratava de um ato de abstração imaginária considerar que há uma reprodução na instituição; isso não significa que essa abstração imaginária não produza efeitos reais. A gente poderia supor que o Hermes fosse ter na seqüência um caminho de exclusão da creche, fosse, por exemplo, outra a minha atitude: cheguei ali, fiquei de fato angustiado com o menino, vamos supor que eu dissesse – coisa que não é da minha índole – mas é perfeitamente cogitável que uma outra pessoa na minha posição, ocupando um lugar de autoridade, pudesse dizer: 'olha esse menino tem problemas graves, talvez seja melhor...', estou vendo que ele está causando muita angústia aqui entre os agentes, vamos afastá-lo da creche, fazer um bom diagnóstico dele...' – entendeu?, e daí numa atitude desse tipo eu estaria de fato embarcando, eu diria, na seqüência da obra da abstração imaginária, porque eu estaria caminhando justamente no sentido do diagnóstico empírico e embarcando no movimento de exclusão da criança.

Bom, eu não sei se alguma coisa toca a primeira questão que eu acreditei que você levantou...

SÉRGIO

O meu primeiro comentário foi exatamente disso, dessa colagem entre a interpretação e o próprio objeto...

David

Bom, mas o que é que o afeto tem a ver com isso? Talvez seja essa a questão, não é? Humm..., o que é que o afeto tem a ver com isso... O afeto tem a ver com isso, aquilo que é a diferença entre ele – afeto – e a representação, e eu vou explicar essa frase por certo meio enigmática. O que é que da representação não é afeto? Ou melhor, o que é que o afeto tem que a representação não tem? O que é que no afeto excede a representação? Eu tenho clareza de onde eu quero chegar, eu estou aqui construindo o caminho.

Vocês acompanharam esses movimentos pelos quais eu fui chegando àquilo que eu considero que é estar mais próximo da verdade do desenho, uma verdade, que, observo, não tem critério exterior, uma verdade que é índice de si mesma, como diria o Espinosa. O Espinosa dizia que *veritas index sui*, a verdade é índice de si mesma e do falso porque ela é imanente ao objeto, justamente. Todos esses atos de variação imaginária só puderam ocorrer não exatamente por um movimento das representações. A operação pela qual eu me aproximo da verdade do desenho tem algo a ver com o ato pelo qual o desenho foi produzido, e não se trata apenas do Hermes colocar ali representações em jogo. Por que não são só representações? A gente poderia dizer, vou contra-argumentar: são representações. Eu olho para cá e eu vejo, são figuras humanas; então, o Hermes representou figuras humanas – não têm representações aí? Ou, por exemplo, eu poderia dizer: tem pipas aqui. Não dá para reconhecer que têm uma pipa aqui? Então: representação. Como eu digo aí na tese que argumenta o Francastel. Diz o Francastel: são objetos de civilização, reconhecíveis, compartilháveis, são objetos narráveis, descritíveis... No entanto, se a gente pode reconhecer que aqui também está uma pipa – e, neste sentido, a gente pode reconhecer que existe um suporte no nível das representações aí –, pergunto: por acaso a civilização conta entre os seus objetos com esta pipa, o prolongamento de um de cujos extremos faz essa circunscrição aqui, serve de plataforma ao homem e ao menino, abriga todos esses significantes que foram analisados detidamente na dissertação – a pipa faz isso enquanto representação? Eu diria: não! Então nós precisamos de um outro nome para aquilo que do afeto não é representação e é essa pipa que não se esgota no objeto de civilização e a isso eu dou o nome de fantasia e o nome de imaginação.

É a isso que eu cheguei. Eu acho que o que existe na instituição que faz com que ela nunca possa ser algo que se esgote no movimento da sua própria reprodução, é algo que está inscrito indelevelmente na natureza mesma de cada agente, e que será agente mesmo que apareça como cliente, porque é algo constitutivo da natureza de cada um deles – e essa coisa se chama imaginação ou se chama a capacidade de fantasia.

Bom, vamos ver onde é que nós estamos... Agora, você me pergunta, Sérgio, sobre a questão da passagem: como que se deu a passagem... Você, no mínimo, focaliza isso: como se deu a passagem do diagnóstico ao contradiagnóstico – eu vi, me diga se eu estou enganado, uma ênfase colocada por você na questão... Não?! Então, por favor...

Sérgio

Na verdade, o que eu disse foi que o psicólogo está inscrito no diagnóstico, está inscrito no quadro das relações postas pelo diagnóstico; assim, o que o diferencia para permitir a passagem...? O que eu sugeri, se eu entendi o que você fez, é que ele produz um distanciamento mínimo em relação ao quadro das relações institucionais, pelo desejo de compreender, pelo desejo de refletir, considerando que as coisas poderiam não se passar daquele modo.

David

Então, eu vou dizer o seguinte: talvez, nos termos em que você coloca, eu não possa concordar com você, porque eu acredito que no movimento mesmo em que é formulado o diagnóstico empírico de debilidade mental e auditiva não exista uma pura negação – e aí inclusive eu discordaria da perspectiva de Espinosa —— existe o ato da afirmação, também, de um outro, não é verdade? então existe um engajamento no plano do saber, também, de modo que, como acredito que você tenha acompanhado na dissertação, o tempo todo se tratou não de negar o diagnóstico empírico frontalmente, mas de recuperá-lo, porque algo da potência interpretante dos agentes nele se joga, e os agentes muitas vezes, melhor que o psicólogo, souberam construir o dispositivo no qual Hermes pôde realizar sua singularidade – como quando disseram, por exemplo: "–*Não, não vá lá e não se isole com Hermes numa sala, para fazer esse desenho da figura humana....*" Veja, isso se deu momentos depois da agente ter patrocinado o exercício de cópia, tomando a mão de Hermes na mão, quer dizer, negando quase completamente a humanidade do Hermes, a sua aptidão para o sentido, reduzindo-o a um puro maquinismo corporal..., não é verdade?

Sérgio

É a Sociologia da Burocracia que nos engana, fazendo acreditar que ele é cego... E ele não é cego, ele já dispõe de uma potência interpretativa.

David

Ele, o agente!?

Sérgio

É.

David

Exatamente, exatamente. Quer dizer: então, momentos depois, as agentes estavam ali, não poderiam ter desenvolvido essa capacidade em questão de segundos, de ela dizer assim: não, não vá lá e não se isole numa sala, para fazer esse desenho da figura humana. Quer dizer, havia algo ali nelas que estava pronto para esse movimento de reversão da perspectiva do diagnóstico empírico. Então, se havia algo lá pronto, se trata de pensar não que isso que estava lá pronto estaria inexistente, mas sim que estaria reprimido, contra-investido.

Então, há um determinado regime político-afetivo que diria respeito ao medo da morte, que se traduz, no contexto da burocracia, no medo do fantasma da incompetência – que por sua vez acena com o desemprego que acena, em última instância, com a ameaça de morte, digamos assim.

Quando uma autoridade comparece e em vez de dizer '– *olha, vocês estão errados...*' ou '– *vamos excluir a criança... etc etc*', diz assim: "*não vou condenar, vamos pensar juntos...*", se vê que estavam prontos para passar do medo da morte àquilo que eu considero o outro regime afetivo, que poderia ser, conforme as categorias do Espinosa, mas não exatamente na ótica dele, como procuro demonstrar no capítulo 6, algo relativo ao desejo de vida. E aí nós teríamos o retorno ao princípio mesmo de toda socialidade que seria essa atividade imaginária através da qual se pode conquistar a liberdade na instituição. Era isso que eu tinha para dizer...

Sérgio

Realmente, se você toma cada uma das figuras que está presente lá, elas têm algum desempenho positivo em relação ao quadro colocado: elas estão agindo; trata-se, em termos espinosanos, de aumentar a potência de agir delas.

Maria Luisa Sandoval Schmidt[5]

Eu queria começar elogiando uma das características do trabalho, basicamente em dois pontos.

Primeiro, seria o fato de que o seu trabalho vem, na linha de outros trabalhos que eu venho acompanhando, resolver uma dicotomia que tem existido – especialmente na área da Psicologia – entre aqueles que trabalham na linha de frente das instituições escolares e de saúde e aqueles que produzem as teorias.

A gente até há um tempo atrás tinha uma certa perplexidade, ou uma certa dúvida, com relação à chegada na Pós-Graduação de várias pessoas que não tinham interesse na carreira acadêmica, não eram professores etc, mas que procuravam a Pós justamente para poder ter um espaço, encontrar uma condição de salvar conceitualmente experiências muito ricas havidas no campo mesmo da atuação profissional, e eu acho que o seu trabalho vai nessa linha – nem sei se atualmente você dá aulas etc., mas, enfim, eu entendo nesse sentido –, ou seja, da importância de que esse resgate possa ser feito por aqueles que atuam diretamente na linha de frente....

E eu acho que isso é importante por dois motivos: por um lado, porque também a gente observou, principalmente no que diz respeito ao que se chama Psicologia Institucional, um certo movimento de produção teórica bastante intenso e essas teorias derivando em modelos que acabaram funcionando como uma espécie de norma para a atuação dos psicólogos nas instituições e como um avaliador. Ou

---

[5] A Profª Dra. Maria Luisa Sandoval Schmidt é docente do Departamento de Psicologia da Aprendizagem, do Desenvolvimento e da Personalidade do Instituto de Psicologia da Universidade de São Paulo.

David Calderoni 311

seja, toda vez que você põe em curso algum tipo de modelo de intervenção e aquilo dava com os burros n'água, então se fazia a crítica do próprio psicólogo ou da maneira como ele entrou em campo etc., mas, num certo sentido, o modelo se mantinha intacto: o modelo era bom; o psicólogo é que não teria sido suficientemente competente ou hábil para usá-lo a contento.

Então, eu acho que é importante por esse lado e é importante que, exatamente na medida em que a reflexão feita por aqueles que estão lá, vamos dizer, se descola desta função superegóica e dos modelos, ela vai acabar também revitalizando essas teorias, vai justamente enriquecer esse campo teórico.

E eu acho que o seu trabalho realiza isso de uma maneira muito rigorosa e muito criativa e muito importante para o campo da Psicologia.

O segundo elogio, se engata nisso aí: é a questão do rigor, do seu compromisso com a verdade, da profundidade da reflexão, da clareza com que você encara justamente essa questão do âmbito psicológico na instituição – um campo extremamente complicado – e ao mesmo tempo você consegue iluminar as cercas importantes desse campo ou talvez até, como o Sérgio diz, criar este campo de uma forma mais clara, saindo desta questão das mútuas determinações do psicológico sobre o sociológico, ou vice-versa. É um grande mérito.

Com relação à postura teórica, referida a esta questão dos modelos também, há uma coisa que eu chamei de erudição aplicada; eu acho que você tem uma erudição aplicada tanto no sentido de que ela é rigorosa e disciplinada, como no sentido de que ela vai muito colada naquilo que você está trazendo da experiência vivida, do concreto daqueles fenômenos que você pôde não só presenciar, mas, enfim, dos quais você participou nessa intervenção na creche.

Eu teria outros elogios para fazer. Mas, basicamente, era isso que eu queria dizer. Com relação à argüição propriamente dita, eu também, como o Sérgio, articulei aqui um comentário que eu vou ler e, claro, aí depois você fica à vontade para comentar o meu comentário.

Então, eu quero dizer para você que eu li a sua tese, depois reli e que ela tem uma montagem complexa e que é análoga à complexidade de um objeto que você cria em sua entrada na creche.

A minha leitura se deu no sentido de captar alguns momentos marcantes desse percurso, embora eu perceba claramente que eles estão interligados, mas é mais por uma função didática, para poder talvez clarear algumas coisas que eu pensei, vamos dizer, as tarefas, os focos destes momentos e a relação disso com o próprio pensar das práticas psicológicas na instituição: o que é que estes seus momentos parece que trazem – e trazem – de novidade para aquilo que a gente conhece como o habitual no âmbito da Psicologia Institucional ou da intervenção psicológica na instituição.

Dentre os pontos que você destaca quando apresenta o Programa, a minha leitura começou cruzando os dois primeiros: *Detecção, diagnóstico e encaminhamento dos casos de problemas no desenvolvimento motor, cognitivo e emocional*; e *Intervenção nas relações afetivas conturbadas entre os agentes da Creche: pais, funcionários e crianças*.

Tentei cruzar esses dois pontos e os três momentos que, na verdade, constituem o processo – e eu detectei três: diagnóstico empírico, contradiagnóstico e o diagnóstico para encaminhamento, no final.

Eu acho que um grande mérito do seu trabalho de intervenção na creche reside na articulação que você fez entre os dois pontos do programa – depois há esses desdobramentos dos outros pontos: fazer levantamento dos recursos psicoterápicos do entorno etc., mas está concentrado nisso aí –, e eu destaco esses dois pontos, porque eu acredito que no *Caso Hermes* foi possível diagnosticar e encaminhar Hermes num processo que incluiu lidar com as relações afetivas conturbadas entre os agentes. E me parece que os dois momentos em que claramente isso se dá são justamente o da acolhida do diagnóstico empírico e o do contradiagnóstico.

A forma como você e a sua equipe trabalham, aceitou e acolheu aquilo que é usualmente a demanda de grande parte das instituições educacionais escolares, ou seja, diagnosticar e encaminhar os casos-problema. Mas o fez de forma a incluir os agentes nesse processo e de forma a permitir uma transformação desses agentes no processo. Com relação às práticas comuns na Psicologia de instituições escolares, o seu trabalho marca uma posição interessante de rompimento também com dois pólos dicotômicos dessas práticas. Por um lado, você tem a prática de diagnosticar em massa as crianças e encaminhá-las, sem nenhuma consideração pelo que ocorre nas relações institucionais e, de fato, então a criança paga pelo problema e é excluída, muitas vezes – por este diagnóstico ela é excluída, que é até o exemplo que você deu do que você poderia ter feito –; e, de outro lado, há algumas práticas ligadas à Psicologia Institucional ou à análise institucional que contornam a demanda de atendimento da clientela diretamente colocada ou dirigida ao psicólogo, trabalhando exclusivamente com os profissionais.

É inovador, nesse sentido: de ter podido, ao mesmo tempo, não rejeitar ou simplesmente colocar de escanteio a demanda e não atendê-la de forma a excluir, no caso, a criança.

A acolhida da demanda, o trabalho de intervenção no nível dos agentes se consubstanciou, creio, justamente na tomada do diagnóstico empírico como objeto de um contradiagnóstico. Acolher o diagnóstico empírico sem a ele aderir significou a entrada na creche, o contato com agentes na situação do trabalho, eu diria que quase que numa postura antropológica, uma espécie de escuta e de observação etnográfica participante. Eu acho muito interessante inclusive o próprio convite que as agentes fazem para que você observe o exercício da cópia, que a meu ver já indica esse desejo mesmo, esse movimento ou essa potência de transformação.

Eu quero destacar que não é em si o observar ou o escutar como o momento inicial que dá o tom da sua intervenção; isso poderia ser feito de outras perspectivas – até de uma perspectiva de pesquisador ou de investigador –, mas é a atitude de abertura, de desejo de encontro, de curiosidade pelo que ali se passa e a busca de uma empatia com os diferentes agentes – profissionais, mãe e Hermes, familiares – que dá o tom particular dessa entrada, que também não é fácil. Quer dizer, a tendência seria se concentrar num dos grupos, ou se identificar mais ou fazer alianças com determinados grupos em detrimento de outros. Essa entrada tem a característica de um olhar que é empático com relação às diferentes posições e aos diferentes lugares.

A desconstrução do diagnóstico empírico, que é o contradiagnóstico, enquanto processo, é o ponto alto da intervenção, porque – eu acho que isso ficou claro na exposição do Sérgio – esse contradiagnóstico é a própria intervenção também, ou faz parte da própria intervenção também e é no engajamento nele que se produzem os deslocamentos fundamentais: em você, nas agentes e na mãe. Deslocamentos que, como você mostra, vão, em cadeia, permitindo a transformação da professora e da pajem na relação com Hermes e o aparecimento de Hermes, especialmente no desenho livre.

Porém, a elaboração teórica, conceitual, desse momento contradiagnóstico, é também um momento inspirado, em que você clareia, ilumina o jogo identificatório que tem a sua faceta empobrecedora e cujo mecanismo está referido aos lugares institucionais, e a faceta enriquecedora apoiada numa proximidade – você fala de um parentesco; eu até me perguntei se esse parentesco via tia não poderia também ser um parentesco via origem social, das pajens principalmente.

Segunda coisa: você traz a intuição como uma figura de fusão, de apresentação do sensível, do inteligível e dá um importante destaque à informalidade como contraponto à rigidez das situações formais, indicando o próprio contradiagnóstico como esse processo informal, onde o próprio sentido interpretante é posto em marcha; e, depois, é um momento também em que o entrelaçamento entre as representações e afetos se mostra para ser pensado; e, ainda nesse momento do contradiagnóstico, produzem-se deslocamentos fundamentais que justamente permitem uma diferenciação dos lugares institucionais e ao mesmo tempo produzem transformações nas relações; é também o momento que alimenta e dá continuidade aos questionamentos que visam flexibilizar a visão institucional, especialmente a que lhe serviu de ponto de partida, que é a sociologia do Guilhon; embora no ponto de partida você se perguntasse: *bom, se a coisa é assim, então como é possível uma intervenção psicológica*, é no próprio constituir desse contradiagnóstico que você vai podendo também ter os elementos para dizer: *bom, não é só isso; há que se considerar alguma outra coisa para além disso, para que se possa pensar a instituição de uma forma menos paralisante, paralisada.*

O resgate conceitual que você vai fazendo dos episódios do contradiagnóstico está referido de modo forte à complexidade desses episódios. Como eu disse no começo, nesse momento da sua construção conceitual há um acompanhamento muito próximo do que efetivamente aconteceu como episódio, no sentido de poder resgatá-lo, acompanhá-lo, entendê-lo, mas de modo muito próximo.

O contradiagnóstico e a reflexão sobre ele mostram a desmontagem do diagnóstico empírico, produzem os deslocamentos que possibilitam o aparecimento de Hermes em sua positividade, dão uma visão dos lugares institucionais que falam e atuam e da dinâmica dos mecanismos psíquicos aí envolvidos.

O que me ficou mais complicado é justamente a passagem do contradiagnóstico para o diagnóstico, um pouco na linha do que o Sérgio mesmo levantou. Eu fiquei um pouco perplexa, até porque ele não se dá de uma forma separada; ele está um pouco misturado com a própria interpretação do desenho da figura humana; a interpretação do CAT, mais claramente, estaria encaminhada para o diagnóstico...

Eu não tenho muita segurança a respeito do que eu vou dizer a você, David. Eu pensei em todos esses dias o que era que me pegava; ontem fiquei pensando nisso, hoje de manhã...; então, eu vou dizer para você até onde eu pude avançar.

Acho que na minha fala eu deixei claro que esse acolhimento do diagnóstico empírico e o contradiagnóstico, considerados como processos engatados e mutuamente referidos, produziram esses efeitos fortemente positivos no que a gente poderia encarar como um tratamento do Hermes. Visto também por este prisma, eu acho que eles produziram também esses efeitos no sentido da compreensão do âmbito psicológico na instituição. Acho que isso foi possível justamente porque se "tratou" (entre aspas, aí) a instituição e a mãe, ou seja, efetuou-se uma intervenção em modos bastante criativos, como já apontei, e que respondeu por assim dizer a uma função e a uma posição do psicólogo como elemento facilitador ou desobstruidor, um elemento que dá passagem a esta diferenciação, à individualização dos sujeitos que passam de atores a agentes. Então, a forma da sua intervenção foi marcada por uma observação, por uma escuta e mesmo por uma intervenção, quando você dialogava com as pessoas, que ia na linha do pontuar, perguntar e sempre me parece que tinham o sentido de criar esse espaço ao mesmo tempo de continência e de reflexão no convite a que as pessoas participassem, sendo, ao mesmo tempo, winnicottianamente adequado. Quer dizer, você foi se adequando àquilo que a instituição e que os personagens ali postos indicavam para você, você de fato se coloca num abrir mão de um lugar de poder, de autoridade que é conferido ao psicólogo para ficar no lugar de autoridade ainda, no sentido de que há alguma coisa que você sabe que você tem a oferecer, mas que vai justamente no sentido de ir se adequando, podendo ter uma empatia com relação àquilo que se vive complexamente dentro da instituição, podendo oferecer essas aberturas, estes espaços. Eu acho que essa postura acompanha você em todo esse percurso.

O que eu me pergunto é em que medida você teria retomado um lugar de poder e de saber mais ou menos colado na instituição acadêmica ou psicológica ou diagnóstica, seja lá o que for. Porque há um diagnóstico. Na verdade você faz um diagnóstico de que o Hermes tem problemas psicodinâmicos, ou seja, de que as dificuldades dele estão referidas a questões psicodinâmicas e, ao mesmo tempo, você apresenta contraprovas contra outras hipóteses: surdez, debilidade, problemas neurológicos. Você vai muito minuciosamente descartando estas outras hipóteses para ficar com esta dos problemas psicodinâmicos. A minha impressão é que – não tanto na interpretação do desenho livre, porque eu acho que o desenho livre ainda está muito ligado ao contradiagnóstico no sentido da explicitação daquelas relações institucionais, das relações entre esses diferentes personagens – , especialmente no CAT e depois, eu não saberia nem localizar, mas é uma coisa que me pegou, é como se justamente você aí entrasse num formular de hipóteses – eu considero como hipóteses evidentemente essas interpretações do CAT e dados de anamnese vindos da mãe – , como se você disesse: já que eu estou dizendo que é um problema psicodinâmico, eu preciso dizer que conflitos, que angústias, o que está aí, eu preciso dizer qual é o conteúdo disso.

Nesse momento me pareceu que é como se o Hermes se esfumaçasse – quer dizer, aquilo que se insinuou do Hermes, porque eu acho que há um grande mistério em torno do que é o mundo interno desse menino; mas algo se manifestou, algo se mostrou, algo se abriu. É como se isso tivesse sido de alguma forma eclipsado, esfumaçado, não encontro outra palavra, pela própria atividade interpretativa que, se a minha interpretação está correta, veio quase que responder a uma exigência de dar satisfações a outras instâncias médicas ou sei lá quais, a minha cabeça foi por aí, do quanto estava correto pensar ou definir que os problemas do Hermes se localizam nesta área psicológica, e não em qualquer outra... e não têm qualquer outra origem.

Então é isso que eu tinha para dizer, hoje.

David

Malu, você sabe da minha satisfação de te ter aqui, mas para quem não sabe porque que essa satisfação pode ser tão grande e tão significativa, cabe dar algumas informações: a Maria Luisa, que eu estou aqui chamando informalmente de Malu, foi uma das interlocutoras do Programa de Trabalho na Área Psicológica, em cujo âmbito o *Caso Hermes* se deu. Nos idos de 86, quando estávamos na refrega prática e concreta desse trabalho, a Maria Luisa o acompanhou também de um ponto de vista bastante prático e, sem prejuízo disso, Maria Luisa também se constituiu numa importante referência teórica para o que seria dar conta das coordenadas da Psicologia Institucional que constituíram pontos de referência para o pensamento sobre a nossa ação e para a nossa ação a partir dos nossos pensamentos. Então, te reencontrar aqui é, para mim, muito grato, muito importante e te agradeço ter aceitado o convite.

Então, passando propriamente aos comentários, depois à tentativa de comentário a respeito da apreciação crítica que você formulou no momento final das suas colocações, o que eu poderia dizer, assim, de saída, é que quando você coloca a importância política de um trabalho teórico, na medida em que ele tende a retornar ao âmbito das instituições, muitas vezes na qualidade de paradigma ou de modelo que vai informar as práticas num ou noutro sentido, o que você recupera é um ponto muito importante que eu vejo muito presente nas minhas preocupações atuais e no próprio fazer da dissertação.

Quando eu digo, por exemplo, no Capítulo 6, justamente a propósito da definição de instituição do Guilhon – Guilhon coloca que a instituição poderia ser definida como uma estrutura de práticas que tendem a se reproduzir e a se legitimar. Então, a propósito dessa formulação do Guilhon que você no texto refere, texto que você fez em colaboração com Marlene, e justamente serviu como ponto de partida das coordenadas teóricas que permitiriam situar a Psicologia Institucional, então você e a Marlene dizem ali: nota-se em sua definição de instituição uma ênfase na reprodução do instituído.

E aí eu fiz a seguinte colocação: eu quase concordaria com essa observação sobre a definição que Guilhon dá de instituição como uma estrutura de práticas que tendem a se reproduzir e a se legitimar. Mas por que eu não concordaria totalmente que se trata de uma ênfase, como vocês dizem? Porque eu acho que se trata de uma exclusiva focalização, e ao focalizar exclusivamente o que há na instituição de reprodutivo, se exclui aquilo que não há de reprodutivo, se exclui o novo, portanto se exclui a liberdade. É isso que eu digo. Eu não que-

David Calderoni

ro desenvolver mais isso no momento, eu só quero retornar ao ponto que me parece precioso da tua colocação inicial: eu só posso dizer que Guilhon fez isso, porque a teoria é instância de reconhecimento. Eu vou confessar o seguinte. Você falou depois de contradiagnóstico. Eu não sei até agora muito bem como delimitar o que seja o contradiagnóstico. E eu acho que eu não sei como delimitar não porque eu não tenha suficientemente pensado nisso ao longo desses oito anos, mas porque algo do próprio objeto recusa a exaustão, não pode ser esgotado, mas algumas coisas podem ser ditas desse contradiagnóstico. Trata-se, nele, de procurar desconstruir as representações. Mas essa desconstrução das representações encontra limites.

Por que? Porque, eu poderia dizer, teoricamente – e eu acho que o limite talvez seja a teoria, o limite dado pelo fato de que se trata de um fazer teórico, num dos aspectos que está encerrado na atividade do contradiagnóstico – eu poderia dizer: bom, por que estão dizendo que ele é débil mental e surdo? então, se trata de uma projeção vingativa delas, ou se trata de, quem sabe, uma deficiência de escuta delas, vamos ver onde é que isso está referido... Mas, na medida em que se tratou de um movimento prático, por mais que eu desconstrua, desconstrua, desconstrua, eu não respondo àquilo que é a essência do contradiagnóstico, ou seja, a reversão do movimento de exclusão da criança.[6]

Então, preciso me voltar novamente para a prática e dizer: o que todas essas variações imaginárias que eu faço à guisa ou no intuito de analisar o que se passou no movimento interpretante – não deixa de ser – dos agentes que faz com que eles parem esse movimento interpretante no diagnóstico de debilidade mental e auditiva? o que fez com que eles avançassem, liberassem alguma coisa e pudessem não precisar mais reduzir Hermes aos estigmas ou aos enigmas da sua suposta deficiência e já encará-lo como capaz de pensamento e de linguagem? – de modo que chegaram lá tranqüilamente e não se perguntaram: ele escuta ou não escuta? – Olha Hermes, hoje é desenho livre, a tia vai sair,

---

[6] A desconstrução especulativa das representações encontra o limite dado pelo fato de que se trata de um fazer teórico.

você faz sozinho, sem usar borracha. Quer dizer, quando a professora diz isso, ela já está supondo, muito mais de que ele escuta: que ele escuta, ele entende, ele raciocina, ele é capaz de produzir aquilo etc. O que fez com que elas passassem da perspectiva em que tomavam Hermes como incapaz de pensamento e linguagem no primeiro momento do exercício de cópia para essa segunda perspectiva? Essa pergunta visa justamente focalizar o que em termos práticos respondeu pelo movimento do contradiagnóstico, ou seja, pela reversão do movimento de exclusão da criança. E eu cheguei a um termo que estava aqui nas anotações que eu fiz a partir do que o Sérgio colocou e eu percebo que não respondi à altura em termos de toda riqueza que você me ofereceu para responder, mas que felizmente você novamente me permitiu atalhar porque você diz: olha, tem talvez algo a ver com a intuição. E você diz mais, o contradiagnóstico não é só da prática dos agentes, mas é o contradiagnóstico da própria teoria do Guilhon. O Guilhon é contradiagnosticado nesse movimento prático-teórico, você me diz. E eu concordo. Agora, existe um nome a ser dado a essa coisa que, como você disse, Sérgio, supera o saber do psicólogo, supera o que ele poderia saber na situação. Veja, as tias participaram ativamente, o Hermes participou essencialmente, se ele não produzisse esse desenho, cadê o contradiagnóstico, cadê o diagnóstico que depois eu tentei fazer (depois eu vou chegar nele) ?

Para quem não sabe: eu faço anotações muito informais no meu primeiro encontro com Hermes e eu percebo através dessas anotações que eu de início estou enxergando Hermes pela perspectiva ou pelo olhar das tias, ou seja, da professora e da pajem. Eu chego lá e começo a anotar: 'Hermes: muito dependente, incapaz de reproduzir os traçados, a professora tem que dar uma assistência intensiva chegando até a ter de pegar na mão dele para que ele faça os traçados...'. Quer dizer, a minha ótica é a ótica do diagnóstico empírico, num primeiro momento. Mas chega um momento nessas anotações em que eu digo bastante informalmente assim: 'Hermes: super-antena, atento aos meus movimentos. Perguntado sobre sua idade, respondeu: Hermes, Hermes...'. Quer dizer, eu pergunto quantos anos ele tem e ele responde com o próprio nome, o que vai gerar uma série de hipóteses. Eu cheguei à hipótese – fundamentar porque eu cheguei a isso agora é difícil, pode parecer um pouco abstrato, mas eu vou dizer qual é a minha hipótese – se tratava da fundação do ser no tempo; ao responder com o próprio nome à pergunta quanto à sua idade, ele disso aquilo a que ele poderia ter acesso, ou seja, à sua existência mais imediata e pontual que seria escorada pela afirmação do próprio nome.

Então, nesse momento em que eu falo 'Hermes: super-antena', o que aconteceu? Aconteceu algo da ordem da intuição – intuição no sentido mais cru do que a etimologia poderia nos dar. Intuir é um termo que provém de um vocábulo latino – intueor – que significa simplesmente: olhar atentamente, ver, descobrir. É uma coisa muito simples, não é?, mas olha a potência desse ato: ele é capaz de iniciar aquilo que se revelaria na seqüência como o primeiro elo de um movimento interpretante que depois nas agentes vai se especificar naquela frase: – *Hermes, hoje é desenho livre, a tia vai sair, você faz sozinho sem usar borracha*; que, antes disso, na minha ação, se mostra no fato de que eu não coloquei em dúvida que ele pudesse fazer o desenho, nem me passou pela cabeça – depois de eu captá-lo como atento aos meus movimentos, como super-antena, eu disse: '– ...olha, desenha aí ', entendeu? Eu poderia perfeitamente dizer '– Não, essa criança não tem condição nem de fazer esse exercício de cópia, por que será que eu deveria me propor a fazer o desenho da figura humana com ele? ' Porque alguma coisa já tinha se dado de transformação. E o Hermes realiza também algo que eu diria que é da ordem da intuição.

Eu tentei muito na tese, de um lado, aprofundar o que seria essa intuição. Eu tentei passar pela filosofia, não sei se bem ou se mal, tentei enfim me perguntar, de muitas formas e de muitos jeitos, o que é que seria a essência dessa intuição e eu cheguei a uma resposta – provisória, portanto a uma hipótese, mas é uma resposta, na medida em que alguma coisa está posta, res posta, a partir do meu percurso

322 O caso Hermes

reflexivo. E eu disse que o que seria da essência da intuição é algo muito próprio do brinquedo e do jogo, que é a compossibilitação de tempos e códigos diferentes e essa compossibilitação de tempos e códigos diferentes está em jogo nesse desenho aqui do Hermes.

Para quem não sabe, o CAT – Teste de Apercepção Infantil com Figuras de Animais – é um teste em que pranchas de figuras de animais são mostradas à criança e se trata de perguntar o que é que a criança está vendo e de pedir que ela desenvolva uma história. Então, por exemplo, nessa prancha daqui [Prancha 1][7], no CAT, que eu fiz posteriormente ao desenho da figura humana, só para vocês verem como é que é, o Hermes disse assim: 'galinha' e 'patinhos'. Estou só exemplificando com essa prancha, depois poderia pegar a prancha dos ursões e do ursinho [Prancha 6][8]: ele designou os ursos adultos como 'cachorros' e o urso pequeno como 'gatinho'.

Então, o que é que acontecia no Hermes? Acontecia que ele separava, quanto à linhagem de descendência, a figura grande e a figura dos pequenos: pertenceriam a espécies diferentes. E onde o sentido disso, ou melhor, onde a gênese disso talvez se deixe apreender? no fato de que a mãe, tal como ela revelou nas entrevistas, diz que o Hermes é frio, é indiferente, igual o pai. O Hermes tem covinhas igual ao pai, ou seja, espiritual e fisicamente é igual ao pai. E ela insistia, é igual ao pai, de tal maneira que, embora a gente possa acreditar que não estava ausente da Dona Violeta o conhecimento de que uma criança é engendrada na relação sexual dos pais e que, portanto, é um produto compósito, ao mesmo tempo estava presente de maneira muito determinante a crença inconsciente de que o Hermes teria sido engendrado só pelo pai.

Então nós temos um mecanismo psíquico que é a recusa, muito complicado, que dá margem a uma... seria muito complexo entrar nisso, mas a idéia é que mensagens da mãe passam para a criança e a

---

[7] "Pintinhos sentados ao redor de uma mesa, na qual há uma enorme tigela de comida. Fora, de um dos lados, está desenhada, de modo indistinto, uma galinhona." Cf. L. Bellak e S. Bellak, *CAT-A – Teste de Apercepção Infantil com Figuras de Animais*, São Paulo: Mestre Jou, 1981.

criança estrutura o seu sistema simbólico em função disso, de tal maneira que o efeito disso se apresentava no momento em que, diante da prancha 1, o Hermes dizia: 'galinha' e... pintinhos? não: 'patinhos' – e assim por diante.

Mas eu fiz esse teste do CAT de tal modo que eu desconhecia o que a sabedoria das tias tinha me ensinado, ou seja, que eu deveria fazê-lo a céu aberto e no contato com outras crianças, de tal maneira que talvez algo do medo da morte estivesse presente aí; eu sei disso desde dentro, foi um momento muito tenso aplicar o CAT.

O prognóstico do Hermes, ou melhor a gravidade que um possível diagnóstico, uma tentativa de diagnóstico poderia apontar a partir desses dados, da ocorrência dessa clivagem no psiquismo do Hermes, pôde ser revertido num movimento teórico meu: depois que eu percebi que existiu uma ocasião – não no isolamento de uma sala de teste, mas justamente na situação coletiva em que foi produzido o desenho da figura humana –, em que ele pôde designar um grande e um pequeno de tal forma que pudessem se incluir numa mesma espécie. Ora, foi a primeira coisa que ele disse: menino e homem. E por que ele fez isso? Porque se nós repararmos que não se trata aqui [fig.3] de que esses dois estejam juntos só pela proximidade e estejam distanciados da terceira figura humana só por esse traço circunscritor e pela distância, mas se a gente reparar como estas figuras estão construídas, existem diferentes princípios de equilíbrio formados entre o eixo dos olhos e a base das figuras que determinam a disposição e a composição de dentro a fora das mesmas, de tal maneira que [na terceira figura humana] essa inclinação, que eu chamei de supradestra, e essa outra, que eu chamei de suprasinistra, contrastam com o fato de que nessas outras figuras [o menino e o homem] se dá exatamente o inverso. Não sei se vocês podem acompanhar, deu para acompanhar? Então: essa outra figura aqui [a terceira humana] se moveria num outro de campo de forças.

Essa idéia de recusa, enquanto mecanismo que responderia pelo processo em função do qual o Hermes teria sido confrontado com essa falha simbólica, nesse traço circunscritor conhece uma defesa muito eficaz, a meu ver, que permite que Hermes se separe da própria figura da recusa – que seria a mãe dele que estaria sendo figurada aqui – e, ao mesmo tempo, se separe não no sentido de que ela não apareça no desenho, mas no sentido de que tempos e códigos – veja, a mãe está se movendo, está gravitando num tempo-espaço próprio, aqui – tempos e códigos diferentes possam se articular numa mesma cena. Então, Hermes teria demonstrado aqui a presença daquilo que seria a essência do que eu chamo de intuição refundadora, ou seja, o poder de compossibilitar tempos e códigos distintos e, portanto, dentro da minha preocupação diagnóstica isso é muito importante. Isso só pode ser realizado, evidentemente, numa situação em que, conforme o que a sabedoria das tias já tinha me advertido, o Hermes não está isolado.

Bom, com o que eu falei talvez se possa ter alguma, alguma condição de dizer duas coisas aqui, para tentar finalizar. A positividade de Hermes – e aí eu me separo do Espinosa – não pode ser apreendida em termos intelectuais, e a meu ver o Espinosa tende a dizer que a realização do plano da afetividade se dá no que ele chama de Amor Intelectual de Deus. Espinosa diz na Ética que 'as crianças não têm nenhum conhecimento de Deus e de si '. Tentando imaginar o que Espinosa poderia dizer do Hermes, acho que ele não poderia dizer muito boa coisa nem muita coisa. Por que? Porque justamente da positividade do Hermes está excluída a imaginação e o que Hermes demonstra aqui é uma potência imaginária, que vai poder se desdobrar, acredito e espero e torço, numa potência intelectual também. Mas eu acho que no final das contas o Espinosa acaba fazendo uma coisa que num primeiro momento a gente acreditaria que ele seria o primeiro a recusar, ele acaba negando que a imaginação é causa imanente do intelecto; seria um pouco extenso desenvolver isso aqui, mas eu quis pelo menos dizer qual era a minha perspectiva, sobretudo para quem acompanhou pari passu todo o desenvolvimento da argumentação teórica.

Agora, quando você me diz, Malu, que algo se esfumaçou do Hermes no diagnóstico, eu tenho que te pedir que me precise alguma coisa mais – porque..., o que é que do Hermes ficou obnubilado aí? – para que eu tenha alguma condição de tentar dizer alguma coisinha sobre isso.

Maria Luisa

Eu não pude avançar muito nisso, mas, por exemplo, durante a leitura daquele espaço que o Hermes claramente delimitava, que eu identifico com o movimento contradiagnóstico, havia uma série de indicações de problemas de uma ordem muito primitiva e algumas indicações do que ocorreu com a própria adeqüação, winnicottiana, dos dispositivos ou do setting da instituição que foram colocados à disposição do Hermes tiveram os seus efeitos de adequação a Hermes ou às suas necessidades que possibilitou toda a compreensividade. As indicações que você dá justamente dessa questão do ser, segundo esses quadros de mais carência no momento inicial da vida, também trariam conseqüências graves no sentimento de ser – de si e do mundo –, ou seja, ter um sentimento interno, enfim, de que você existe ou não existe, se é ou não é.

Então, fui construindo, não diria que um diagnóstico, mas uma visão do que seria na seqüência a necessidade para Hermes, nesse campo. Eu acho que na medida em que você faz uma interpretação muito mais avançada, muito mais detalhada e muito mais viajante, no sentido de ir além do que talvez os dados possam sugerir – até porque o Hermes não está falando, não está fazendo terapia, não fez mais desenhos, eu não sei mais o que aconteceu com o Hermes –, eu acho que é como se houvesse um aprisionamento aí no diagnóstico.

Nós sabemos que a visão que se tem do que está posto como problemática psicodinâmica para uma criança pode diferir enormemente dependendo da perspectiva teórica que você abraça, mesmo dentro da psicanálise. Se você for um kleiniano, se você for um freudiano, se você for um lacaniano, se você for um winnicottiano ou se você se inspirar nas idéias desses autores.

Então, me pareceu que esta exaustividade, esta tentativa até de jogar essa interpretação para uma questão de castração ou de um atravessamento do Édipo, me pareceu que tem muito chão antes disso.

Sérgio

[Há poucos dados...]

Maria Luisa

As duas coisas: há poucos dados e acho que tem muito chão antes de chegar no Édipo, embora isso não esteja excluído, porque a pessoa não pára, continua. O que seria fundamental do meu ponto de vista seriam outras coisas, mas eu não acho que se trata aqui da gente confrontar hipóteses, eu estou falando mais para exemplificar a minha questão.

Ou seja, a minha pergunta era mais no sentido: será que, até legitimamente, este excesso de produção interpretativa em cima dos dados que você tinha, não viria responder justamente a uma satisfação que você, de um lugar, de alguma forma ligado à instituição psicológica, ao saber, à ciência etc., tenta dar a outros, no sentido mesmo que o Sérgio disse: juntar provas, o máximo possível e dizer: olha, eu tenho razão; ele não é surdo, ele não é isso nem aquilo, ele tem problemas que se localizam nessa área... É mais nesse sentido.

David

Eu acho que você tem razão, eu acho que você tem razão: eu quis fazer avançar a ciência – e eu acredito que haja uma ciência aqui em jogo, não no sentido positivista, evidentemente, mas existe uma ciência...

Evidentemente, o Hermes não poderia se beneficiar mais, no momento que eu fiz, aliás não foi um diagnóstico, o título diz: Visão Diacrônica dos Elementos Diagnóstico; ou seja, já o situa no tempo, e a última coisa que se diz é: prossegue o desenho da figura humana de Hermes, obra aberta.

Quer dizer, o tempo todo eu acreditei ter zelado pela abertura e por situar o caso no tempo mesmo, no sentido forte do termo, ou seja, no âmbito de um processo de autodiferenciação que pressupõe uma potência para tal, não é? Portanto, eu não posso esgotá-lo no meu saber; mas me pareceu que o caso oferecia sim elementos — e, eu vou dizer, do meu ponto de vista, elementos suficientes — para formular algumas hipóteses e não mais que hipóteses, de tal maneira que, como digo na dissertação, eu pude traçar alguns momentos da evolução do Hermes: "num primeiro momento, que chamei momento zero, há o choro, o grito, o pânico, a enunciação da crença de que lhe vão bater, assinalando na entrada na creche a repetição traumática da entrada no mundo. Que dados eu tinha para isso? O discurso das agentes, o testemunho delas, o discurso da mãe. Me pareceu que eu estava colado, estou chamando a atenção para isso, porque me parece que... eu não me vejo, não consigo me ver descolado — na elaboração de hipóteses, sim, nesse sentido, viajantes; mas que em nenhum momento estão descoladas dos dados que eu tenho.

No momento primeiro, "modular sua expressão verbal em consonância às circunstantes (ecolalia)". Ora, qual é o dado para isso? As agentes dizem que Hermes repetia o que a gente dizia. E eu interpreto positivamente isso. Elas assimilavam isso a um movimento de não-diálogo. E eu diria: 'não, isso já é algo que tem uma diferença com relação ao que seria o momento zero em que ele estava dizendo que vão bater nele.'

No momento segundo – "responder diversamente do perguntado, item A, afirmando o próprio nome como fundação do ser no tempo" – ora, trata-se daquilo que eu mesmo presenciei, que era ele responder com o nome quando perguntado pela idade; no item B do momento segundo, "realizando metáforas crípticas". Eu acredito que mostrei de onde eu tirava essas metáforas crípticas, ou seja, a mãe tinha dito que cachorros tinham-no traumatizado – realmente ele ficava branco, roxo de susto sempre que cachorros estavam por perto –, porque num certo momento cachorros tinham avançado nele. Ora, ele vai pegar todos os personagens que realizam ações agressivas na prancha, que ele tematiza – olha o discurso dele – como realizando ações agressivas na prancha, e vai chamá-los de cachorros. Uma pessoa que está desavisada disso que permanece oculto, ou seja, da informação quanto ao trauma real, quanto ao mau encontro real com os cachorros, pode não compreender que se trate ali de uma metáfora: assim como a gente diz João é um leão, querendo dizer não que João seja um leão mas que ele tem a coragem de um leão, ele pode dizer que os ursos são cachorros, ou seja, estão realizando uma ação agressiva.

Finalmente, no momento terceiro, que eu digo que é a abertura ao discurso dialógico, estou apoiado no discurso dele, quando eu digo, "abertura ao discurso dialógico", no item A, "mediante uma dialetização intrasubjetiva", quando ele, à vista de uma prancha, diz assim: "*não é fogo* – isso é uma denegação –, *é muro*; *não, é árvore*". Ou seja, ele não só pode realizar a denegação, como ele pode percorrer os elos dialéticos de afirmação, negação e negação da negação que constituem, segundo Freud – e eu acompanho Freud nesse ponto – o protótipo tanto da capacidade de simbolização quanto do próprio pensamento, que nesse ponto de origem não se distinguem e não sei se em algum momento se distinguiriam.

Eu estou dizendo isso, Malu, para dizer, assim, porque que eu ouço o que você está me dizendo quanto a este esfumaçamento, mas eu não consigo ver no material disso que não é um diagnóstico mas é uma visão diacrônica dos elementos diagnósticos, algo que seja completamente descolado dos dados, de um lado, e também não vejo algo que fosse esfumaçador do Hermes, pois eu acredito que eu aponto alguns indícios.

Agora, eu acho que você tem total razão quando você levanta a idéia de que eu estaria querendo fazer algo em prol da ciência ou alguma coisa assim, dar uma satisfação nesse sentido. Apenas, eu diria, que não se trata de uma autoridade exterior, eu não vejo como tal. Eu pensaria mais que colegas poderiam aproveitar dessas hipóteses, ainda que podendo discordar como você, podendo ter conforme

David Calderoni

seus aportes teóricos próprios outras visões sobre o caso. Não calar isso que eu pensei acredito que foi mais rico do que ter parado antes. Mas era isso o que eu tinha para dizer.

MARLENE GUIRADO[9]

David, estou impressionada com a sua capacidade de controlar o tempo – e eu sei exatamente em que tempo estamos e em que dia estamos. [10]

[risos]

Eu não vou me estender, embora isto seja difícil, pelo tanto que teria a dizer sobre o seu trabalho.

Realmente, teria não só muitas coisas a dizer para Malu, para o Sérgio, para você, para vocês, como também para mim. Teve uma hora aqui que quando o Sérgio estava falando, eu gemi, literalmente, espontaneamente... era uma reação visceral de tentativa de conversar sobre aquele assunto, na medida em que ele me desafia e me desafiou para escrever os trabalhos que eu tenho escrito. Me desafiou nas discussões com você, David, a respeito do seu trabalho e me desafia até agora, pelo visto. Mas acho que o treino de frustração está atualizado.

Escolho agradecer à leitura mais que atenta e cuidadosa que foi feita pela banca. Agradecer à Malu, por exemplo, a sintonia em um dos pontos que havia me encantado: a leitura que o David fez do desenho da figura humana. Fiquei admirada com esta sacação que ele teve das linhas que poderiam cortar imaginariamente esse desenho. Dei muita corda para isso, porque me tocou muito de perto a capacidade dele de sacar um jeito inédito de trabalhar que eu não conhecia e que estava já, desde o início, indicando coisa muito séria no trabalho dele.

Agradeço também a leitura do Sérgio. Que coisa mais incrível a maneira como você, de uma outra área do conhecimento, toma um

---

[9] A Profª Dra. Marlene Guirado é docente do Departamento de Psicologia da Aprendizagem, do Desenvolvimento e da Personalidade do Instituto de Psicologia da Universidade de São Paulo.
[10] Rojões prenunciavam o jogo Brasil x Zaire pela Copa do Mundo/94.

330   O caso Hermes

trabalho com tanto carinho e reconstrói a linha de construção dele e
pode devolver com tamanha clareza. Isso, além de provocar o gemido,
me emocionou bastante. Então quero agradecer muito sinceramente...

MARIA LUISA

Posso fazer um aparte? Eu acho que não foi surpreendente, porque é a função do filósofo...

MARLENE

É o filósofo, é o texto, mas eu acho que é uma propriedade que
ajuda muito, nesse momento, a avaliar, no sentido de reconhecer, de
continuar pensando no trabalho de David – e no trabalho do David, o
meu trabalho.

Gostaria também de agradecer ao David por ter produzido esse
trabalho, da maneira como produziu, tomando o que escrevo como
fonte inspiradora, como você diz no agradecimento. E tomando de
uma de maneira muito hábil, em que você não me poupou das suas
críticas e também não se poupou de fazê-las.

A discussão desse trabalho, desde o início, deu-se numa relação de
confiança, como você coloca no agradecimento. É uma relação de confiança mútua. Vejo o seu trabalho, não como uma continuação propriamente, mas como um enriquecimento mesmo do meu trabalho [11]; você
ajudou na própria feitura dele, quando eu o discuti com você.

Não preciso dizer que tem aí uma história em que os afetos estão
muito presentes. O David relata isso no trabalho, no início. O reencontro com o David foi um reencontro encantado, a partir daquele
seminário que ele tanto cita aqui no texto.

Foi um reencontro encantado: eu tive uma fala e na saída desta exposição eu encontro o David literalmente na porta do banheiro, encolhido,
esperando que eu saísse para me dizer que estava sem palavras.

---

[11] Guirado, M. *Instituição e Relações Afetivas – O Vínculo com o Abandono*. São Paulo: Casa
do Psicólogo, 2004 (edição revista e ampliada).

Aquele sem palavras era um atestado de profunda admiração, reconhecimento pelas coisas ditas, e que ele queria muito continuar pensando, trabalhando e tal. Alguns anos depois, eu creio, o David me procura para orientação e há a refeitura desse encantamento, digamos, e aí iniciamos um trabalho que passou por várias fases – desde o momento de pegar o material, discutir, pensar, e eu tentar discutir com ele o que que eu pensava que era análise, como que ele pensava que podia ser feito e tal, até discutir mesmo as idéias do *Instituição e Relações Afetivas*, da definição do sujeito institucional / sujeito afetivo, até chegar na fase do Exame de Qualificação.

O David então se dedicou a essa tarefa, aos poucos, e para chegar a esse texto final se dedicou inteiramente durante alguns longos meses, intensos meses em que eu fiquei naquela posição partejante, como você fala no texto.

E o trabalho está aqui nessas condições que vocês podem ter percebido ou lendo ou acompanhando as argüições e mesmo a defesa do David. O trabalho está aqui e ele contribui para pensar a Psicologia Institucional, sobretudo na clínica, que é um dos aspectos a que eu mais venho me dedicando ultimamente. E tenho sempre tido que fazer muito esforço para falar de como é que o método clínico e esta leitura institucional não são coisas que se dissociem. Este trabalho é, para mim, um atestado disso. Então, só me resta agradecer a você por tê-lo produzido.

É... – sujeito afetivo? É complicado de se colocar em palavras, tão complicado quanto está sendo agora, porque muito envolvida afetivamente, poder colocar em palavras alguma apreciação sobre essa situação. Dá apenas para dizer agora que o sujeito afetivo, num trabalho como este, se faz por interpretantes e para interpretação. De resto, o afetivo escapa porque o real vivido não encaixa em nenhuma palavra, em nenhuma representação.

Então, é isso! A gente vai se afastar, se retirar um pouco e daqui a pouquinho estaremos de volta.

Marlene Guirado

Bom, eu tenho a agradável incumbência de dizer pra você, David, e pra todos os presentes que você foi aprovado com a nota dez, com louvor.

A justificativa desse louvor é: "*pela inovação na constituição de um campo de investigação e intervenção psicológica no âmbito institucional e pelo virtuosismo na interpretação dos elementos configurados no caso em análise.*"

Parabéns, David!

David Calderoni

Obrigado; obrigado.